本書爲二〇一二年度國家社會科學基金重大項目（12&ZD142）成果

本書承國家出版基金資助出版

# 元代北方金石碑刻集成

京津卷 上册

本卷主編 楊玲
執行主編 張國旺

總主編 李治安 王曉欣
副總主編 薛磊 馬曉林

中華書局

圖書在版編目(CIP)數據

元代北方金石碑刻集成. 京津卷/李治安,王曉欣總主編;楊玲本卷主編. —北京:中華書局,2023.12
ISBN 978-7-101-16049-9

Ⅰ.元… Ⅱ.①李…②王…③楊… Ⅲ.碑刻-彙編-北方地區-元代 Ⅳ.K877.42

中國版本圖書館 CIP 數據核字(2022)第 238689 號

| | |
|---|---|
| 書　　名 | 元代北方金石碑刻集成　京津卷(全二册) |
| 總 主 編 | 李治安　王曉欣 |
| 副總主編 | 薛　磊　馬曉林 |
| 本卷主編 | 楊　玲 |
| 本卷執行主編 | 張國旺 |
| 封面題簽 | 劉　濤 |
| 責任編輯 | 孫文穎 |
| 責任校對 | 許尚宜　蘇佳佳 |
| 裝幀設計 | 劉　麗 |
| 責任印製 | 管　斌 |
| 出版發行 | 中華書局<br>(北京市豐臺區太平橋西里 38 號　100073)<br>http://www.zhbc.com.cn<br>E-mail:zhbc@zhbc.com.cn |
| 印　　刷 | 天津藝嘉印刷科技有限公司 |
| 版　　次 | 2023 年 12 月第 1 版<br>2023 年 12 月第 1 次印刷 |
| 規　　格 | 開本/787×1092 毫米　1/8<br>印張 82　字數 863 千字 |
| 國際書號 | ISBN 978-7-101-16049-9 |
| 定　　價 | 2500.00 元 |

# 元代北方金石碑刻集成

## 京津卷

## 編委會

# 總序

元代書面文字史料歷經七百年滄桑，散佚流失比較嚴重。實録等已散失，法典、公文書流傳至今者亦非全部，方志現存爲數不多，詩文集數量遠不及宋、明、清。欲推進元代文史研究，金石碑刻遺存資料尤其值得重視。元代金石碑刻資料中，比重最大的是墓碑、墓碣，其次是宗教碑刻和儒學碑刻以及官方文告、印璽等。一部分碑刻已收入當時作者的别集或總集，但某些文字與碑刻實物頗有出入；相當部分散處各地的碑刻没有收入各種文集或總集，不少碑刻文字，或只有拓片流傳，或散見於各種書刊。近百年來，陸續有數量可觀的金石碑刻新出土或新刊布，其中不乏珍貴的原始史料。各地一定數量未見於舊有金石志或石刻叢編的元代碑刻、拓片，也陸續披露面世。

早在二十世紀八十年代初，蒙元史前輩翁獨健先生曾倡議編纂《元碑集成》，可惜一直未能付諸實施。日本學者三十多年前已着手調查未輯録或新出土元代金石碑刻遺存資料，多所日本大學和研究機構的研究人員相繼對中國各地元代碑刻資料進行了細緻的調查、實地核對、拍照、拓録和整理工作，并運用到具體的元史研究中。近年來我國學者也積極開展元代北方金石碑刻遺存資料的搶救、發掘和整理研究工作。

元代北方地區，包括今北京、天津、河北、山東、山西、河南、陝西、甘肅、寧夏、内蒙古、黑龍江、吉林、遼寧等省（區、市），大多是蒙古人入主中原後施行統治較早的地區，也是忽必烈建立元朝後政治、軍事等重心所在。該地雖因金元鼎革戰亂，經濟殘破落後，文化亦不及南方發達，民間文集類資料流傳偏少，金石碑刻資料卻非常豐富，保存下來的也相當多。它們在反映元代北方乃至全國政治、軍事、經濟、文化等真實狀況方面具有很高的學術價值。

然而，這些金石資料正受到近些年各地大規模開發建設越來越多的破壞或威脅。如南水北調幹渠考古鑽探中，邢臺市文物管理處發現兩座元代墓葬已被破壞，二〇一〇年京滬高鐵廊坊工地就發現被挖出和丢棄的元「典瑞院經歷桑公」墓碑等。山東、河南也多有元代古墓被盜、墓碑等遭破壞的報導。要之，元代北方地區金石碑刻遺存資料的搶救、發掘和整理，迫在眉睫。爲此，我們於二〇一二年申報并獲得批准國家社會科學基金重大招標項目「元代北方金石碑刻遺存資料的搶救、發掘及整理研究」。該項目涵蓋十餘省（區、市），旨在推出大型碑刻史料彙編。

儘管元代北方地區金石碑刻遺存非常豐富，但也頗爲分散、零亂，前人的搜集整理工作相當有限。爲系統、全面地搜集整理，我們匯合各省（區、市）八個子課題近百名研究者，開展大量田野調查，且與各省（區、市）文物考古部門頻繁溝通和密切協作。課題組成員奔波於上述十幾個省（區、市），深入數百縣鎮鄉村尋訪考察，製作拓片或拍照、現場識讀辨認，投入了大量人力、物力。遺存至今的元代金石碑刻，磨損、缺失及部分毀壞，在所難免。這就給識別、勘誤和校釋工作帶來許多困難。課題組成員不僅需要參閱對照其他碑刻或文獻資料，逐字逐句進行考訂，辨別正誤，還需要弄清楚相關掌故名詞，這又對課題組成員的專業水準及考據功底等提出了較高的要求。

課題組統一執行較嚴格的整理考校體例及相關規則。每篇均有説明文字，内容包括：標題、碑刻具體年代、出土時間地點、形制、撰書者、紋飾、著録情況等。碑石墓誌字迹清晰者製作拓片圖版，不能製拓者使用照片。漫漶嚴重而無法拍照的，儘量附録文。除對原石及前人録文俱存者重新匯集校勘外，原石已佚而前人有著録和録文，我們亦加收録并記原存放地點或出土處，以備查考。原石已佚而前人無録文但現有拓本者，也在集録之列。

經全國哲學社會科學規劃辦公室批准，我們先後聘請相關省（區、市）文博考古機構的領導或專家擔任子課題的負責人和各卷主編，以便發揮地方文化建設的積極性，提高協同工作的效率。課題組採取整體設計、由易到難、確保重點和分批推進的思路，曾舉辦十餘次工作研討會，商討金石碑刻整理考校的體例、内容、步驟進度、田野調查技術規範等細節，不斷推動工作。

《元代北方金石碑刻集成》是國家社會科學基金重大招標項目「元代北方金石碑刻遺存資料的搶救、發掘及整理研究」的最終成果。自二〇一二年立項以來，我們先後獲得國家社會科學基金和國家出版基金的資助，經課題組近百名成員通力合作，終於完成了整理編纂工作，得以付梓出版，共計八卷二十五册。含《京津卷》二册，《河北卷》一册，《山東卷》六册，《山西卷》四册，《河南卷》四册，《陝西卷》三册，《甘肅、寧夏卷》二册，《内蒙古、東北卷》三册。每册碑刻包括説明文字、實景照片、拓片圖版、録文、校勘記等。

總體而言，《元代北方金石碑刻集成》具有三方面的學術價值。

第一，首次整理彙編校訂跨越十餘省（區、市）的大型斷代金石碑刻資料，首次完成八卷二十五册的内容系統、録文規範、校勘嚴謹的元代北方地區金石碑刻遺存的集大成之作。此種整理和考校工作，有益於元代文史研究，便於把元代多元文化更全面地展現出來，爲傳承與弘揚中華文明盡綿薄之力。

第二，高清晰度的拓片圖版與規範嚴謹的整理工作相得益彰。課題組在搜集碑刻拓片圖版的基礎上，進行了著録説明、識別録文和文本校勘等整理工作。對非漢文文字也參照前人研究，做了比較規範的拉丁字母轉寫，儘可能多地爲後人提供研讀便利。

第三，各卷碑刻金石内容豐富，特色鮮明，在反映區域政治、經濟、社會、文化等方面，頻現亮點。近三分之一碑刻資料之前未見著録，部分爲首次公布。不少新碑刻是近年各地房地産開發及南水北調工程中搶救發現，有些甚至是傳世文獻未曾見的珍稀記録。這對於文獻資料不甚豐富的元史研究而言，學術意義的重要性不言而喻。例如，《京津卷》頤和園昆明湖畔出土《故中書左丞相耶律公（鑄）墓誌銘》所述耶律楚材家族相關史事頗詳，價值較高；《河北卷》大名新出土《宣差大名路達魯花赤小李鈐部公墓誌》的西夏文「鈐部」對應漢譯「統軍」，可解決學界的爭議；《山東卷》菏澤市出土的《八萬户都鎮撫畢侯（顯）神道碑銘》及《大元敕賜推忠宣義佐理功臣史公（惟良）神道碑》，或補史乘之闕；《山西卷》交城縣石壁山玄中寺《忽必烈皇帝牛年聖旨碑》，對研究八思巴字碑刻和元代佛教價值不菲；《河南卷》所收許衡家族墓碑、《珊竹公神道碑》等，又可校史補闕；《陝西卷》所收《故宣差都總管萬户成都路經略使劉公（黑馬）墓誌銘》、《大元懷遠大將軍成都經略使劉公（元振）墓誌銘》、《大元故懷遠大將軍成都路經略使行軍副萬户劉公夫人郝氏（柔）墓誌銘》等，堪稱近年蒙元碑刻最重要的考古發現；《甘肅、寧夏卷》所收《重修皇慶寺記》、《有元重修文殊寺碑銘》、《大元敕賜西寧王碑》、《亦都護高昌王世勛碑》和汪世顯家族墓出土的多件墓誌等，涉及察合台後裔豳王世系、大元國號、回鶻西遷、亦都護世系等重要史實和多民族文字的資料；《内蒙古、東北卷》翁牛特旗《大元追封薊國公張氏先塋碑》漢、蒙文字合璧，記述蒙古弘吉剌部魯王傳張應端家族事，頗受學界重視；同卷《鄂爾多斯蒙古源流博物館藏專輯》中《贈雲中郡公鐵著墓誌銘》等，可爲元西域人來華和怯薛制等補充珍貴史料。

在整理編纂過程中，天津師範大學歷史文化學院張沛之副教授和南開大學歷史學院研究生鄭鵬、沈伏瓊、王素强、魏亦樂、鄭旭東、王藝潔、曹猛、安敏、常瑩、張曉非、張晟峰、鄧靜、郭曉東、高宇、張煊赫、鍾君、趙佰悦、楊鵬雲、樓一格等參加了各卷初稿的文字校對。其中常瑩、魏亦樂、曹猛、張曉非、楊鵬雲在目録編製、文字辨識等方面做了大量協助工作，在此一併致謝。

值此出版之際，我們向中華書局領導和編輯們表示誠摯的謝意，向全國哲學社會科學工作辦公室、國家出版基金管理委員會及其辦公室，以及關心和支持本課題的社會各界人士，謹致由衷的謝忱。

李治安　王曉欣

二〇二二年七月八日

# 凡例

一　分卷與基本内容

「元代北方金石碑刻集成」以省級區劃爲單位分卷，收録今北京、天津、河北、山東、山西、河南、陝西、甘肅、寧夏、内蒙古、黑龍江、吉林、遼寧等省（區、市）的金石碑刻資料。各卷下按現存碑刻情況整理分册。碑刻内容含説明文字、實景照片、拓片圖版、録文和校勘記五部分。

二　收録原則

本資料收録上述各省（區、市）境内出土、保存之金石碑刻及碑佚拓存者，時間範圍從大蒙古國至北元。以往金石文獻有著録但現碑石等實物、拓片皆不存者不收。有同時期内容，但年款爲宋、金、明代的碑刻不收。各卷碑刻資料，按大蒙古國、元代的時間先後排列著録。凡時間相同者，一般按標題音序排列。

三　類别

凡有文字的碑刻，主要分爲：碑、墓誌、經幢、塔銘、摩崖石刻、地圖綫刻等。碑包括聖旨碑、記事碑、神道碑、德行碑、僧道碑、警示碑等。墓誌包括墓誌銘、墓誌磚、墓誌蓋、墓表等。璽印、牌符、銅權等，亦適當搜録。

## 四　説明文字

（一）標題：碑刻如已有前人著録，仍依著録原題；原題過長者適當簡略官爵名號，不另擬簡稱。碑刻如有碑額，儘量以碑額爲題。如原碑題中人名只有姓氏而無名，在姓後括注其名。聖旨碑題根據内容補充自擬。

（二）碑刻具體年代：標題之後爲年代，用元代年號紀年。碑石年代指碑刻立石時間；墓誌年代以墓主葬期爲準，葬期不詳者以墓主卒年爲準。

（三）出土時間地點：碑刻詳細的出土時間地點。無出土時間地點者注明發現或入藏時間地點。

（四）現存地：碑刻或拓片現藏詳細地址。碑佚者指出拓片所存處。

（五）形制：碑刻之形狀，如長方形、正方形、尖頂方底、平首方趺、尖首方座、圓首方趺、螭首方座、螭首龜座、螭首龍座（四龍方座）等。墓誌則分述蓋、誌形狀，無蓋者只述誌石之形制。碑刻有損毁處注明。

（六）尺寸：以釐米爲單位。包括長（邊長）、寬、高（通高，指碑額、碑身和碑座的全高。如缺其中某部分，則標明具體高度，如碑高或碑額、碑身高等）、厚等。因碑石尺寸上下并非一致，測量時取中間值。墓誌若爲盝形蓋，指出底邊長、斜邊長、斜高、唇高等。

（七）文字：包括字體、碑刻文字行數、滿行字數。行數指涵蓋所有文字的部分，既包括正文行數，也包括標題及相關題款行數。碑石碑陽、碑陰分述之。墓誌則誌蓋、誌石分述之。

（八）撰書者：包括撰者、書者、篆額者、篆蓋者、刊石者姓名等，均以碑刻文字爲準。

（九）紋飾：主要説明有史學和民族、宗教價值的紋飾。包括碑刻四周及碑首、碑座或碑文所飾之圖案、花紋。墓誌則誌蓋、誌石分述之。

（一〇）著録情況：説明金石文獻以及學術論文、著作等的著録情況。

## 五　實景照片

凡碑刻及牌符、印章等實物現存者，一般攝有實景照片。璽印除實景照片外，一般含朱紅鈐印和印背字迹拓片。

六　圖版

碑石、墓誌、璽印、牌符等製作拓片圖版。因特殊情況無法拓片製版者，改用高清照片。碑石照片含碑陽、碑陰、碑首、碑座以及碑四周凡有文字處（適當包括主要紋飾處）。墓誌照片含誌蓋、誌石及主要紋飾。如實物已佚，使用現存拓片作爲收録碑刻的圖版。

七　録文

（一）録文用字：一般採用通行繁體字，適當保留異體字，避諱字及部分俗體字、假借字照録原文。録文中的數字使用漢字。

（二）録文格式：碑石、墓誌標題頂格，撰者、書者、篆額者題名行首空兩格，碑石、墓誌正文首行空兩格，不分段。銘、贊等另起行，首行上空四格。爲區分行款，行末字下加「㇄」號。

（三）録文標點：標點使用逗號、句號、頓號、分號、冒號、引號、問號等。

（四）録文中的替代符號：碑刻中殘缺、漫漶處，能判斷缺字字數者，酌情以「□」表示；一行之内無法判斷字數者，使用▯（上闕）、▯（中闕）、▯（下闕）三種符號。大段文字脱落處用[前闕]、[後闕]表示。

（五）非漢文文字：各卷圖版中的畏兀體蒙文、八思巴體蒙文、波斯文、阿拉伯文等非漢文文字多以拉丁字母轉寫。

八　校勘

校勘主要針對碑文文字及内容有訛、脱、衍、乙處進行。原碑刻、牌銘中明顯的訛字予以改正，出校説明。脱、衍、乙處一般不改，酌情出校説明。前人著録與所收碑刻不協處，以録文所據碑刻爲準。所據碑刻字迹不清，但可據前人成果補充相關文字者，出校説明。

# 前言

北京市碑刻遺存弘富。《析津志》《順天府志》《帝京景物略》《日下舊聞考》〔一〕等書均著録多種元代碑刻。《寰宇訪碑録》〔二〕《北平廟宇碑刻目録》〔三〕等金石書籍也羅列諸多北京市元碑信息。各區縣方志中的金石或藝文部分爲尋訪元代碑刻提供了重要綫索。二十世紀八十年代以來，《新中國出土墓誌·北京卷》《北京市文物研究所藏墓誌拓片》《北京文物精粹大系·石刻卷》《北京元代史迹圖志》《北京圖書館藏中國歷代石刻拓本匯編》《北京石刻藝術博物館藏石刻拓片編目提要》《新日下訪碑録》《房山碑刻通志》〔四〕等相關書籍陸續出版，收録多種北京市的元代碑刻。然這些成果體例不一，或限於一地一機構所庋藏，或囿於墓誌等專類，或將元代碑刻淹於歷代碑刻之中而不顯。即使目前收録北京市元代碑刻較全的《北京元代史迹圖志》，仍有待進一步充實和完善。天津市的元代碑刻數量較少。目前僅有《盤山志》《盤山金石志》〔五〕記載一些信息，未見總體考察天津市元代碑刻的論著。

本卷所收録一五六通（件）元代碑刻中，北京市一五二通，天津市四通。北京市元代碑刻中，漢文碑刻一四八通，民族文字碑刻四通（塔幢上有梵文種子字者未統計在内）。這些碑刻收藏地點多元，保存狀況不盡相同。北京市元代碑刻以房山區最多，西城區、東城區次之，昌平區、門頭溝區又次之，密雲、順義、海淀、朝陽、石景山、平谷、大興、通州等區較少。天津市元代碑刻數目較少。本卷收録的四件天津市碑刻除一件藏於天津博物館外，其他三件均分布於薊州區。

京津地區的元代碑刻種類繁多。據其形制與内容，可以分爲墓碑（墓誌、神道碑、先塋碑）、塔銘、碑記、石經等。

北京市的元代墓碑中有一批是在發掘東城區明城牆時發現的。價值較大的元代墓碑都是後期文物部門考古所得，其中包括耶律鑄及夫人奇渥温氏、張弘綱、鐵可、高信等人的墓碑。《元故醫隱賈君（道弘）阡表》《元故賈君（和）墓道碣銘》《元故儉齋賈先生（壤）墓碣銘》則記載了房山賈氏家族的發展脈絡。

京津地區所存碑記涉及内容廣泛，大體可以分爲六類。（一）公文碑。其中有《天開寺白話聖旨碑》《大都崇國寺文書碑》《加封制辭碑》《加封宣聖考妣制詔》《孔子加號詔書碑》等。（二）題名記。其中有《皇后臺衆都創建石碣銘記》《刑部題名第三之記碑》《至正十一年進士題名記》《至正丙午國子監公試題名記》《元進士題名碑》《順州官吏士庶銜名碑》等。（三）廟學碑。其中有《大都房山縣新建大成至聖文宣王廟碑》《順州孔子廟神門記》《檀州重脩夫子廟碑》《重修廟學碑記》《大元房山縣重修文廟記》《薊州重修宣聖廟學記》等。（四）祠廟碑。其中有《狄梁公祠堂記》《義勇武安王碑》《漢義勇武安王祠記》《重建帝舜廟碑》《龍王祠題名碑》《重修昭惠靈顯真君廟碑》《重修顯靈王廟之記》《大都房山縣大安山創建黑龍潭廟記》《昭惠靈顯真君之位碑》等。（五）功德碑。其中有《曹宣徽（庭瑞）善行記》《同知都漕運司事趙公（温）去思碑》等。（六）紀事碑。其中有《敕建大都路總治碑》《昌平縣創建石橋之記》等。

京津地區留存的碑刻（或拓片）反映了當時元大都政治、經濟、社會的諸多風貌。平谷的皇恩特賜聖旨碑、法源寺所存蛇兒年聖旨碑、房山雲居寺聖旨碑、崇國寺劄子碑、大延洪寺栗園碑等諸多元代公文碑刻爲我們瞭解元代公文體式提供了實物證據。《刑部題名第三之記碑》記載元代刑部以及元末刑部官員任職的狀況。《孔子加號詔書碑》《加封制辭碑》以及多通進士題名碑對瞭解元代文化政策和科舉制度有重要價值。《同知都漕運司事趙公（温）去思碑》記載了趙温任職京畿都漕運使司的事迹，爲考察元代京畿都漕運使司和倉儲等漕運問題提供了直接的證據。《順州孔子廟神門記》《順州官吏士庶銜名碑》《曹宣徽（庭瑞）善行記》等碑刻是研究元代順州教育和文化的重要資料。系列賈氏、康氏家族成員的墓碑等對探討元代大都地區家族歷史有重要價值。《故奉訓大夫高公（信）神道碑》對研究中外文化交流的價值最大。《狄梁公祠堂記》《義勇武安王碑》等則凸顯出當時大都百姓的民間信仰。一些題名碑對我們考察元代大都路的基層管理組織大有裨益。民族文字碑刻的存在無疑對考察當時的民族文字和社會文化有重要價值。

京津地區存有大量佛教、道教碑刻，是研究元代文化的重要資料。雲居寺、潭柘寺、法源寺、靈岳寺、瑞雲寺、戒臺寺等寺院所存的佛教碑刻，特别是大量僧人塔銘，對我們瞭解金元時期漢傳佛教的法脈和歷史演進十分珍貴。東岳廟所存張留孫碑、燕家臺通仙觀碑、新修白雲觀碑、霞峰觀碑、福壽興元觀記等碑刻，爲我們展示了元代玄教、真大道教、全真道教等道教宗派的發展狀況。創建帝師殿記、居庸關雲臺、牛街清真寺篩海碑、房山區十字寺碑等展現了元代藏傳佛教、伊斯蘭教、基督教等各種宗教的狀況，展示出各種宗教不斷碰撞和交融的發展歷程。

需要説明的是，元人文集和京津地區的歷代方志收録了部分碑刻信息，或僅列碑目，或釋録碑刻全文或部分文字，均爲我們蒐求和釋讀相關碑刻提供了重要參考，我們擇善而從。我們釋録原碑，部分録文與文獻記載有所不同時，酌情出校説明。本卷拓片、實景照片主要來源於北京考古遺址博物館（金中都水關遺址）、北京石刻藝術博物館、首都博物館和中國國家圖書館庋藏，輔之以我們親臨現場調查所拍攝的實景照片。

本卷始於二〇一二年，迄今正式出版，歷時十年有餘。起初，我們基於《北京元代史迹圖志》出版不久，遂邀請了北京遼金城垣博物館（今北京考古遺址博物館（金中都水關遺址）加入我們項目組。爾後，又邀請北京石刻藝術博物館成爲我們項目成員。本卷得以完成，有賴於北京考古遺址博物館（金中都水關遺址）、北京石刻藝術博物館的同人所作的大量基礎性工作。中國政法大學法律古籍研究所李雪梅教授、故宫博物院馬順平博士慷慨提供了《大都大延洪寺栗園碑》的拓片和照片。馬曉林承擔了三通民族文字碑刻的釋録工作。中華書局的編輯們精益求精，彌補了本卷的諸多遺憾。我們在此謹致以誠摯的謝意。不可否認，本卷不可避免地存在錯謬之處，敬請批評指正。

張國旺

二〇二三年五月

---

〔一〕元熊夢祥著，北京圖書館善本組輯《析津志輯佚》，北京古籍出版社，一九八三年；明謝傑《順天府志》，北京大學出版社，一九八三年；明劉侗、于奕正《帝京景物略》，上海古籍出版社，二〇〇一年；清于敏中等《日下舊聞考》，北京古籍出版社，一九八八年。

〔二〕清孫星衍等《寰宇訪碑録》，上海古籍出版社，二〇二〇年。

〔三〕張江裁、許道齡編著《北平廟宇碑刻目録》，知識產權出版社，二〇一七年。

〔四〕中國文物研究所、北京石刻藝術博物館編《新中國出土墓誌·北京卷》，文物出版社，二〇〇三年；北京市文物研究所編《北京市文物研究所藏墓誌拓片》，北京燕山出版社，二〇〇三年；北京文物精粹大系編委會編《北京文物精粹大系·石刻卷》，北京出版社，二〇〇四年；北京遼金城垣博物館編、齊心主編《北京元代史迹圖志》，北京燕山出版社，二〇〇九年；北京圖書館金石組編《北京圖書館藏中國歷代石刻拓本匯編》，中州古籍出版社，一九八九年；北京石刻藝術博物館編《北京石刻藝術博物館藏石刻拓片編目提要》，學苑出版社，二〇一四年；北京石刻藝術博物館編《新日下訪碑録·房山卷》，北京燕山出版社，二〇一三年；《新日下訪碑録·石景山卷、門頭溝卷》，北京燕山出版社，二〇一五年；《新日下訪碑録·大興卷、通州卷、順義卷》，北京燕山出版社，二〇一六年；《新日下訪碑録·平谷卷》，北京燕山出版社，二〇二二年。楊亦武《房山碑刻通志》（八卷），社會科學文獻出版社，二〇一八年；學苑出版社，二〇二〇年、二〇二二年。

〔五〕吴夢麟、劉衛東校點《盤山志》，中國書店，一九九七年；天津盤山風景名勝區管理局編《盤山金石志》，天津古籍出版社，二〇一三年。

# 目録

## 上册

一　大行禪師通圓懿公功德之碑　窩闊台汗五年……一
二　重建龍泉大曆禪寺之碑　窩闊台汗九年……一一
三　興聖寺開山智公大禪師行狀記　窩闊台汗十二年……一八
四　渾源州永安禪寺第一代歸雲大禪師塔銘　貴由汗二年……二一
五　大蒙古國燕京大慶壽寺西堂海雲大禪師碑　蒙哥汗五年……二五
六　德興府礬山縣聖泉柏山寺故通悟大師玄公塔銘　蒙哥汗七年……三五
七　海雲和尚葬誌　蒙哥汗七年……四〇
八　燕京薊州盤山中盤法興禪寺故榮公提點大師塔銘　中統四年……四四
九　清慧寂照志公大師塔銘　至元五年……四八
一〇　通真觀碑　至元九年……五二
一一　潭柘山龍泉禪寺第二十一代宗公大禪師壽塔之記　至元九年……五六
一二　西堂萬泉文公大禪師塔銘　至元十四年……六〇
一三　元艾哈麥德・布爾塔尼墓碣　至元十七年……六三
一四　大都大延洪寺栗園碑　至元十八年……六四
一五　淨川建佛舍利塔記　至元十八年……六七
一六　大都昌平縣東鄉新城村雙泉院地產記　至元十九年……七二
一七　元阿里・依瑪頓丁碑墓碣　至元二十年……七七

一八　大都崇國寺文書碑　至元二十一年……七九
一九　故中書左丞相耶律公（鑄）墓誌銘　至元二十二年……八四
二〇　故郡主夫人奇渥温氏墓誌銘　至元二十二年……八八
二一　大元國大都路昌平縣昭聖禪寺故先師雲峰檀公禪師道行石幢之記　至元二十三年……九二
二二　淶水縣石門村白雲觀記　至元二十三年……九七
二三　曹宣徽（庭瑞）善行記　至元二十三年……一〇〇
二四　玄靖達觀大師劉公（志厚）墓誌銘　至元二十五年……一〇六
二五　黄山玉室洞天記　至元二十五年……一一一
二六　薊州盤山北少林禪寺住持威公大禪師塔記　至元二十六年……一一六
二七　重修隆陽宫記　至元二十八年……一一九
二八　大都鞍山慧聚禪寺月泉新公長老塔銘　至元二十八年……一二七
二九　重修通仙觀碑銘　至元二十八年……一三一
三〇　大都竹林禪寺弟二十三代慧公禪師塔記　至元二十九年……一三四
三一　佛頂尊勝陀羅尼經幢　至元二十□年……一三七
三二　訥庵謙公禪師塔銘　至元二十九年後……一四一
三三　重修靈岳寺記　至元三十年……一四四
三四　天開寺白話聖旨碑　至元三十一年……一五〇
三五　石景山元代摩崖石匠題記　至元間……一五三
三六　白瀑壽峰禪寺産業之記　元貞二年……一五八
三七　大興隆禪寺創建經藏記　大德元年……一六一
三八　金城山白瀑壽峰禪寺第十一代勤公禪師塔銘　大德二年……一六六

三九　元皇恩特賜聖旨譯本碑　大德三年……一七〇
四〇　狄梁公祠堂記　大德四年……一七六
四一　元故醫隱賈君（道弘）阡表　大德八年……一八一
四二　特賜佛性圓融崇教大師壽塔記　大德八年……一八六
四三　新修白雲觀碑銘　大德八年……一九〇
四四　昭勇大將軍萬户張公（弘綱）墓誌銘　大德九年……一九六
四五　崇國寺退隱僧塔銘　大德九年……二〇一
四六　轉長生藏經記　至大三年……二〇四
四七　崇國寺□□禪師塔銘　至大四年……二〇七
四八　大元大崇國寺佛性圓融崇教大師演公碑銘　皇慶元年……二一〇
四九　揀公舍利石函　皇慶元年……二一七
五〇　妙嚴大師塔銘　皇慶元年……二一九
五一　元鐵可公墓誌銘　皇慶二年……二二二
五二　敕建大都路總治碑　皇慶二年……二二七
五三　故奉訓大夫高公（信）神道碑　延祐元年……二三一
五四　中奉大夫曲迷失不花建塔記　延祐二年……二三七
五五　大都房山縣新建大成至聖文宣王廟碑　延祐二年……二四〇
五六　福壽興元觀白話聖旨碑　延祐四年……二四四
五七　建龍安山塔銘記　延祐四年……二四七
五八　故父資貴楊公故母香魂李氏墓誌　延祐五年……二五〇
五九　檀州水谷修建霞峰觀碑銘　延祐五年……二五三

六〇　元故康公（信）墓誌　延祐七年……二五九
六一　大元加贈真大道教始祖劉真君之碑　至治二年……二六二
六二　都總金局使盧公墓碑　至治三年……二六七
六三　大安山瑞雲禪寺第十二代信公禪師塔記　至治三年……二七〇
六四　康氏先塋碣銘　泰定元年……二七三
六五　義勇武安王碑　泰定元年……二七六
六六　皇后臺衆都創建石碣銘記　泰定二年……二七九
六七　故榮禄大夫司徒佛性圓覺大禪師松谿和公碑銘　泰定二年……二八四
六八　魯公墓碣　泰定二年……二八八
六九　漢義勇武安王祠記　泰定三年……二九二
七〇　泰定三年石匠題記　泰定三年……二九五
七一　武士題記　泰定四年……二九八

下册

七二　薛資妻卜氏塋碑　泰定四年……三〇一
七三　耆老龔慶居士王公塋碑　泰定五年……三〇四
七四　焦公（珵）墓誌　泰定五年……三〇七
七五　施水井記　致和元年……三一〇
七六　耿完者秃墓碣　天曆二年……三一三
七七　大元敕賜開府儀同三司上卿玄教大宗師張公（留孫）碑　天曆二年……三一六
七八　夢菴舍利石函銘　天曆三年……三二三

七九　順州孔子廟神門記　至順元年……三二六
八〇　新建龍神廟碑　至順元年……三三〇
八一　重建帝舜廟碑　至順元年……三三四
八二　贈奉訓大夫張公碑　至順二年……三三七
八三　大元福壽興元觀記　至順二年……三四〇
八四　故嘉議大夫王公墓碑　至順三年……三四三
八五　奉福寺雲光長老住持德公靈塔銘　至順四年……三四六
八六　薊州重修宣聖廟學記　至順四年……三四九
八七　龍王祠題名碑　元統二年……三五三
八八　（仁壽）繼母黄氏（妙真）墓記　後至元元年……三五六
八九　石經山大雲居禪寺藏經之記　後至元二年……三五九
九〇　孔子加號詔書碑　後至元二年……三六四
九一　昌平縣創建石橋之記　後至元三年……三六八
九二　元故賈君（和）墓道碣銘　後至元三年……三七四
九三　昱禪師塔幢　後至元四年……三七八
九四　檀州重脩夫子廟碑　後至元四年……三八二
九五　石鼓文音訓　後至元五年……三八八
九六　大興隆禪寺歲數碑銘　後至元六年……三九六
九七　重修華嚴堂經本記　至正元年……三九九
九八　慧月補刻雷音洞石經　至正元年……四〇三
九九　重修昭惠靈顯真君廟碑　至正二年……四一三

一〇〇　龍門山清水禪寺記　至正四年……四一八
一〇一　居庸關雲臺佛頂放無垢光明入普門觀察一切如來心三摩耶陀羅尼經　至正五年……四二一
一〇二　大元敕賜靈巖寺碑　至正七年……四二六
一〇三　元故儉齋賈先生（壤）墓碣銘　至正七年……四三〇
一〇四　同知都漕運司事趙公（温）去思碑　至正八年……四三四
一〇五　特賜宣授洞奥興福開山祖師講主迴光信公靈塔銘　至正八年……四三九
一〇六　元故楊生（弘善）墓表　至正九年……四四三
一〇七　重修廟學碑記　至正九年……四四六
一〇八　保安觀殿宇碑　至正九年……四五一
一〇九　大元重脩崇國寺碑　至正十一年……四五五
一一〇　至正十一年進士題名記　至正十一年……四六二
一一一　了公和尚行迹殘碑　至正十一年……四六六
一一二　帝師殿記　至正十二年……四六九
一一三　重修顯靈王廟之記　至正十三年……四七二
一一四　大元房山縣重修文廟記　至正十三年……四七五
一一五　敦武校尉梁公及劉宜人墓碑　至正十四年……四七九
一一六　大都崇國寺聖旨碑・大都南城崇國寺常住莊田事産記　至正十四年……四八二
一一七　高唐州武城縣何宅寄葬李氏墓碑　至正十四年……四八九
一一八　大都房山縣大安山創建黑龍潭廟記　至正十四年……四九二
一一九　故異様府總管張公塋碑　至正十五年……四九八
一二〇　故峽州路同知也先怗木兒墓碑　至正十五年……五〇一

一二一　加封制辭碑　至正十六年……五〇四
一二二　安卜顏帖木兒塋域碑　至正十七年……五一〇
一二三　香嚴寺功德記　至正十七年……五一三
一二四　刑部題名第三之記碑　至正二十三年……五一八
一二五　大元特賜傳戒壇主空明圓證澄慧國師隆安選公碑　至正二十四年……五二八
一二六　敕賜十字寺碑記　至正二十五年……五三五
一二七　至正丙午國子監公試題名記　至正二十六年……五三八
一二八　大元温犀玳瑁局大使潘公墓碑……五四一
一二九　大元忠遂國公神道之位碑……五四四
一三〇　故武德將軍帶金牌淮蒙萬户千户所達魯花赤鑾子公塋碑……五四七
一三一　故趙君及夫人石氏墓碑……五五〇
一三二　海雲大宗師塔銘（一）……五五三
一三三　海雲大宗師塔銘（二）……五五六
一三四　加封宣聖考妣制詔……五五九
一三五　可庵大禪師塔銘……五六四
一三六　雙塔慶壽寺石額……五六七
一三七　順州官吏士庶銜名碑……五六九
一三八　通辯大師塔銘……五七二
一三九　通玄觀住持李志真鐫造真武像題記……五七五
一四〇　元長春真人弟子某碑……五七八
一四一　元地界碑……五八一

一四二　元故孛欒歹公墓碑……五八四
一四三　元故紋錦局百人長張公墓碑……五八七
一四四　元故武德將軍保定路治中闊里别出墓碑……五九〇
一四五　元故顯考父張公塋碑……五九三
一四六　元寂照大師靈塔銘……五九六
一四七　元戒定慧匾……五九九
一四八　元進士題名碑……六〇一
一四九　元進士題名碑陰……六〇四
一五〇　元景州張公墓碑……六〇七
一五一　元提舉張公墓碑……六一〇
一五二　元祐國寺田園記碑……六一三
一五三　元圓覺大師塔銘……六一六
一五四　元張公先塋碑……六一九
一五五　元中書省宣使温府君墓碑……六二二
一五六　昭惠靈顯真君之位碑……六二五

# 一　大行禪師通圓懿公功德之碑　窩闊台汗五年

《大行禪師通圓懿公功德之碑》，大蒙古國窩闊台汗五年（一二三三）九月立，現存北京市房山區史家營鎮曹家房村百瑞谷瑞雲寺。碑青石質，螭首，龜趺，龜趺半埋於土中。碑聯龜趺通高二八〇釐米，碑通高二七二釐米，寬一四六釐米，厚二五釐米。額拓高四九釐米，寬三九釐米。碑身拓高一八一釐米，寬一〇九釐米。碑陽額題篆書「大行禪師通圓懿公功德之碑」三行一二字。碑陽碑文楷書，四〇行，滿行七六字。碑陰額題篆書「勑賜瑞雲禪寺」二行六字。碑陰碑文楷書，四七行，滿行七〇字。武庭實撰并書丹、篆額，德行、德道等立石，崔義、趙公元、王昌等刻石。

《北京圖書館藏北京石刻拓片目録》（書目文獻出版社，一九九四年）、《北京元代史迹圖志》（北京燕山出版社，二〇〇九年）、《北京遼金元拓片集》（北京燕山出版社，二〇一二年）、《新日下訪碑録·房山卷》（北京燕山出版社，二〇一三年）《北京石刻藝術博物館藏石刻拓片編目提要》（學苑出版社，二〇一四年）、楊亦武《房山碑刻通志》卷七（學苑出版社，二〇二一年）著録。今據北京考古遺址博物館（金中都水關遺址）藏拓片録文。

碑陽記大行禪師通圓懿公之家世和功德，碑陰記其門人、俗徒等。

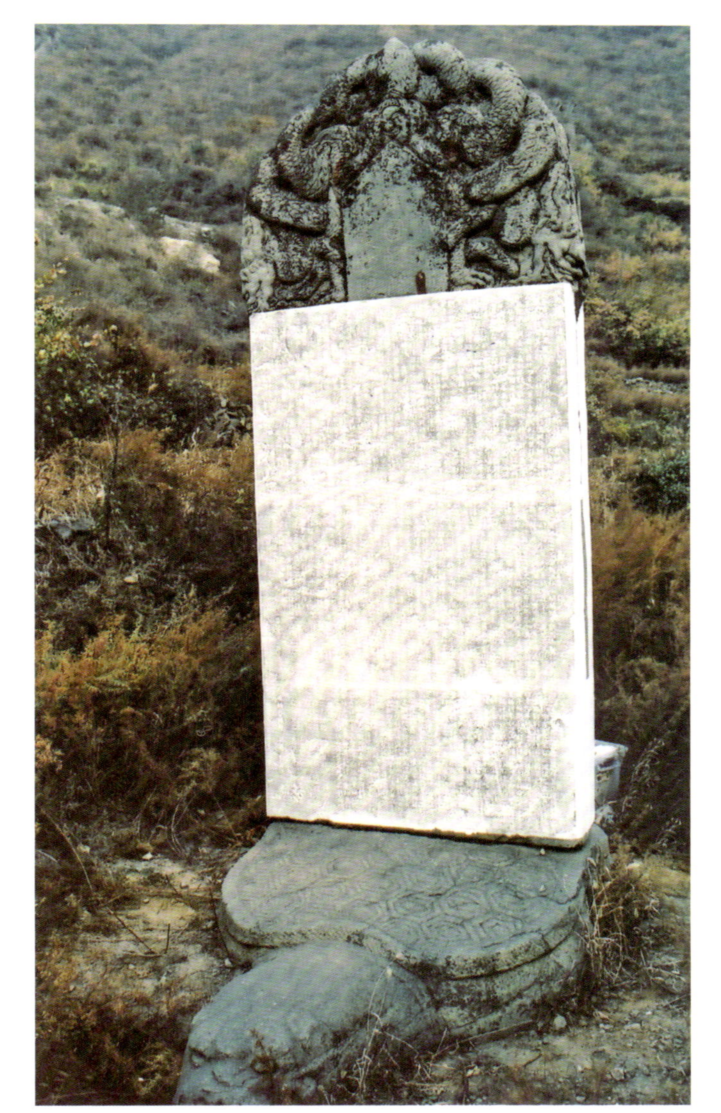

大行禪師通圓懿公功德之碑（窩闊台汗五年）碑陽照片

大行禪師通圓懿公功德之碑（窩闊台汗五年）碑陰照片

大行禪師通圓懿公功德之碑（窩闊台汗五年）碑陽拓片

大行禪師通圓懿公功德之碑（窩闊台汗五年）碑陰拓片

録文

## 碑陽

大行禪師∟通圓懿公∟功德之碑（額）∟

故大行禪師通圓懿公功德碑并序∟

涿郡范陽鄉貢詞賦進士武庭實撰并書丹、篆額。∟

夫春雷發震，動衆耳之聳聞；秋月揚輝，慰羣情之快望。況諸乘之了悟，成本性之圓融，達空不空，□法非法，開慧□要，觀於千聖。拈須彌納在於一毛。□苦得之慈航，指迷歸其正道。隱昧絶衆，見∟處驚人，則懿公其人也。公姓劉氏，諱行懿，德興府礬山縣緣礬里人也，劉珪幼子。始祖易水人，有故北遷，家于是邑也。母馬氏。同母兄有二，長小字吉壽，次王留，二嫂俱忘其姓氏。同居，農耕∟爲業，皆克家。公自岐嶷時，不食五葷，不喜兒戲，恥留莖髮。七歲志樂出家，累詣父請施度。父不得已，從之，禮到宣德州天宫寺僧長老道崇爲受業師，訓到前項，法名行懿是也。公自爲人性善志∟剛，無施勞，不伐善。及長，取予任意，斂散不拘，不積貨財，竊慕㲉食鶉居之説，凡有所行在人意表。至大定己亥，公年三十，具戒，奉師住滏水大明寺。六年，師退去，瓶錫從，徑歷洪山。頃之，隨師適馬∟安。公在河朔遊歷二十餘年，由是道價有聲。一日，如家省親，至門行化，母出施米升合許，公以善言磯激之，母亦不審。公去其笠，母覿面乃審。母子相嚮而哭，鄰里相慶。繼而有師命知馬安寺事。∟三年，會師有京都之請，公從之。居萬壽六年，勞逸半。師去，從適瑞雲。居未幾，師有頌以示衆，公獨知頌中意，有四方行脚志。公請留行，弗□。公負師行李如盤山，斯須師有君命往香山，積有日∟矣。退之仰山，在西堂閑居。公在靜居庵，師默授印證。公乃固辭，師弗從，公勉受，以是傳密藏諸用勾不以出世語也，志在退進，以隱爲顯。一日，擗穀絶粒，茹松噉柏三年，外不時而絶之。或禮告一∟齋者有之，公不欲食則已，如欲食則食之。翌日如初，人不堪其憂，公不改其樂也。故曰發憤忘食，樂以忘憂，誠哉是言也。後因師病届覺山，是時師年七十四，有疾弗豫，乃洮頮水易服，顧而命曰：∟汝居白峪去者。公曰：諾。師喪，公治任而歸，觀瑞雲形勢，甚可愛也。北□大寒，南帶龍泉，松檜陰森，果栗榮茂，千變万狀，叢萃目前，山路脩阻，人迹稀少，真道人所居也。住十年，居禪僧二百衆，洞風∟遠播，四方檀信作齋送供，不知其幾也。迨至寧改元癸酉，公年六十四，勑賜紫一襲。貞祐乙亥，復賜紫衣并通圓大師號一道。會國多故，禍亂並興，郡邑相呑，人自相食，原野厭人之肉，川谷ㄴ流人之血，耕桑久廢，饑饉荐臻，民卒流亡，狼虎猖獗，莫之能救，此際遺黎僅有存焉。瑞雲僧行散而之四方。公獨居嵓穴，茹松飲泉，性相兩忘。聞有餓人至公所乞食，公但指山松耳。幾二年餘，一ㄴ朝兵寇劫人食之，生致二男五女將赴鼎鑊，時公示以至誠，勸之。賊感公之言，遽釋之家。至丙子冬十一月，礬山安水寺僧德全達曹老使、王千户等四人命，公遽往。出山，在道中冒風雪行，信宿ㄴ至清安寺。居未幾，明年春，如武川十方院，聞城市諠譁，公厭之，曰非山人居，委而去之椵峪龍巖寺，公憫寮舍僧厨，闃無人止，寺宇摧壞，公獨葺之。枝柱傾斜，補綻缺壞，勞神疲力，汗顔血指，曾ㄴ無少憚。由是，禪刹一新，以致新舊徒衆，其所由來者漸矣。居僧二百餘，信施齋供者駢肩接武，鴈次鱗集，津送道粮者亦莫知其數也。公嘗輸己財贖驅丁二男一女從良，又歷見被驅人，公於ㄴ各使所以體兒化本人施度，使皆許之。前後化五十餘徒，仍勸逐人斷葷酒，持戒行。衆皆悦從。時灤陽寶寧寺開壇，造無遮會，濟度冤枉。時官命公即壇中居，周備法席。每巡位時，有清信男女潔ㄴ髮布地，匝淹涅污，俟公過而履之。壇場大興，所得施利至甚多廣，悉歸寶寧常住。公回。明年，武川摩訶院大開壇濟度會，太傅夫人母與陳機察輩命公主壇。公出椵峪至橋道院，在城應有僧尼ㄴ道友捧花香以法務逆之。仍以優樂道引看者，填道如堵。及入城門，彩雲盤空，至院即壇，克主張是。有業屠者，公戒以斷五葷，勿殺生，屠者亦忻然從之。公所過者，化生人以改惡修善，度亡歿者樂ㄴ處受生，前後救拔，不啻億萬計。壇事既畢，公復龍嵓寺一居十年，釋教大行。礬山李宣差過瑞雲，悼伽藍大壞，禪刹荒涼，彷徨而不忍去。於是糾率嶺北劉、聶二帥以下檀那等通議，竊請椵峪禪ㄴ師來瑞雲住持可否。僉曰善。就委元帥聶公部三十力以束甲從之，并僧德瑩等三員坐馬二十匹，戊子八月十九日夜至椵峪門首，劫公乘馬而還。至灤水，會有二車先ㄴ渡，公策馬隨之。二十日昧爽，至孫家莊，彼中檀信以香花迎入縣。公不解衣，接淅而行。晚宿於交，道作大雪。越翌日，達嶺北。見諸檀信，敘舊畢，來瑞雲。公望殿塔摧毁，披荆棘而入。歎曰：非向日所居耳，ㄴ住持一事果如何哉！會有宣差李公緣礬、劉元帥、劉聶二元帥以下檀那人等各不負初心，戮力同謀，興造是刹。李宣差創外庫房，塔河馮二郎、田四、高監軍創山神堂，齊杜、清水等莊創首座ㄴ堂，皆自備力役工匠口粮。及諸檀那畢力營葺，山門一新，皆公緣力之所致也。其間武川太傅專人三請公，阻之。公自默受印以來，始卒教度門弟僧二千許，尼八百餘，官貴僅七百，俗弟子万餘人。ㄴ迨壬辰七月間，弟子德道、德行等二人自相謂曰：師年彌高甚矣，血氣之衰也久矣，吾儕若非急未以壘壽塔，万一有故，必不能盡其大事。詣師數請，纔許之。二僧悦，遂經營底法，揆度功役，不費常ㄴ住，方便化辦檀信，多助人力，敦匠事嚴。至癸巳夏五月蕤賓日告成。當年六月，公自知禩耄，深倦于勤。一日，聚大衆議，擬將見居瑞雲禪寺疏請通公長老住持，可乎？衆心大服，曰善。公以山門事ㄴ業悉付通公。公勇退，在西庵閑居。至七月初二日，因病篤，不藥，遷坐，致齋澡身，靜首易衣，負扆以善言托諸弟子後事，遺頌辭世，□間談笑而終。衆皆大慟三日，遠近弔者，擗踊哭泣，哀以∟送之火葬。在烈燄中起雲，五彩繚繞。及收遺骨，遷入浮圖葬之。有人於元卜地中掘之，得公心眼不灰舍利百餘粒，仍於是處中夜放光，幾四七矣。非平素爲聖善人，斷無此景祥也。良自∟落髮以來，由大不由小，習是不習非，居其實不居其華，審其作未審其輟。行藏無定，進退自如，把定則寒巖枯木；放行則匝地清風。志在常善救人，故無棄人；常善救物，故無棄物。慈悲是∟本，方便爲機，童稚行斯，厖眉不倦，積功累行，七十有八矣。故巍巍乎功成也，可誦而不可名；蕩蕩乎行滿也，可稱而不可比。見之者若翔鳳景星，仰之者如太山北斗，與春雷秋月匉訇炳耀，而∟駭人耳目者，曷其異哉！諒已行之，實千古所無。瑞雲大衆使予睍公之實録。予愕然曰：是公也，盡善盡美，得匪紀而贊諸？贊曰：∟

公之先人，宅乎易水。有故北遷，礬山爲里。岐嶷自奇，薙髮恥留。七歲出家，父命是由。奉師以來，具戒賜紫。環流參訪，二十餘祀。一日省親，母疑弗兒。∟去笠就審，相嚮而悲。爰處天宮，歷居白峪。爲善憂勤，惟日不足。茹松飲泉，周及六年。外以闢闔，任其自然。兵寇劫人，將赴鼎鑊。公以善誘，遽釋其縛。∟被驅者多，使所自將。躬詣化度，或從其良。寺有崩摧，僧亦乏粒。公至足食，一新營葺。教度門弟，心無負初。僧尼三千，布髮淹泥。巡位之際，救拔横夭，∟及億万計，在處送施。接武駢肩，至誠者感。幣帛生蓮。高弟見長，議壘壽塔，請之不從。復然後納，勇退瑞雲。孰能繼塵，會衆疏請，通公一人。公有疾甚，∟遺頌辭世。癸巳七月，負扆而逝。人皆慎終，三日送公。烈燄直上，彩雲映空。骨歸浮圖，效祥㪚地。心眼不灰，多獲舍利。夜放寶光，晝現金身。神化無極，∟日日惟新。公在時人，敬如父母。仰之者何，更高山斗。山泉下流，惠衆無疆。公名配之，永懷不忘。∟

大朝癸巳季九月　日，化緣建塔立碑門人德行、德道、前山主□德瑩、監寺德圓、□□□德□、德□、副寺德聰、監寺德遇、∟書記德空、山主德琛、老山主德信、首座善勇、助緣住持嗣祖沙門善通、懿公法弟首座行慈等同立石。∟奉先縣懷玉鄉工匠崔義、趙公元、王昌等刻石。∟

**碑陰**

勅賜瑞∟雲禪寺（額）∟

大行禪師門人開坐于後：∟

賜紫沙門廣辯大師德寬　∟德全　德演　德琳　德周　德教　∟德能　德才　德如　德廣　德本　∟德住　德昇　德寵　德閑　德迴

㇄德具　德義　德延　德議　德志　㇄德實　德堅　德興　德緣　德添　㇄德藏　德和　德宏　德瑞　德省　㇄德□　德泉　德元　德
誌　德清　㇄德新　德輪　德准　德禄　德來　㇄德堅　德榮　德實　德便　德定　㇄德忍　德平　德貴　德甫　德□　㇄德隨　德倫　德
和　德宜　德順　㇄德聖　德固　德順　德從　德源　㇄德遷　德通　德松　德堅　德智　德璘　㇄德遠　德春　德方　德順　德援　㇄德
順　德瑗　德回　德念　德滿　㇄德固　德泰　德存　德普　德用　㇄德智　德延　德流　德厚　德懃　㇄德用　德順　德水　德從　德遠
㇄德伶　德進　德□　德璋　德僧　㇄道悟　道善　義俊　法遵　圓照　㇄道政　義聰　性應　□□　義秀　㇄善順　道進　義清　㇄

門人比丘尼衆：㇄

賜紫比丘尼俊悟大師德淨　㇄賜紫大師德定　德果　德聰　㇄德明　德安　德朗　德仁　德敬　㇄德應　德志　德懃　德□　德善　㇄
德勤　德興　德□　德雲　德雨　㇄德純　德寧　德心　德朗　德讚　㇄德用　德行　德隨　德淨　德安　㇄德英　德福　德温　德暖　德
實　㇄德□　德常　德同　德榮　德令　㇄德悟　德明　德惠　德戒　德妙　德會　㇄德善　德正　德談　德忍　德因　德仁　㇄德禄　德
堅　德戒　德定　德敬　德圓　㇄德受　德興　德平　德□　德志　德故　㇄德緣　德遠　德寶　德新　德雲　德仁　㇄德真　德祥　德順
德戒　德定　㇄德圓　德緣　德悟　德常　德清　㇄德隨　德樂　德端　德順　德寶　㇄德順　德遠　德因　德堅　德信　㇄燕京法姪比
丘尼淨悟大師德貞　㇄

妙雲　本從　㇄

門人俗徒弟衆等：㇄

太傅國公夫人劉氏　㇄宣差便宜李善禄弟　㇄二宣差夫人蔡善榮　㇄宣差馬善　㇄宣差温善　㇄宣差劉善　㇄夫人趙氏　㇄宣差高善
㇄　宣差河西　善　㇄夫人王氏　㇄宣差楊善秀　㇄夫人　善昱　㇄元帥劉善琳　㇄夫人　善　㇄元帥聶善珍　㇄夫人　善寬　㇄元帥王
善斌　㇄　夫人　㇄都元帥趙善　㇄夫人蕭氏　㇄元帥劉善　㇄夫人吕氏　㇄元帥高善　㇄元帥鍾善堅　㇄夫人　善深　㇄元帥王善　㇄
元帥劉善　㇄元帥林善　㇄知府王善端　㇄夫人田善新　㇄同知盧善榮　㇄夫人褚善貴　㇄元帥景善　㇄元帥郭善　㇄元帥耿善成　李善正
㇄元帥劉善　㇄　元帥邢善　㇄元帥蔡善　㇄第八千户蒲鮮鎮撫　㇄夫人冉善因　㇄張同知夫人王氏　㇄王元帥夫人袁善貴　㇄

宛平縣齋堂等村俗徒弟子開具下項：㇄

監軍王善昇　寨使馬善琛　張善迴　馬善禄　馬史哥　曹善順　齊都監　高都監　富都監　劉都監　韓善運　韓善齊　張善圓　李善緯
譚善正　□都監　∟監軍馬善安　賈監軍　張監軍　聶善瓊　聶善寶　聶善□　王善琛　王□□　楊善實　張善廣　劉善玉　劉善温　王善
興　王善潤　王善清　王善成　∟杜善暉　劉善義　葛善元　甯善圓　焦善現　杜善安　□善延　杜善實　馮善忍　梁耶耶　張善清　張善
翼　張揔領　張善實　于善興　齊善元　齊善正　∟宋善歸　劉監軍　劉招□　盧善仁　王善宗　劉善堅　梁善珍　王善寬　竇善寬　劉善
忠　李善禄　劉善因　杜四哥　杜善松　富善順　賈善敬　杜善禄　∟杜善見　王善施　張善慶　梁善德　張善行　張善圓　龐善俊　龐善
貴　楊德哥　陳善孝　趙招撫　張善成　張善元　張善恒　張善慶　劉善成　韓善全　∟馮善淵　馮善才　馮六　張善玉　張善忍　王善進
鄭善從　杜善清　鄭善弗　馮善蕭　張耶耶　趙耶耶　馬耶耶　田善秀　∟宋善祥　隗□□　∟
良鄉縣玉河村等　監軍蔡善均　夫人李善仁　蔡善隆　鄭善順　蔡善進　湯善緣　甯善因　蔡善温　李善成　王善寶　蔡先兒　王善慶
∟　鄭善安　鄭善貴　趙善希　郄善興　張二哥　李善堅　張善友　劉善悦　田善寶　田善喜　張善信　郝善忍　李善仁　梁善因　李善
壽　劉善淨　焦善隨　∟邵善回　呂善雲　魏次卿　高善顔　焦耶耶　楊耶耶　楊善資　鄭耶耶　張祥　焦大　王善仁　張善從　黄善舉
郭善平　鄧善志　王善資　安善住　∟王監軍　□善興　李善梅　封善貴　張善福　∟
德興府　監軍李善端　夫人于善貴　許善秀　虞善清　趙善深　劉善祥　楊善從　蕭善進　葉善興　趙善道　趙善興　王善琳　蘇善
寬　王善友　安善玉　王善淵　史善廣　劉善信　郭善廣　張善勳　姜善延　高善因　單善緣　李善興　韓善堅　句善忍　李善進　張善演
□善運　康善淨　∟李善秀　婁善淨　周彦温　吴善志　張氏　呂善力　陳善真　李善德　蔡善直　王善正　張善應　王善仝　酈善順　劉
善禄　李□□　齊德圓　李善滿　∟林善祥　王善珍　蕭善宿　倪德志　王善益　武善禄　張善福　劉善迴　李善琳　王善義　魏善清　柏
善寶　楊善明　李善□　趙善玉　崔善來　張善廣　∟曾善進　梁善應　時善喜　何善緣　王善玉　潘善德　呂善志　張善智　王善理　單
善智　杜善受　劉善周　宋耶耶　宗如□　關善新　□善隨　趙善通　∟李善伶　宋善興　杜善海　宋善深　王善安　于善常　韓善寬　劉
善壽　蘇善春　劉善志　崔善信　王善泰　李善廣　蘇善滿　王善回　楊善柔　盧善珍　∟趙德真　趙善柔　楊善迴　呂善榮　何善伶　∟
北磬山縣　康監軍　郭監軍　李監軍　劉德寂　孫善慶　王德實　呂善慶　張善通　李善柔　孫善廣　王善志　石善真　王善明　焦善
淨　何善用　韓善道　∟張善義　馬善禮　張善寬　陳善貴　張氏　曹善真　王善令　王善聰　劉善信　吴善月　李善祐　劉善親　許氏
孫善深　董善信　李善成　張善玉　王善堅　∟高善智　張善志　崔善敬　∟

南礬山鎮　劉提控　劉監軍　趙監軍　牛監軍　董監軍　甯大　趙耶耶　穆三　蔡三　趙監軍　李監軍　乚

宣寧府　李善碧　孫德真　安善深　楊德榮　武德福　任德柔　辛德容　張善壽　劉善向　李德巡　富善昌　李德新　劉德志　靈善照

王善明　張善忍　乚虞善清　郭善淨　劉善住　安善常　李善言　李德玉　高善興　楊善順　楊善亨　唐善正　劉善准　王善潤　曹善玉

張善圓　張善壽　高善貴　郭善成　楊善引　乚李善福　蒙善安　劉善樂　辛善禮　劉善來　李善遷　楊善慶　唐善滿　劉善貴　李善言

董善和　張善緣　周善圓　李善道　孫善學　于善引　孫善慶　王善□　乚梁善淨　孫善昌　王善寬　王善寧　高善淨　孫善慶　孫善昱

陳善隨　鄭善秀　李善修　王善慶　韓善温　韓善稱　何善從　李善足　趙善信　王善孝　馬善□　乚龍川居士張德賢施銀一百鋌　劉善清

高善仁　袁善貴　焦善迴　李善滿　李善道　藺善過　楊善明　王善志　孫善海　郝善修　張善達　王善貴　趙善備　乚王善實　魏善胥

藺善政　費善因　王善明　和善福　張善端　王善信　陳善真　楊善興　劉善海　劉善貴　張善慈　張善貴　尚善□　高善昇　李善顔

和善遇　乚董善甫　張善玉　馬善淨　馬善壽　王善寬　馮善進　吕善廣　石善壽　王善照　王善慧　韓善大　蘭善遇　楊善明　張善圓

孫善成　柳善義　馬善流　高善志　乚齊善滿　李善正　孫善戒　劉善道　王善頓　姚善留　畢善戒　孟善遠　費善從　邢善智　韓善言

□善忍　孫善因　孫善海　馬善言　張善成　王善言　閆善至　乚□善清　王善□　董善玉　楊善寶　董善臨　李善至　邢善常　時善明

田善忠　王善覺　丁善真　高善聚　孟善悟　趙善勤　李善金　張善寬　田善雲　焦善深　乚崔善悟　費善□　任善大　宋善欽　吕善過

元善明　張善香　劉善福　王善玉　尹善因　韓善純　王善忍　李善遇　王善道　曹善同　張善禄　劉善同　劉善達　乚

定安州　趙德喜　楊德隨　郝監軍　高善雲　王善報　許善廣　李善僧　牛善淳　王善興　趙善潤　葛善緣　高善德　姚善事　李善潤

曹善滿　張善玉　乚張善實　楊善安　趙善圓　孫善玉　劉善慶　王善興　高善德　乚

燕寧府　劉善深　王善春　張善壽　舍人善真　高善全　嚴善興　王善用　韓善隨　傅善明　李善琳　劉善暉　趙善道　楊善祥　祖善甫

梁善常　周善正　乚李善信　陳善賢　衛善安　孫善會　趙善整　董善慈　史善榮　韓善忍　盧善訓　劉善琪　安善通　朱善圓　張善義

李善仁　薩善良　丁善志　李娘娘　王善義　乚任善興　李善順　趙善志　范善壽　崔善信　張善慶　張善儒　石善堅　李善君　宋善興

滑善喜　乚

奉先縣　李善周　趙善足　趙善遇　鄭善新　魏善清　董善淨　胡善禄　許善義　乚

定興縣　趙善圓　趙善義　孟善美　趙善愛　田善榮　何善化　乚

龍州　張善和　武善從　樊善壽　冒善直　龐善通　李善柔　劉善榮　李善欽　谷善□　李善□　李善吉　于善直　∟
趙善志　王善忍　張善□　馬善琳　劉善順　曹善道　辛善榮　白善念　□善海　∟
旹大朝癸巳年九月　日記∟

## 二　重建龍泉大曆禪寺之碑　窩闊台汗九年

《重建龍泉大曆禪寺之碑》，大蒙古國窩闊台汗九年（一二三七）五月建，現存北京市房山區河北鎮萬佛堂村孔水洞萬佛堂關帝廟西殿前。碑漢白玉石質，圓螭聯首，圭額，龜趺首殘，碑身右下部殘缺，上部有漫漶。碑通高二〇七釐米，寬九八釐米，厚二六釐米。碑陽身額聯拓高一六三釐米，寬九六釐米。碑陰身額聯拓高一六八釐米，寬八三釐米。碑陽額題篆書「重建龍泉大歷禪寺之碑」二行一〇字。碑陽碑文楷書，二八行，滿行三五字。碑陰額題篆書「龍谿規式遺言之記」二行八字。所刻文字有局部殘損。竹林寺僧印彬撰。

高書官等《（民國）房山縣志》、《北京元代史迹圖志》（北京燕山出版社，二〇〇九年）、《北京遼金元拓片集》（北京燕山出版社，二〇一二年）、《新日下訪碑録·房山卷》（北京燕山出版社，二〇一三年）、《北京石刻藝術博物館藏石刻拓片編目提要》（學苑出版社，二〇一四年）、楊亦武《房山碑刻通志》卷七（學苑出版社，二〇二二年）均有著録。今據北京考古遺址博物館（金中都水關遺址）藏拓片録文。

碑陽記龍泉大曆禪寺創建始末，以及龍谿老人重建寺院之過程。碑陰記龍谿規式遺言。

重建龍泉大曆禪寺之碑（窩闊台汗九年）碑陰照片

重建龍泉大曆禪寺之碑（窩闊台汗九年）碑陽照片

重建龍泉大曆禪寺之碑（窩闊台汗九年）碑陽拓片

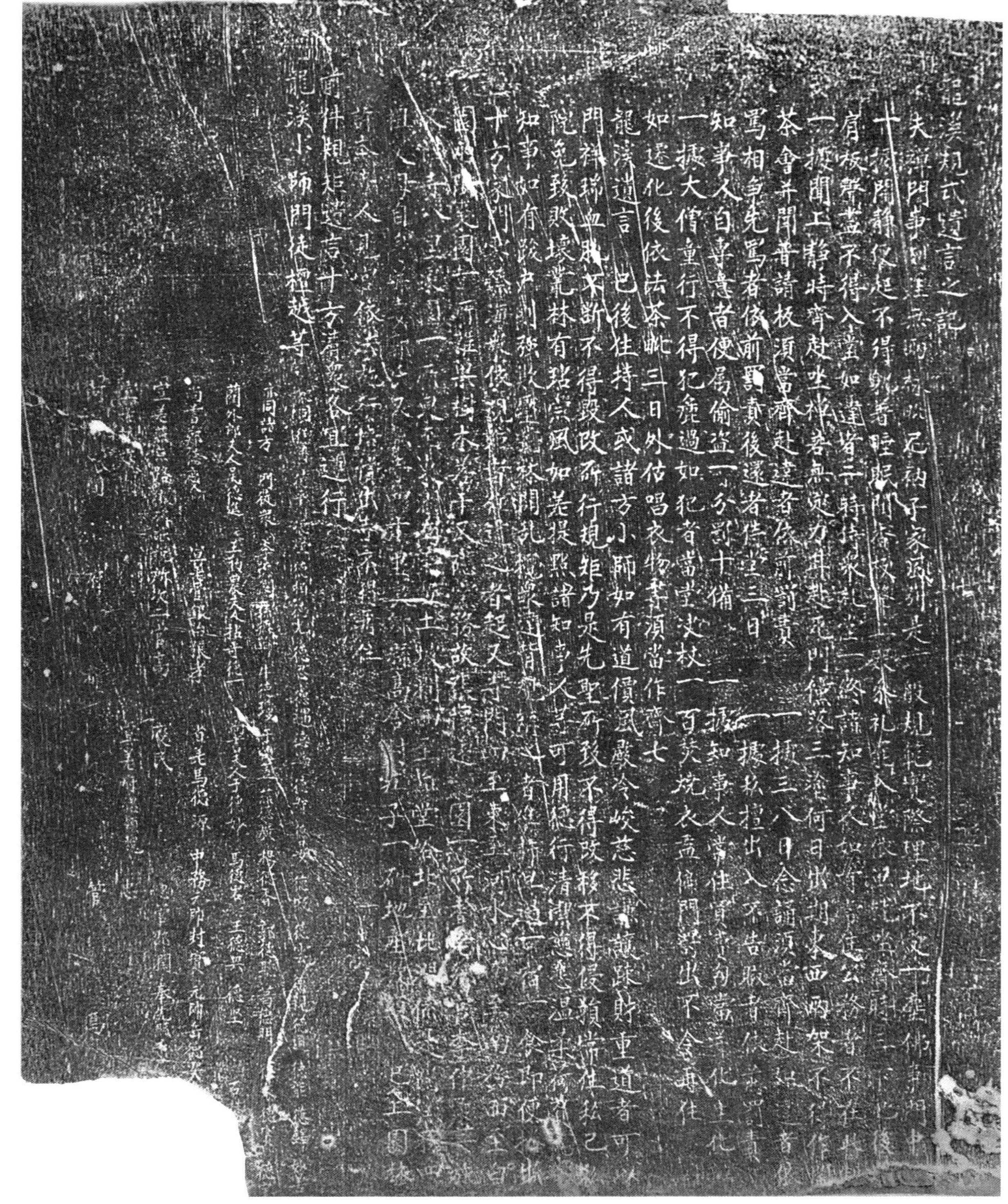

重建龍泉大曆禪寺之碑（窩闊台汗九年）碑陰拓片

# 録　文

## 碑陽

重建龍泉大∟歷禪寺之碑（額）∟

重建龍泉大曆禪寺之碑　竹林禪寺逍遥叟印彬撰，燕趙▯∟

吾聞幽燕之勝概者，房山也。排青獻翠，瀉碧堆藍。聳五岳之高標，奪三山之秀▯〔一〕∟深不可測也。唐玄宗時，天雨不節，民禱於是，莫不徵應耳。其間潛蛟宿蜃，控鯉蟠▯∟風，湛湛秋波，沉半江之桂月，清泠滑甘，可引爲□折之渠。次供飲食，瀄濯灌畦之▯∟諸佛聖集之鄉也。由是唐幽州盧龍節度使潁國公朱公家鄰勝所，里接仙鄉，勢▯∟水之前，創建伽藍一所，廊廡雄壯，殿宇峥嶸，復詣洞水之上造玉石文殊、普賢萬▯∟含生於沙界，奏賜大曆之名。厥後年代浸遠，成毁多端，及至遼末烽火，宋朝兵革，皆爲煨燼▯〔二〕∟繩繩繼踵，及後命汝州玄覺禪師主其法席。覺，枯木之裔孫也。住持之間，復接嗣龍溪老人▯〔三〕∟有司命龍溪老人開堂住持。未幾，適值干戈四起，廊廡一灰，唯存正殿一所。及∟天皇聖帝創運已來，聖德聖明，中興祖道，復我禪風。由乃龍溪老人于庚寅年退圓明之後▯〔四〕∟一日，喟然嘆曰：何期聖會消洒如此！發上聖心，不任久廢。捨己衣盂，復匃檀越，乃徵土工、木▯〔五〕∟礱，挑筐荷□□□甓〔六〕，壘垣墻，創建法堂、方丈、祖堂、宿德雲堂，香┐海會〔七〕，臨溪内外，三門兩廊▯〔八〕，∟水磨一□□□□□□□數頃〔九〕。由是恢弘舊制，完備新規，真所謂祇園凋而再覩春花；覺海▯〔一〇〕∟也。以□□□□□□□□夫〔一一〕，莫不抃之蹈之。於乙未歲萃衆安禪，遵儀守法，嚴淨住持□□▯〔一二〕∟大曆□□□□□□□□〔一三〕，幸毋謙遜。余應之曰：爲文之事，素非其工，焉敢爲之。然老人與余▯〔一四〕∟

大房▯〔一五〕　山隱鹿□〔一六〕，水伏鯨鯉。堆青瀉碧，崦勝潛奇。峰巒峭峙，▯〔一七〕∟節▯〔一八〕　巔峰境秀，洞乳爭藍。乃作是願，增益佛龕。擇布金地，▯〔一九〕∟道▯〔二〇〕　有唐至宋，□□□成〔二一〕。龍溪老人，枯木正裔。運大悲心，▯〔二二〕∟安▯〔二三〕□爲祝□〔二四〕，∟皇▯〔二五〕，同霑妙利。千□□裏〔二六〕，萬佛洞前。刻辭金石，德播永年。∟

▯次丁酉五月十有六日建〔二七〕

本寺知事人　監寺德印　副寺▯〔二八〕∟▯書記德贇〔二九〕　維那德本　真堂主德昇　殿主德應　洞主▯〔三〇〕∟▯提點通覺大

師圓聰（三一）嗣法小師四人▯（三二）⌞燕京十方圓明禪寺堂頭德祥⌞太夫人徒單氏　元帥黃德震⌞廣平郡公夫人　簽事高逢臣⌞宣撫使王榵
太原郡夫人張氏⌞功德主宣差大使劉合住⌞

## 碑陰

龍谿規式⌞遺言之記（額）⌞

龍溪規式遺言之記⌞

大禪門事□，□無兩樣。毗尼衲子家風别是一般規範。實際理地，不受一塵。佛事門中□▯⌞一、據開靜便起，不得耽着睡眠。聞香板聲上殿參禮，罷入堂依里就坐，齋時三下已後□▯⌞肩板聲盡，不得入堂。如違者，二時侍衆，禮堂一終。諸知事人如有常住公務者不在此制。▯⌞一、據聞上靜時，齊赴坐禪，若無定力，甘赴死門，儻落三塗，何日出期？東西兩架，不得作閑▯⌞茶會，并聞普請板，須當齊赴，違者依前罰責。一、據三八日念誦，須當齊赴，如違者，依▯⌞罵相爭，先罵者依前罰責，後還者侍堂三日。一、據私擅出入，不告暇者，依前罰責。□▯⌞知事人自專意者，便屬偷盜，一分罰十備。一、據知事人常住買賣勾當，并化生化辨。▯⌞一、據大僧童行不得犯麁過，如犯者，當堂決杖一百，焚燒衣盂，偏門罰出，不令再住。⌞如遷化後，依法荼毗三日，外估唱衣物等，須當作齋七。⌞

龍溪遺言：已後住持人，或諸方小師，如有道價，風嚴冷峻，慈悲謙讓，疎財重道者，可以▯⌞門祥瑞，血□不斷，不得毁改。所行規矩乃是先聖所致，不得改移，不得侵損常住，私己私▯⌞院，免致敗壞叢林，有玷宗風。如差提點、諸知事人等，可用德行清潔，慈悲温柔，荷負□□▯⌞知事如有跋户剛强，欺壓叢林，開亂攪衆，違背規矩之者，□非但過一宿一食，即便捲出□▯⌞十方家門。雲臻海乘，依規矩者敬，違之者起。又寺門四至：東至河水心，南至南務，西至白□▯⌞園。兩段：棗園一所，雜果樹木若干，又磁窑務故張懷遠棗園一所，耆老鄉官李仲柔□旒▯⌞又□寺八里，果園一所，東至東澗，南至□土坡澗，西至尚堂峪，北至北澗。係是□窑務四▯⌞祖父母自□并妻郭氏。又□寺四十里，良鄉縣高舍村莊子一所，地産數頃。已上園林□▯⌞許本寺人見官依法施行培償，出寺不得再住。⌞

前件規矩、遺言，十方清衆各宜遵行。⌞

龍溪小師門徒檀越等：德同　德甫　德平　德燈　德相　德光　德忍　德遇　德端　德智　德晏　德寂　德雲　德親　德道　德能　德鐸
妙善▯⌞亦同諸方門徒衆：李德□　孫德興　牛德瓊　于德益　蘇德廣　楊德香　郭德聽　葛德明　德□　德實　德寶▯⌞蘭外郎夫人

吴德進　王勸農夫人拈哥德　尚書夫人于德妙　馬德岩　王德興　德堅　石▯」尚書鄭德慶　宣差管銀冶張孝　省差馬德源　中務元帥封實　元帥岳德安▯」宣差燕京路□□課税所次二官高□民　總管邵潤　奉先縣千户▯」宣差□□□　宣差府總領魏忠」河間府都總管馬▯」

## 校勘記

（一）奪三山之秀▯　原碑「秀」後殘多字，《（民國）房山縣志》作「氣▯」。

（二）皆爲煨燼▯　原碑「燼」後殘多字，《（民國）房山縣志》作「之餘，或聞海慧禪師復其前廢□□□□□□」。

（三）復接嗣龍溪老人▯　原碑「人」後殘多字，《（民國）房山縣志》作「覺於彼示滅塔其舍利於彼墳□□□□□□□」。

（四）退圓明之後▯　原碑「後」後殘多字，《（民國）房山縣志》作「復於舊隱搜奇選勝，自放山水之間□□□□□」。

（五）乃徵土工木▯　原碑「木」後殘多字，《（民國）房山縣志》作「工、石工，備器執用，剪薙榛蕪，祛除繁穢，斬枝除」。

（六）挑筐荷□□□甓　原碑「荷」後殘三字，《（民國）房山縣志》作「畚，陶瓴」。

（七）香□海會　原碑「香」後殘一字，《（民國）房山縣志》作「積」。

（八）三門兩廊▯　原碑「廊」後殘多字，《（民國）房山縣志》作「有序，萬佛爭光，庫司客位，莫不崇麗者矣，恢復」。

（九）水磨一□□□□□□□數頃　原碑「一」後殘數字，《（民國）房山縣志》作「盤、園林千株、地産」。

（一〇）覺海▯　原碑「海」後殘多字，《（民國）房山縣志》作「乾而重翻波浪，佛之所謂□成就者，此處成就」。

（一一）以□□□□□□□□□夫　原碑「以」後殘多字，《（民國）房山縣志》作「至胥徒、黄髮、耆艾、野」。

（一二）嚴淨住持□□▯　原碑「持」後殘多字，《（民國）房山縣志》作「一日，□小師堂頭德祥謂逍遥老人曰：今重新」。

（一三）大曆□□□□□□□□　原碑「曆」後殘多字，《（民國）房山縣志》作「今已畢工，請公爲記」。

（一四）然老人與余▯　原碑「余」後殘多字，《（民國）房山縣志》作「爲善知識久矣。義不可辭，遂紀其實，乃爲之銘」。

（一五）大房▯　原碑「房」後殘多字，《（民國）房山縣志》作「之山，龍泉之水」。

（一六）山隱鹿□　原碑「鹿」後殘一字，《（民國）房山縣志》作「麋」。

（一七）峰巒峭峙▯　原碑「峙」後殘多字，《（民國）房山縣志》作「波浪渺□。佛祖之鄉，王侯之里」。

（一八）節▯　原碑「節」後殘多字，《（民國）房山縣志》作「度朱公，家世近此」。

（一九）擇布金地▯　原碑「地」後殘多字，《（民國）房山縣志》作「創成紺宇，奏名大曆，厥名鍾古」。

（二〇）道▯　原碑「道」後殘多字，《（民國）房山縣志》作「宣四德，元亨利貞」。

（二一）□□□成　原碑「成」前殘三字，《（民國）房山縣志》作「益毁益」。

（二二）運大悲心▯　原碑「心」後殘多字，《（民國）房山縣志》作「復飾前廢。挑筐荷畚，不日成之。」

（二三）安▯　原碑「安」後殘多字，《（民國）房山縣志》作「禪萃衆，嚴整威儀」。

（二四）□爲祝□　原碑「爲」前、「祝」後各殘一字，《（民國）房山縣志》録此句作「奉爲祝嚴」。

（二五）皇▯　原碑「皇」後殘多字，《（民國）房山縣志》作「帝萬歲。太子諸王」。

（二六）千□□裏　原碑「裏」前、「千」後各殘一字，《（民國）房山縣志》録此句作「千峰陰裏」。

（二七）▯次丁酉五月十有六日建　原碑「次」前有殘字，《（民國）房山縣志》作「歲」。

（二八）副寺▯　原碑「寺」後殘多字，《（民國）房山縣志》作「德松　典座德徹　直歲定温　外庫德月」。

（二九）▯書記德賛　原碑「書」前殘多字，《（民國）房山縣志》作「首座善琛」。

（三〇）洞主▯　原碑「主」後殘多字，《（民國）房山縣志》作「德謹　待者德坦　化主□□」。

（三一）▯提點通覺大師圓聰　原碑「提」前殘多字，《（民國）房山縣志》作「尊宿通玄大師普圓」。

（三二）嗣法小師四人▯　原碑「人」後殘多字，《（民國）房山縣志》作「庵主德賢　庵主德如」。

## 三　興聖寺開山智公大禪師行狀記　窩闊台汗十二年

《興聖寺開山智公大禪師行狀記》，大蒙古國窩闊台汗十二年（一二四〇）三月立，現存北京市昌平區，具體地點不詳。中國國家圖書館藏拓片高五三釐米，寬四五釐米。漫漶較甚。碑文楷書，二四行，滿行二九字。門人恒德、恒喜、恒禄等起塔立石。

《北京圖書館藏中國歷代石刻拓本匯編》（中州古籍出版社，一九八九年）收録碑文拓片和文物説明。今據中國國家圖書館提供拓片（墓誌三九〇五）録文。

碑文記興聖寺開山祖師覺智之生平事迹。

興聖寺開山智公大禪師行狀記（窩闊台汗十二年）碑文拓片

興聖寺開山智公大禪師行狀記ㄴ

大師諱覺智，俗姓孔，本貫大興府宛平縣仰山莊人氏，父百□第三子。師自ㄴ童幼天性和善，可□□。父曰□□□太□莫不樂爲僧否師□喜年一二出ㄴ家，父送於昌平縣□□村□山龍泉寺依通慧大德□□□師□讀五經。至ㄴ崇慶二年遇恩□□□□□□方名師叢林參請於宗門本分事深合密ㄴ契明一大事□□□□□□□□，乃還本□。其爲人也，以慈悲喜捨，損己利ㄴ他，曾無間斷，□人□□□□□□喜生於□必令□悦而去。貞祐三年，天下ㄴ一統，開城之後□□□□□林興聖□□□□□□□□□□□時不暇。龍ㄴ泉起僧厨□□之一□□□□□□□□□□□□□□□□□□分取課以ㄴ供清衆□□□興聖寺□瓦□殿□塑尊□□□□水□皆□□□□菓木ㄴ栗園春花□□□□□□□□志□□□□□甲乙□□□□□□綱ㄴ一如感本□□□□□□□□□□大□□□習密行□□□不□□覺。ㄴ至戊戌年十一月□□□□□□□微疾□小□□□□□□□□陳ㄴ寺事聊云汝□仁□既□□□□□□□□□□□□□□□十二月初ㄴ八日，衆云□□事了□如□□□□□□□□□□□□□□□□在□ㄴ一片閑雲任□□□端坐□□□□□□□□□□□□□□□□□□ㄴ遠近檀信集□□□□□□□□□□□□□□□□□□□□□□知ㄴ藏德達審□□□□□□□□□。ㄴ

恒願　恒□　恒□　□□　恒□　知客恒周　知□□□　ㄴ恒山　恒興　恒□　外庫恒□　監院恒□　恒□　恒□　ㄴ恒堅　恒如　恒□　恒□　恒□　錢白恒□　恒瑞　恒全　ㄴ恒安　恒蓋　恒□　化主恒珍　付院恒□　二座法寶　ㄴ恒存　恒圓　恒□　化主恒志　監院恒□　首座善□ㄴ

大朝國庚子年三月初四日，門人恒德、恒喜、恒禄等，起塔立石。ㄴ

## 四　渾源州永安禪寺第一代歸雲大禪師塔銘　貴由汗二年

《渾源州永安禪寺第一代歸雲大禪師塔銘》，大蒙古國貴由汗二年（一二四七）建，現存北京市門頭溝區潭柘寺塔院。幢塔漢白玉石質，六角三級密檐式，蓮花須彌座承托幢身。幢通高二六〇釐米。幢身一面篆文題「歸雲大禪師塔」二行六字，下有紋飾。銘文行書，三五行，倒二行三七字，其餘滿行三五字。陳時可撰，懶牧野人悟歸書丹，德玉篆額，海雲印簡等清明日立幢，李仲平刻。

清孫星衍《寰宇訪碑録》、清周家楣等《（光緒）順天府志》、《北京元代史迹圖志》（北京燕山出版社，二〇〇九年）、《潭柘寺碑記》（中國文史出版社，二〇一〇年）、《北京遼金元拓片集》（北京燕山出版社，二〇一二年）等著録，《北京圖書館藏中國歷代石刻拓本匯編》（中州古籍出版社，一九八九年）收録有塔銘拓片，稱「志宣塔銘」。《全元文》第五册收録此文。今據北京考古遺址博物館（金中都水關遺址）藏拓片録文。

塔銘記歸雲禪師之生平事迹。

渾源州永安禪寺第一代歸雲大禪師塔銘（貴由汗二年）實景照片

渾源州永安禪寺第一代歸雲大禪師塔銘（貴由汗二年）銘文照片

渾源州永安禪寺第一代歸雲大禪師塔銘（貴由汗二年）銘文拓片

錄文

歸雲大⌞禪師塔⌞

渾源州永安禪寺第一代歸雲大禪師塔銘⌞

寂通居士陳時可撰，浩然居士□德玉篆額。⌞

住持法姪懶牧野人悟歸書丹。⌞

容庵老人得臨濟之正派，以大手股本分鑪抱鍛煉，法子凡十有七人，其道行襟宇傑然有⌞聞，足以光佛祖奓龍象者，渾源之永安⌞第一代歸雲大禪師是也。師諱志宣，字仲徽，生廣寧李氏舍，資質不凡。少辭親出家，師□□⌞容庵，□玉泉禪學不輟。繼而容庵應命領燕山竹林，師參侍老人，日悟宗旨。會金氏播□遷⌞□民艱□父子□□□不□□，唯師供老人彌謹。道糧不足，已則□藜藿，噉松柏，以粥飯奉⌞老人。□□孝子之舉□□□席。明年，師畢大事于容庵之堂，淘汰既精，容庵退卧西堂，庚辰⌞□也。燕京□□諱師□□傳□竹林，容庵寂滅，遂謝事，應義州寶林之請。既而渾源州長官⌞高□聞師道價，以本境之柏山請師居之。柏山洞下精舍大隱所建者。夷門破，大隱之孫聰⌞公南堂鑴錫未遂，師盡以其寺所有授之，遠近高其義，開山古香積北堂，今之永安也，棟宇⌞□新，禪俗雲集，久之□□勝地。柏林增修堂廡，廣常住田園，追念臨濟、趙州二大老，俱以平⌞常詣人□也。功成，迺住大□□□□之白□、廣寧之薦福，所坐凡七名刹。退休之所有⌞二：没水則歸雲堂，西館則歸雲菴，處處唯以柱物利□爲心。癸卯之春，燕京啓□戒會，天下⌞禪教師德聚焉。師嗟祖令不振，召而不赴，其重正法如此。方其在薦福也，渾源高公遣使□⌞師復領永安，師嘉其誠，欲置公究竟常樂之地，不遠五千里而求。一日，化緣將□□□□，⌞門人道□爲歸□□，此詎可强爲哉！是必師以道然其心，有不可解者矣。丙午之季夏廿有⌞四日，師召樂善居士高公，付之以法，其夜書偈辭世，云：「五十九年掣雷，月鈎雲餌作伴；不合⌞拋却綸竿，星斗一天炳焕。」擲筆而逝。荼毗日，獲舍利百數□。春秋五十有九，夏臘三十有三，⌞得法子信亮、道因等，如容庵之欲受戒者百餘□，□得子□□宿開□殿□□三號□□⌞一祭，以師之靈骨分葬四道場：永安、潭柘、玉泉、柏林也。遺文有《語錄》一、《歸雲集》一。海雲神香⌞來求潭柘塔銘，寂通居士歎曰：「歸雲起，從醫無慮山，霈爲法雨，滋養燕趙雲中後覺，無負容⌞庵矣。豈待老夫銘哉！」但師住持柏林時，嘗以《真際語錄》寄老夫，其行狀有云：吾去世之後，焚⌞燒了，不用淨淘舍利，身且是幻，舍利何有？此趙州古佛臨終戒羣弟子之語，足知吾歸雲安∟有意于此也。蓋樂善高公護法精誠，暨一方信士志于奉佛致然。老夫謹以其始終，銘之曰：∟

開堂竹林，春雷發音，于嗟乎歸雲；示寂北堂，∟玉德生光，于嗟乎歸雲。∟

丁未歲清明日，法姪海雲印簡　同嗣法小師道因　□□□　∟嗣法門資：文瓊　圓鑑　信亮　惟恒　元昉　道歸　文昇　圓融　□□　崇□　廣道　∟文讓　道因　祖明　道悟　祖能　樂善居士高相國　∟受戒小師：道山　道勤　道純　道玉　道周　道□　道方　道親　道忻道忠　道古　道文　道才　∟道□　道珍　道可　道順　道壽　道堅　道賢　道昇　道遇　道如　道緣　□道興　道太　∟□□□金□夫人王道知　宣差□州安邑軍節度使石抹道憐母蘭陵郡太夫人道寧　宣差道振　∟宣差御□局都使□□□廉訪使禿魯花　孛□海牙　郭恒建竪石。盧龍李仲平刊。∟

# 五　大蒙古國燕京大慶壽寺西堂海雲大禪師碑

## 蒙哥汗五年

《大蒙古國燕京大慶壽寺西堂海雲大禪師碑》，大蒙古國蒙哥汗五年（一二五五）九月建，一九四三年北京市西城區西長安街雙塔寺修補海雲和尚塔基時發現，當時已有大部分埋入地下，後歸隸首都博物館。一九八一年二月一八日，由首都博物館借調至法源寺。現存法源寺鐘樓北側居中位置。碑通高三二〇釐米，寬一〇五釐米。碑拓片高二三六釐米，寬一〇一釐米。額題篆書「大慶壽寺西堂海雲大禪師碑」四行一二字。碑陽碑文楷書，四六行，滿行九〇字。碑陰楷書，三七行，滿行九〇字。王萬慶撰并書丹、篆額，英悟大師等同建。

元念常《佛祖通載》、明劉侗等《帝京景物略》、清孫承澤《天府廣記》、清于敏中《日下舊聞考》、覺真《〈法源寺貞石録〉元碑補録》（《北京文物與考古》第六輯）、《北京元代史迹圖志》（北京燕山出版社，二〇〇九年）、《北京考古史・元代卷》（上海古籍出版社，二〇一二年）著録。今據中國國家圖書館提供拓片（北京一七五五）録文。

此碑記海雲大禪師之道行，於研究金元時期的佛教及政治史有重要價值。

大蒙古國燕京大慶壽寺西堂海雲大禪師碑（蒙哥汗五年）碑額照片

大蒙古國燕京大慶壽寺西堂海雲大禪師碑（蒙哥汗五年）碑體照片

大蒙古國燕京大慶壽寺西堂海雲大禪師碑（蒙哥汗五年）碑陽拓片

大蒙古國燕京大慶壽寺西堂海雲大禪師碑（蒙哥汗五年）碑陰拓片

録文

**碑陽**

大慶壽∟寺西堂∟海雲大∟禪師碑（額）∟

大蒙古國燕京大慶壽寺西堂海雲大禪師碑∟

燕京編修所次二官黄華後人熊岳王萬慶撰并書丹、篆額。∟

天啓大朝，∟聖祖成吉思皇帝誕膺天命，肇造天下，奄有萬國。至∟太宗合罕皇帝、∟蒙哥皇帝咸有詔，命海雲爲天下僧衆之首，則海雲之所以爲國助緣，行化之善可知矣。萬慶既承奉∟護必烈大王命爲作∟聖祖、神宗，∟蒙哥皇帝累降詔旨，興宗崇教，肅清天下寺宇，蠲除賦役，及慶壽西堂海雲大禪師道行碑文，爲不朽之傳。謹按其嗣法慶壽朗公禪師所録其師海雲行狀，乃得其道行之所著見于世者以書之。師山西之嵐谷寧遠人也，俗姓宋氏，微∟子之後。法名印簡，海雲，其道號也。其父爲人素慈善，鄉里推重，咸謂之虚静先生。母金源王氏，其先世皆喜奉佛□□忍智正因，不干世禄，惟積善行，貴□素，由是生師。自七歲入學，授《孝經》至首章，遽問其師曰：「開者何宗，明者何義？」父母∟聞而異之，恐儒學非所以爲宜，乃携見傳戒顔公，祝其髪。明年，禮中觀沼公爲師，乃訓今名，受以淨戒，使修童子□□□經典，既從參問。一日，被中觀五條衣陞坐，演其前後所説法語以示諸同列，見者叱之。師即曰：「不記佛言三世諸佛∟所説之法，吾今四十九年，不加一字，顧我終不出自胸臆，妄有指陳。」中觀聞之，喜曰：「此兒將來釋門之龍象也。」遂令入室。一日，扶中觀行次，舉以法燈云：「看它家事忙，且道承誰力，汝作麽生。」會師即將中觀手掣之，中觀乃曰：「此野狐精。」師∟曰：「喏喏。」中觀曰：「汝更別參始得。」師掩耳而退。崇慶改元壬申，受金朝衛紹王恩賜，納具足戒，時年始十一。後三年，從中觀寓于嵐州之廣惠寺，已能陞座講演經文。時天下凶儉，至人相食，師乃竭力以奉食飲，積其所餘以濟其困苦之衆。∟宣宗聞之，遣使賜以「通玄廣惠大師」之號。尋參長松一公禪師，大有發明，室中當機不諱，□□□换，如珠之走盤。一公歎曰：「此衲子類風顛，是它日必能大興吾佛祖之道者。」初，寧遠城陷，師與其師中觀皆被執，∟成吉思皇帝在薛滅思干，遣使于太師國王曰：「卿言老長老、小長老，是告天之人，可好存□，無令欺辱，與免差役，令達剌罕行。」國王奉詔，乃延居于興安之香泉寺，署中觀爲慈雲正覺大禪師，中觀不受。以師爲寂照英悟大師，∟其所須之物，官爲之給。由是，天下皆以師爲小長老稱之。及師在嵐州，太師國王復□□至城下，中觀慮其城陷不免，乃謂師曰：「吾今老矣。死亦爲宜。汝方妙齡，求生路可也。」師聞是言，即涕泣而言曰：「因果無差，死生有命。今在艱危ㄴ之際，豈忍弃師而獨求生乎？脱或不死，若遇識者問吾師安在，其將何辭以對？況衲子家風，又何有生死之可惑而亂于心乎？」中觀聞之，喜其志在于孝，乃復謂曰：「汝心既定，計汝緣當在北方。吾亦將得與汝順乎天道而俱北矣。」嵐州既ㄴ以城降，太師國王以中觀與師直隸于御營所。中觀年老，載以犢車，師親執御，至樵薪汲水，抵冒風霜，道塗冰雪，跣足暴露，懸釜而炊，畢力以供其役，艱苦萬狀，人所不堪。見者憐之，師乃謂之曰：「古人修行，經無量劫，曾無疲倦，ㄴ我何敢與古人爲比。幸吾師得安，足矣。夫何辭焉！」既從中觀寓于興安。無何，中觀示寂，師爲之殯葬以禮，乞食以守其墳。一夕，忽夢神人告之曰：「今時已至，當行矣，無滯于此。」歲在辛巳，乃來燕。過于松鋪，夜宿巖下，因擊火大悟，即自捫其ㄴ面曰：「噫！今日方知眉横鼻直，始信天下老宿不寱語。」爾後至景州，謁本無玄禪師。問：「師從何所來？」答曰：「雲收幽谷。」曰：「何處去？」曰：「月照長空。」玄首肯之，曰：「孟八郎又恁麼去也。」師諾而趨出。因過泃州，或問師曰：「上人不居山林，反入城市，何也？」ㄴ答曰：「河裏無魚市中取。」時中和老人章公住持燕京之慶壽寺。中和一夕夢一僧自三門携杖徑入方丈，踞獅子坐。既寤，召知客謂曰：「今日或有客僧至，使來見我。」是日，師來，中和見之笑曰：「此衲子是吾夜來夢中之所見者。」相與問答，深ㄴ有所契，遂留之以爲記室。尋以向上鍵鎚，差別機智，種種勘驗。師淘汰日久，大機圓應，大□齊彰，透盡臨濟正宗，綽爾心空及□。中和乃曰：「汝今已到大安樂之地，好善護持。」遂以衣頌付之。壬午歲旦，秉拂出世，國王請師住持興州ㄴ安山之仁智寺。癸未秋，燕京大行臺丞相劉公時爲宣差安撫大使，同行省石抹公、都元帥趙公及京城豪貴以疏力□師就慶壽開堂，住持易州之興國禪寺。時避水寨之擾，乃居于石經山之東峰。甲申秋，孛斡國王請師開ㄴ興安永慶之基。不三年，經構焕然一新，大啓叢林，衆常千指。于是國王復請師遊歷遼陽海島諸寺，爲國焚香。道出義州，以中和祖塋之在，往致奠焉。歲在戊子，領中書省湛然居士耶律國公疏請住慶壽，師從之。四方衲子聞ㄴ之，接踵而至，綿蛇木劍，氣宇崢嶸，明極松風，聲光醻酢，事中和于西堂，承奉之禮莫不備至。庚寅二月，小國王復私以人力起師再主永慶。歲在辛卯，ㄴ合罕皇帝聞師之名，特遣使臣阿先脱兀憐賜以「稱心自在行」之詔。是年夏五月，ㄴ皇太弟國王遣使以師爲燕趙國大禪師。壬辰六月，師在永慶，聞中和示寂，奔赴其喪，與諸弟子皆以禮殯葬之。顧慶壽摧殘之久，深念中和遺囑之重，祖道荒蕪，第恐施張不及，乃復以斯道而惠于人。至于對衆，凡舉一事，興一言，必取法ㄴ于中觀、中和二師所行而舉用之。歲時致祭，祭如在。至如用度規繩，提振綱領，□佛祖不易之令，行人天難行之事，恢恢乎徧于天下矣。癸巳，平州行省塔本奉ㄴ皇太弟令旨，革州中之開元律寺爲禪，請師住持。是年秋，師客居于慶壽，時□大官人阿里同□丞相厦里奉ㄴ合罕皇帝詔，來燕勘問公事。厦里知師名之久，遂約廉訪公秃魯花至詮詣寺，請訓法名，乞受戒□。師乃□□□□□演佛乘，訓名至詳，授以淨戒法。丞相喜而愛之。是年，□□住持竹林禪寺。時京城及天下寺宇皆爲軍民人匠之所占∟據。丞相以聞，蒙降御寶宣諭，悉令遣去。往往流言毀訾百端，師□□□□□處不□□□□□□而自止。至是寺宇始得肅清，爲佛淨界。丞相爲□□□□啓大會，請師爲濟度主。師聞丞相以嚴爲治，官吏股∟慄，乃勸之，以爲：燕之殘民遭罹變故，京城閉困之久，存者無幾，今正宜安輯□□□□□□之不暇，如□□□□，猶草木之經嚴霜，不以春陽煦之，則芽甲根□不復生矣。國以民爲本，無民則何以爲國。丞相既能施財奉佛作善事，∟佛之化人爲善無大于此。乃以此意悉于廉訪公。廉訪公敬受師言，以廉□□□□□□而從之，遂成善治。至如對忽都護大官人蝗灾之問，師以官政民心共感之致。問出獵則對以求人爲急，馳騁娛樂之事，非所爲宜。對刑賞∟之問，則雖有故誤之差，必當以仁恕爲心，乃爲善。及大使臣□□解至□□來謁，師亦勸以□從□邦以傷國政，苟有毫氂之失，必致大患。佛以慈悲于物、安利衆生爲心，宜慎行之。使臣雖不能悉從，亦深重其教焉。初，孔聖之後∟襲封衍聖公元措自汴渡河，復曲阜廟林之祀。至燕，以承□事罷，師時言□□□□□□□□□□□乃告之曰：「夫儒者之道，上自唐舜禹湯、文武周公，聖人之□□君臣父子之位定，故人倫明于上，小民親于下。孔子生于周末，世經戰國，偏歷∟諸侯，而主□終不能正，乃自衛反魯，尊王黜霸，删定詩書，正禮樂、□春秋，□□□□□□□□□□□得居人上之尊，臣下士民各守其職業，而不敢僭亂，□者天下共誅之。蓋孔子天生聖人，善稽古典，以大中至正之道，三綱五常之理，∟性命禍□□原，君臣父子夫婦之道，治國齊家平天下，正心誠意之本。自孔子至此，襲封凡歷五十一□，有國者皆使之承襲祀事，未之或闕。」大官人聞是言，乃從其請，使復襲其爵，以繼其祀事焉。師復以相傳孔子之道，顔子、孟子，今∟其孫俱存，□習周孔之業，爲儒者，亦皆使免其差役之賦，使之□勤其教□□□國□□□□凡與□□世王侯論治民之道，必以儒教爲先，□不偏泥如此。歲在乙未，鎮陽史帥疏請住持府中之臨濟禪寺。師重念祖師道場之地，即∟應其命。既至，乃爲興脩，頓成壯麗，仍不憚往返，互爲住持之。歲在丙申，□□□□□□□□□□□□□恩禪寺萬松老人及諸禪老深以□□□，既爲僧衆之首，于是往見之。丞相厦里以忽都護大官人之言問之，曰：「今欽奉∟聖旨差官試經，以爲識字者可爲僧，其不識字者悉令還俗。」師對之曰：「□□□不□□□□□□丞相□□□竟何如？」師曰：「若今了知此事深□佛法，應知世法即是佛法，道情豈異人情哉。古之人亦有負販屠釣者，立大功名于當世，載∟在史策，千載而下，凜凜然如有生氣。且僧之作用本去塵俗，不尚□□□□□□□□□□□□國爲民建法幢，立宗旨，轉大法輪于當世，豈宜與聘士同科。國家宜以□□去邪，從儉養民，興修萬善，敬奉三寶，了知報∟應，以答上天佑助之恩，永延國祚可也。我等沙門之用舍何足道□。」□□丞相以是言白于大官人。大官人從而奏聞。由是雖承考試，無復退落。尋有詔旨，悉依∟聖祖皇帝存濟，聽僧道如故。師既住持竹林，經營寺事，補葺□完倉庫□□□□□□□嗣傳之□□□未得其人，遂歷舉雲居悟真、真定維摩福通、頤庵福真、□庵□堅數公皆能安于道者，其如時節因緣何。師復思有海島之游，遽召提點」寺事顗公付以後事，曰：「吾將遠游，爾等諸人可請能□□□□□□□□□□□寶也。」□曳杖而去。衆挽留不可，遂歷海門，遊諸島。己亥之秋，復居慶壽。歲在辛丑，燕京普濟禪院宗主善琛與其僧衆以狀施其院，爲師養老之所。師」不得辭，從之。乃囑其慶壽之耆宿曰：「君不聞物之成德□有□□□□之難，守□尤爲難。此寺雖經大兵革，能以枯澹守護□□存至于今者，實吾師中和老人之力也。余固豈敢違所囑之言，亦賴爾衆相與輔成之耳。若余□□□□□」尊德重者主之則可。」乃退居于普濟，仍請廓□□□□□□□□智公、□□□公、冲虛昉公相繼住持。戊申，詔復□白金萬兩，命師集天下禪教師僧啓圓戒大會于慶壽，緇衆畢集于壇。師意以謂佛法滅于□□□□□□□」

## 碑陰

而導乎後學，恐莫能被一切機，乃自刺項出血和□□□旨，古所傳授大乘三聚戒，不□□□□以授□□□德□宿仍付之大衣，爲□□宗主，使之□□訓誨其徒爲國祈求降康□□□後即以寺事付松巖暉公。及歸，聞松巖□□□ㄴ又入圓寂，師哭之慟，乃請可庵朗公。朗公聞之進□□□，遂召慵庵堅公主之。慵庵居之十年，□□□□□思之，非可庵孰可爲□□□求之，可庵不能固□，遂從其命，亦既住持，雖大禪□主其法席。凡常住之有不足者，師獨任其□□，ㄴ肯使之安傳其道焉。歲在壬寅，ㄴ護必烈大王請師至行帳，問佛法之理果何如，在家與□□□作用同否，及諸衆生皆具以□□□。答曰：「佛性被在一切□非□非□非□非淨，豈有在家出家之異，在天地則爲蓋載，在日月則爲照臨，在ㄴ吾皇則無爲而治，在王爲忠孝以奉君親。贊弘□□□□譯于則偈某落也。□庭□□□之。王宜故□古□□□□□□民□賢良，扶王□，除□疾苦，不爲妄惑，以奉綸言，去奢從儉，非禮勿言，知足奉佛，辨明因ㄴ果，當可言之地，宜盡忠誠，無以犯顔是畏。輔次之暇，可□□□□心行□之行□□□于心□□而行之□□入□□□之地。」ㄴ王聞是言，大加尊敬。師遂受以菩提心□佛大戒。王尋□□□□□□□能□□之□及□□□□□大依□□□□□□而ㄴ皇太后聞師道行孤高，善于演明佛法，以助國行敦，乃□以□□□□□□□及□□□國大□乃□□□□荒殘之久，其觀音閣不可支捂。師遂□修之。至于□□復構三聖大殿、□章經閣、法堂、方ㄴ丈、周環廊廡、三門、厨庫以間計者千餘，悉爲之□立營繕。ㄴ王及謀珂、旭烈威二王聞師興修慶壽功力浩大，皆資送白金□仰之，以謂雖昔之創建不是過也。其所費皆出于己，其爲監督功役，晝夜不息。措□□□ㄴ者，提點比丘覺文之功爲多。庚戌四月，師至雲中，那演護□以□□□□爲本。師□之恩，雖蒙□二□界□此，以圖報□，恐福力鮮少，吾視城中淨名□ㄴ剎荒廢之久，當以此銀重修理之，以積其功行，爲國祈求□因緣不□□□即興□大□□□□□□全新。歲在壬子夏，□□□□□ㄴ蒙哥皇帝即位，頒降詔恩，顧遇優渥，命師復領天下僧衆，師□□□□□□□□師制□□本□□明□□□□以皆□申ㄴ仁恩普告僧尼大衆。已而省臺奉旨給以銀章，師乃以□□□□□□不庵善公□宿，及可庵朗公□集□□□□ㄴ聖之次，深念國恩無以奉報，欲廣延禪衆，闡行祖道，而□□□□□北歸□諸草宿□□而謂之曰今欲□普濟□□□□□□□□□□□□□□□□□□□□從文□。于是師乃□□□□□覺文□□弟子董其役，凡工匠ㄴ所須財用之物，不乞之于人，悉爲之自辦，不半載，厥功告成。ㄴ護必烈大王聞而嘉之，乃取師之自號，改普濟爲海雲禪寺□□□□□□□□□□□□□□□於ㄴ大朝之萬矣。是年夏四月，ㄴ護必烈大王復請師至行帳，諦問佛法的意。師乃勸之以ㄴ聖政，下以安靖萬方爲心，及閑暇之時，究竟佛祖本心。ㄴ王大起敬信心，特以師禮重之。謀珂、旭烈威二王及諸王□□□□奉之以師禮□□□□□應夫天下□□□□□□□□佛□生道則以□行善則□□□□□□□□□□□□□□□□□□□□□不□□以ㄴ聖子神孫，莫不信心爲善，蕃衍昌大，爲萬世無窮之禮矣。師□□□□□□□□廟□□□□□□□□□□□□□□臨濟宗十六代□興□隨□□□□□發人□□□分法乳者十有四人，出世者九人，祝髮者千有餘ㄴ人，受戒王公大人百數，吉士善人以千萬計。至于恤人之貧，周□□乏，急人之□，□人□□□□□□□□□□之□□□而亦未始復□□□蒙以□□□惑□□□□□□必期報之而後已。其仁慈惻隱，周人之急類如此。ㄴ自開堂出世，屢蒙宸恩，其心愈下，恒以濟衆爲心，凡ㄴ皇家所賜珍玩，與夫豪宗大姓之所施惠者，悉付之常住。唯于大法□□是用一無□□□□□□□□□□□淚□□□過□命□□□化濟宗之心在而後篤，有語録曰《雜ㄴ毒海》。嗚呼！佛門之得人如此，雖欲宗風之不振，法髓之無傳，不可得已。故夫人天二師具大法□一心□□乃□□□良□□□□□□□□□□□□□□□見之性質□圓得稟天之純，全正氣而生，故能施仁以濟ㄴ衆，出慧以應機，蓋孝以事師，開通以明儒，歷艱苦而忘其艱苦，居安□而通乎赤子一志□行無□□以人□□□全□心□□□□□□□□□□□□□□□□□□□□□著有乎師初參□□□諸方皆以青眼待之，後協中和ㄴ之夢，類雲門偃禪師。其終身有報法報親之孝，爲□□□俟□□人心□□□南□□□□□沉□□王公□□□□□□□□□□□□□□□□□□□□□□□□□□□□□□□□□□□□陽□□元□□類雲庵文禪師；其大機大用，如杲日麗ㄴ天，雷電迭至，類德山周禪師；其小參普説無导辯□□□古今□□□祖□□□□□□□□□□淨以□□□□□□□□□□□□□□□□慧杲禪師。然則□□□□□□□□□□歷劫□□□□盡抑嘗聞道本無言，因言弘道，而ㄴ法不孤起，仗緣乃生，玆亦可以見ㄴ帝王□妃暨諸大臣在乎佛記以願力爲之，故弘持□乘際止勤誠非大□知識□□□□之□□□□□□□□□□□□□□□□□□□□□□□過昭佛日之光輝□□□其可□□語哉。願取其道行之著見于世者，以爲之贊云。其辭曰：ㄴ

陽以成歲，四時先春。克己復禮，天下歸歸仁〔二〕。人有智愚，□□□□。是生衆□，乃有大□。身受父母，□□□□。是知孝者，百行之先。性茍受偏，窒塞而滯。ㄴ應變無窮，通則不泥。有一于此，已爲世世師。□是四□，□□□之。ㄴ聖言一出，萬古稽考。天下皆知，曰小長長老。□誕聖□，若日開明。□□□□，□及羣生。嗣續有人，□□□□。相傳□師，踵行其□。作新廢寺，際會因緣。ㄴ杖錫所至，歸者如川。決世迷津，救人疾疾苦。□□□□，遠超□□。問□賢至，覺俗□塵。摧□□□，□□□□。□□而行，究竟夢幻。世網塵纓，安可羈絆。ㄴ古之禪心，爲世所宗。人咸謂師，蔚有是風。□□穆如，鼓舞萬□。□□□□，□□少□。雲來谷幽，□□□□。□□□顯，□面□□。感戴如天，ㄴ聖恩高厚。拈一瓣香，祝ㄴ萬年壽。ㄴ

乙卯年九月望日，英悟大師提點諏吉日□□□□□□□□□□□□□□祖□□□□園成、□□寺祖贇、維那□性、ㄴ佛日圓照大禪師前

住持大慶壽寺寺嗣法小師□□、□□□□□□□、嗣法小師□□、□庵司□、提點□□、監寺悟真、維那懷愈同建。ㄴ

嗣法小師：□□□真禪師　禪林省暉禪師　□□□道□師　□□□□□禪師　□□志堅禪師　慶壽智朗禪師　龍宮道玉禪師　北平洪真禪師　華嚴惠明禪師　ㄴ□禪師　開元道政禪師　駐驛智杲禪師　□□覺文禪師　庵主法堅禪師　ㄴ□□小師：智□　智□　智傳　智偉智□　智操　智節　智寬　智□　智崇　智遵　智英　智通　智祐　智嚴　至夔　至傑　至戒　至高　至堅　至理　至寧　至林　至普　ㄴ至□　至本　□□　至俊　至□　至暉　至□　□□　□□　至慶　至舜　至如　至照　至勝　至進　至宗　至琮　至彦　至敬　至方　至達　至謙　至端　至朴ㄴ至古　至閑　至□　至純　至□　至□　□□　□□　□□　至□　至常　至川　至坦　至慈　ㄴ比丘尼小師：至定　智清　智□　至祥　至□　至守　至深　□□　□□　□□　至性　至信　至興　至滿　至全　至聰　至寧　至進ㄴ

校勘記

〔一〕天下歸歸仁　「天下歸歸仁」疑作「天下歸仁」，「歸」字衍。下文兩字重疊處皆衍一字。

## 六　德興府礬山縣聖泉柏山寺故通悟大師玄公塔銘　蒙哥汗七年

《德興府礬山縣聖泉柏山寺故通悟大師玄公塔銘》，大蒙古國蒙哥汗七年（一二五七）三月刻石。此塔銘原係北京市門頭溝區沿河城辦事處北山坡的柏林禪寺通悟大師靈塔銘文。今塔已毀，塔銘後存門頭溝區西峰寺，現存永定河文化博物館。塔坐北朝南，磚砌六角須彌座，上刻萬字花紋及雀替，三檐轉角斗拱爲三踩單翹，邊寬一〇八釐米。塔高四〇〇釐米。塔前篆銘文「通悟大師玄公靈塔」，下有二扇磚門，後有二扇窗。塔銘位於塔右側，高五〇釐米，寬四二釐米，長方形。碑身銘文楷書，四一行。碑分爲二，碑一爲二二行，滿行二八字；碑二存一九行，行三至一六字不等。王庭瑶撰并書篆，張忠等刊。

《門頭溝文物誌》（北京燕山出版社，二〇〇一年）、《北京遼金史迹圖志》（北京燕山出版社，二〇〇三年）、《北京門頭溝村落文化志（二）》（北京燕山出版社，二〇〇八年）、《北京遼金元拓片集》（北京燕山出版社，二〇一二年）《北京石刻藝術博物館藏石刻拓片編目提要》（學苑出版社，二〇一四年）等皆有著録。今據原石及北京石刻藝術博物館藏拓片録文。李迪初録。

碑文記通悟大師（俗名楊祖玄）的生平及普法經歷。

德興府礬山縣聖泉柏山寺故通悟大師玄公塔銘（蒙哥汗七年）

德興府礬山縣聖泉柏山寺故通悟大師玄公塔銘（蒙哥汗七年）碑文拓片（一）

德興府礬山縣聖泉柏山寺故通悟大師玄公塔銘（蒙哥汗七年）碑文拓片（二）

録文

通悟大師玄公靈塔（額）∟

德興府礬山縣聖泉柏山寺故通悟大師玄公塔銘并敍∟

師諱祖玄，通悟乃師號也，亦號龍溪老人，俗姓楊，祖居本土人也。生而敦∟實，賦性聰明。幼禮花嚴大師出家。其於教也，不待尋行數無而通；其於禪∟也，不待拈□竪拂而悟。花嚴大師乃默而奇之，賜號曰通悟。及其壯也，遊∟歷四方，見之者無不欽服。僉曰師之學業一一有模範，師之書寫字字有∟規式，至於降措、□□皆異於人。在雲燕之間，無能及者。值兵革之際，天下∟大飢，人皆艱食，賴師恩育而得全活者衆，及其甫定，蒙本府官衆請師住∟持法雲等寺。師及□完殿宇，重新佛像，□大完備。間有鄉中官衆韓公、∟曹公輩遞相謂曰：「兵革之後，□師德居于他所，寔爲愧也。況鄉中古刹皆∟已煨燼，乃彷徨而不忍見。今欲復完，捨通悟大師之德力無有能者。」乃修∟書狀，再三請師。師以鄉閭之故，難以他辭，乃居於此。至於重新∟諸聖之法像，再紕□蓮之社，衆乃□窩結石大明等寺復得修完者，皆師∟之德力也。迄今人皆稱之。戊申春，蒙授紫衣、師號，全無矜色。自是之後，∟祝贊之禮愈恭，焚誦之心益厚，使四方龍象聞之，靡不蹺足引領企仰者∟也。師大定二十五年十二月二十五日生，至乙卯年三月二十七日遺頌，∟辭其大衆而終。頌曰：「七十有二載，虚度過一生。五蘊已皆謝，池水及火風。∟万法無實體，諸緣盡是空。歸去便歸去，明月與清風。」又曰：「臨行珍重。」諸人∟開眼淨對虚空。及其殯也，天色晴明，彩雲屢現，祥風遽生，使數尺靈幡崛∟然而起於空中，離地約百餘丈，見之者無不駭然。次日灰盡煙滅，得舍利∟許多，其圓明不讓於隋珠。弟子理公輩曰：「此僧家之常事，不可矜行。」然不∟能違時人之心。乃分爲二分，一分奉歸大明，一分奉歸於此。一日，理公□∟托本縣僧官瑋公求文於□，□□味師之成德，乃摭其實而爲之銘。銘曰：∟

偉矣玄公，賦性尊崇。禪無不悟，教無不通。∟兵革之後，有德有功。七十二歲，遺頌而終。∟及其殯也，祥靄幈幪。風幡一舉，冉冉騰空。∟嗣子挺出，不墜宗風。無縫塔立，傳之無窮。∟

嗣法子：∟道明　道琪　道珣　道珂　道璘　道玞　道理　∟道現　道琬　道瑞　道璟　道璣　道瑄　道珮　∟道璊　道珍　道珪　道顯　道玘　道玲　道璉　∟道珀　道珩　道瑞　道璡　∟嗣法比丘尼：道瑕　道善　道迴　∟嗣法孫：∟義聚　義初　義德　義深　義朗

義興　義海　∟義秀　義增　義全　義璞　義圓　義□　∟功德主：提控韓貴　楊德犹　提控申伯通　∟宣差劉公開男劉滿　宋福元　∟楊林□李氏　王成母韓氏∟

丁巳年三月二十七日，嗣法子宗主道理等建，∟進士王庭瑶撰并書篆，∟張忠、張岱刊。∟

## 七　海雲和尚葬誌　蒙哥汗七年

《海雲和尚葬誌》，大蒙古國蒙哥汗七年（一二五七）九月智朗等誌。原存北京市文物研究所，今入藏首都博物館。石質較脆，下有龜趺。通高二九釐米，寬八釐米，厚一點七釐米。雙面聯刻。碑陽楷書，五行，滿行一二字。碑陰楷書，五行，滿行一〇字。

《北京市文物研究所藏墓誌拓片》（北京燕山出版社，二〇〇三年）、《北京元代史迹圖志》（北京燕山出版社，二〇〇九年）、《北京考古史·元代卷》（上海古籍出版社，二〇一二年）均有著録。今據首都博物館提供拓片及北京考古遺址博物館（金中都水關遺址）藏拓片録文。

碑文記海雲和尚圓寂時間、地點及其安葬之事。

海雲和尚葬誌（蒙哥汗七年）碑體照片

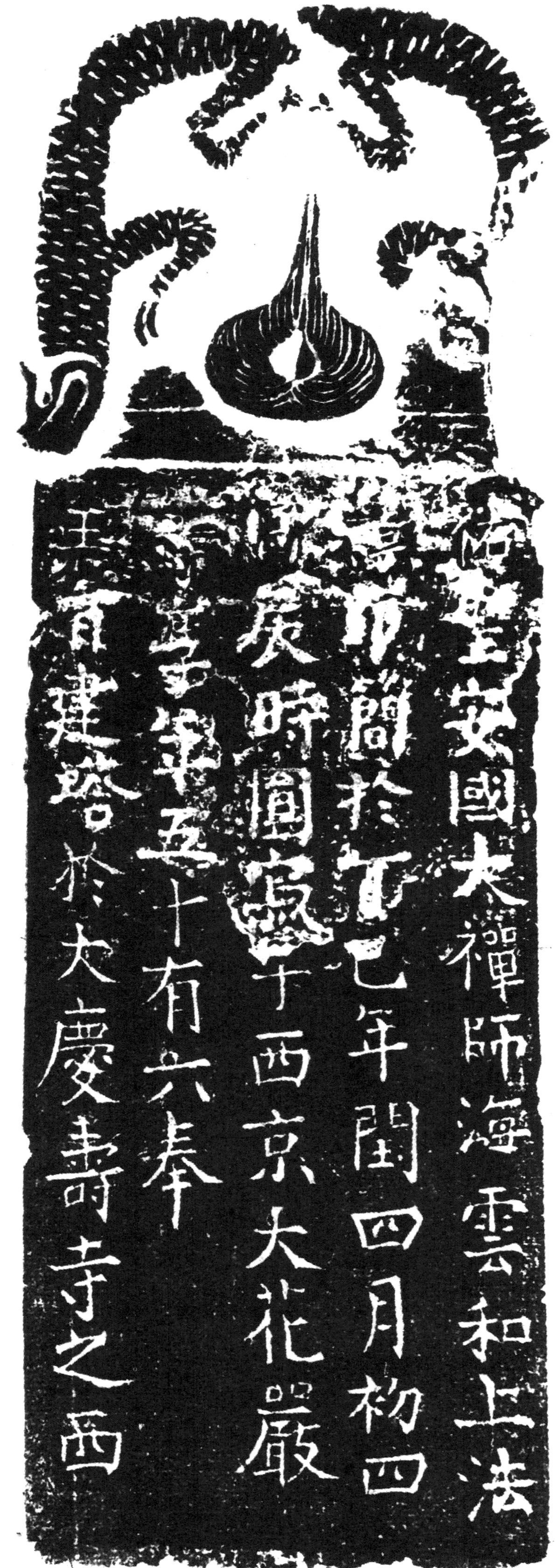
海雲安國大禪師海雲和上法
簡於丁巳年閏四月初四
庚時圓寂于西京大花嚴
享年五十有六奉
聖旨建塔於大慶壽寺之西

海雲和尚葬誌（蒙哥汗七年）碑陽拓片

海雲和尚葬誌（蒙哥汗七年）碑陰拓片

# 録文

## 碑陽

祐聖安國大禪師海雲和上，法」諱印簡，於丁巳年閏四月初四」日辰時圓寂于西京大花嚴」寺，享年五十有六。奉」王旨建塔於大慶壽寺之西。」

## 碑陰

南隅天穴。謚」佛日圓明大宗師。特差」宣使監修卜以當年九月」十五日安葬云。」
嗣法小師智朗等誌。」

## 八　燕京薊州盤山中盤法興禪寺故榮公提點大師塔銘　中統四年

《燕京薊州盤山中盤法興禪寺故榮公提點大師塔銘》，中統四年（一二六三）三月立石。位於盤山水庫西山坡，銘文已漫漶不清。中國國家圖書館藏拓片高八四釐米，寬四九釐米。碑文楷書，二六行，滿行四三字。圓瑩撰文，文正書丹，馬秀、劉德義刻石。

清蔣溥等撰《盤山志》、清繆荃孫《藝風堂金石文字目》、清周家楣等《（光緒）順天府志》、清黄立猷《石刻名彙》、《北京圖書館藏中國歷代石刻拓本匯編》（中州古籍出版社，一九八九年）、《盤山金石志》（天津古籍出版社，二〇一三年）著録。今據中國國家圖書館提供拓片（各地三四九七）録文。

塔銘記薊州法興禪寺提點淨榮之事迹。

燕京薊州盤山中盤法興禪寺故榮公提點大師塔銘（中統四年）碑文拓片

# 録　文

燕京薊州盤山中盤法興禪寺故榮公提點大師塔銘并序㇄

京兆終南山前住十方百塔大萬壽禪寺襲祖圓瑩撰㇄

襄山苾蒭僧文正書丹㇄

予奉師命自雍之燕，覲禮㇄□□□彌陁院之僧房桂門憩息。翌日，有僧摇摇而來，踵門而至，謂予曰：余聞之師自京兆而來，□中衣食貨財，㇄工商□□古今之成敗、風俗之盛衰即勿論，則吾佛祖之道傳之中國千數百年，其死生禍福之際，可得而聞㇄□□□此□予本□□衆。僧默然不答。俄而蹦跪於其前，曰：「余師圓寂已三祀矣，其安措則已周，其建塔則既畢，㇄其生平行燕，則未□□揚，欲丐師文，以壽後世焉。」予應之曰：「不材之木，鈍魯之姿，素不親於文學，豈足以當斯任？㇄□□□□出大□□□□□煒煒煌煌，照映京邑，子其於彼而求諸。」他日復來，再三固辭而毋□焉，不得已，遂詢㇄□□□□□□之師平生行業何哉！其僧其實以告曰：「師諱淨榮，德州張氏子也。世襲以來，農桑爲業，其家巨㇄富。邑人皆□□□家□□父命，禮贍公長老爲師，而訓兹名，爰自落髮授具，三業精專，衣盂不畜，恒以利人□㇄居之□□□□修殿宇、置恒産、賑貧民而爲之急務也。始自欒州樂亭之千金禮師授教，次遷薊之盤山上方之㇄成□□皆□□，次居平峪之雙泉、本縣之安固，終于薊之中盤法興。本界諸師仰師之功，請爲提點即開山第一㇄代住持，□□易星霜。忽一日，召諸門人曰：「余自出家，迨及于今數十年間，所住寺院，必殫其力而□□之，今其老㇄矣，□□□□本焉，各宜勉力而修進之。」言畢而逝。度門弟子八十餘人，俗徒授戒者三百餘人，世壽六十，僧臘四㇄十有七。圓寂之日，寔中統二年二月初八日也。荼毗，門弟子收靈骨而樹塔。繇是遂如其言，援筆以紀諸石，爲銘曰：㇄

大道寥兮，匪聖孰能。大道廓兮，惟人乃行。猗歟榮公，天粹而經。幼而落彩，□德日新。㇄務以三業，究以一乘。不貪其資，不愛其榮。重修紺宇，以舊惟新。化緣將畢，回馭玄津。㇄歸無有室，入太玄門。門人景慕，玉琰書銘。千載之下，播其嘉聲。㇄

旹大朝中統四年三月朔八日書。舍利三粒。㇄

□門人：明圓　明宗　明清　明德　明孝　明昌　明期　明來　明剛　明信　明月　明固　㇄明香　明處　明忍　明顯　明禄　明聰

明山　明法　明盤　明義　明金　明進　∟明省　明□　明杲　明巖　顯昌　顯住　顯□　顯瑣　顯忠　顯和　顯聚　∟□□□二百餘人

□明□　盧明志　∟明經　明深　化主明蘇　外庫明星　副寺明耀　明敬　直歲明忠　明興　鐵器明喜　∟燕京□州□盤山中盤法興禪寺住持山主明理，與衆法眷等同共建塔立石。∟□內司孟提點、門人劉元并、孟百龍造塔。薊州馬秀、劉德義刻石。∟

## 九　清慧寂照志公大師塔銘　至元五年

《清慧寂照志公大師塔銘》，至元五年（一二六八）二月刻，碑原在北京市石景山區八寶山崇國寺塔院，現存地不詳。中國國家圖書館藏碑拓片高七七釐米，寬五六釐米。塔銘楷書，三〇行，滿行三九字。定圓撰并書丹。

《北京圖書館藏中國歷代石刻拓本匯編》（中州古籍出版社，一九八九年）、《北京市石景山區歷代碑誌選》（同心出版社，二〇〇三年）著録。今據中國國家圖書館提供拓片（北京四一四〇）録文。

塔銘記大崇國寺僧清慧寂照志公（定志）之生平事迹。

清慧寂照志公大師塔銘（至元五年）碑文拓片

## 録文

大□□都大崇國寺ㄴ宣授諸路釋教都總統兼立□□□□經□戒清慧寂照志公大師塔銘　□□庵主定圓撰文書丹ㄴ

師諱定志，姓孫氏，河東平陽人也。祖以詞賦登第，父□釋教，然所交遊皆賢士大夫，故人稱爲□衆長ㄴ者。母張氏夜夢僧説法，後有孕，及誕，相皃雅重。齠齔之年，不爲兒戲，有大人操。未及弱冠，值貞祐ㄴ天兵南下，玉石俱焚，父母不知所在，師亦被掠。有宣差合剌，見師皃異，遂以爲嗣，屢與葷茹，師終莫食ㄴ之。其宣差嘆曰：「此善種人也。」遂不復强。一日，宣差合剌適中都之寶集寺，忽爾發心，以師代己出家，禮ㄴ講經隆安大師爲師。日以洒掃侍奉爲事，所習經文稍有解悟。時北京大剎作資戒會，師亦至彼，甫十ㄴ有八歲。僉曰：「年未二十，不得受具足戒。」師聞之，悲不自勝，迺燃指禮佛，既而得受具戒。其精進如此。後ㄴ從本師抵平峪三泉水寺暨順州北合龍雲聽講，大解玄宗。領中書省丞相耶律公疏請本師隆安ㄴ住燕之憫忠寺。未幾，忽都虎大官人與海雲長老作疏請本師住崇國寺，師充提點事。于時諸寺爲ㄴ民匠所占，以致僧徒迸散，廊廡隳殘，法具爲之一空。師經營久之，漸得完備。本師以大器遇之，乃命在ㄴ都衆師德開立講筵，令師主之。迨本師辭世，師繼闡教，聲名遠聞，耆舊莫不歎美。厥後慶壽圓戒海雲ㄴ長老及諸大德命師作第四臨壇教誡。次日，上降特旨，差師於關西五路給壬子歲度牒，又奉ㄴ勅命於隨路起立三學官講。中統四年十二月內，隨衆師德現ㄴ帝。帝問師講何經旨，師演説華嚴七字。帝甚喜。是後賜清慧寂照大師號，復得魯郭村贍寺墳舊地四ㄴ至約一十八頃，及果木園林。師恤居民艱苦，折半價贖之。其慈惠如此。寶集大經壇主秀公對在都師ㄴ德，以國朝傳奉金字戒經本授師，蓋以德劭故也。至元乙丑，奉ㄴ宣授諸路釋教都總統，掌領僧衆，主教門事。丁卯九月，始有微疾，即以元傳金字戒經復授大昊天都僧ㄴ録講主淨公，囑曰：「汝善護持，爲國流通。」至二十四示寂。都城内外僧俗雲集，執紼以送。若非大有福ㄴ德行業，焉能如是耶？師壽六十一，臘四十二，度僧俗四百餘，嗣講六人：長曰香河隆安信公，次曰順州ㄴ大雲温公，次曰如口延福臻公，次曰三河壇臺政公，次曰洪公，次曰演公，皆一時聞人。嗚乎！師之平昔ㄴ行業，立三學，齋萬僧，端身以律物，勞己以裕人，爲一代之宗師，作諸人之模範，實不愧於古人者也。以ㄴ十月十八日葬於城西寺墳建塔。定圓於師法弟也，其徒請銘，義不獲辭，姑摭其實而爲之銘。銘曰：ㄴ

大師號清慧，名德不虛傳。其先處故絳，弘法在北燕。隨緣順人情，不越古人軌。爲衆竭己力，ㄴ講法明佛旨。道業日烜赫，總統天下僧。

處己常謙讓，所事無乖爭。朝庭累降宣，衆賴扶持力。∟衆口同一辭，咸稱師盛德。起立三學講，建設萬僧齋。不特美當世，垂法訓將來。法堂一夕傾，∟因疾便長逝。壽年六十一，戒臘四十二。繼法有六輩，門徒四百餘。弟子既翹楚，毋煩惜居諸。都城西北隅，松櫟濃陰合。瑩然摩尼珠，寂照巍□塔。∟

至元五年二月十六日，提點雄辨大師法弟定遇、寺主門人義昌同建。∟住持本寺宣祕講主大師賜紫沙門嗣法小師義政建。∟

## 一〇　通真觀碑　至元九年

《通真觀碑》，至元九年（一二七二）五月立，碑原存北京市房山區南韓繼村，現存地不詳。中國國家圖書館藏碑陽拓片高一四六釐米，寬七五釐米，額高三五釐米，寬二八釐米。額題篆書「通真觀碑」二行四字。碑陽楷書，二四行，滿行四六字。碑陰刻助緣題名，失拓。彭志祖撰并書，甯克誠篆額，耿志明刊石，文志通、白道素等立石。

清繆荃孫《藝風堂金石文字目》著録是碑，《北京圖書館藏中國歷代石刻拓本匯編》（中州古籍出版社，一九八九年）有該碑拓片。今據中國國家圖書館提供拓片（北京八九八二）録文。

碑文記通真觀之史事。

通真觀碑（至元九年）碑陽拓片

# 録文

## 碑陽

通真觀碑（額）∟

大長春宮玄學講經提舉金泉彭志祖撰并書，東平路前宣撫司德州勸農兼檢察使甯克誠篆額。∟

至元辛未冬十月，予以事自燕抵范陽馮村全真觀，因爲旬日之留。一日，黄冠師文公志通者，踵門求謁，稽首而言，曰：「每∟欲走書幣有請於從者，今子至矣，誠慰于心。」予頃間問所求。曰：「無佗，惟丐文以紀觀事耳。請具道所以然。蓋此觀在涿州∟奉先縣治之□□二十里，茂林沃壤，雲煙蕭爽，大房西山倚如翠屏，有墅曰瓦井，觀曰通真，寔志通偕辛志明、侯志正之∟所建也。歲甲午春三月，志通至自汴，有本村會首趙永昌等，具狀施己地畝，以步計袤七十有八，廣三十有一，請建爲∟國焚修之所。志通輩□之。其始也，墾榛芟蕪，鹿豕其俱。其終也，□之污者□□□□之，荒者日以除。有殿以奉∟玄聖，有堂以奉真官。西齋東厨，下逮庫厩、園圃、井湢皆隸焉。請於宗師清和真人得今額。此觀事之大略也。迄今三十餘∟年，營建□□就緒，敢妄意言其始末，欲刊諸石，緊子是待，幸有以紀之，可乎？」予欣然曰：「有是哉。興造始末，當如所請，至於∟師□立□□源宗師命名之意，爲道者，故不可忽諸。」竊嘗謂全真之教，自開闢兩儀，此理已具，凡主盟斯道者，代不乏人。∟我玄□□祖立言垂訓之後，文、庚、莊、列四子翼而張之。漢、魏、唐、宋以來，張道陵、寇謙之、杜光庭、陳圖南輩迭起而弘暢之。∟至金源氏，重陽王祖師度高弟曰丹陽、曰長真、曰長生、曰長春、曰玉陽、曰太古，相繼而布濩之，其教遂大行於于世。迨∟國朝□定，詔徵長春迴燕，其道拯救生靈，推恩尤被，宜乎四方，無貴賤少長，皆知從事於道。由是言之，信乎道之一氣∟通流於太虚之間，無所不在，而及於人身，一言以盡其妙者，曰真而已。在至人有其真，而能全其真，常人有其真，以至昧∟其真，嗜□蠹之世，故汨之。向所謂真者不知爲何物，尚可與言道邪？後之學者，儻能以宗師命名之意，克通是理而求之，∟則庶乎可矣。公南京內鄉通許縣人，家世以農爲業，自幼入道，禮易州隆興觀于尊師爲師。尊師出於沙垡王真人之門。∟公之爲人純素有守，在道五十餘年，惟以建庵立觀爲己事。其於玄門爲不負矣，故併及之，俾來者有警焉。銘曰：∟

猗歟師祖，來自西秦。道傳老氏，教立全真。真之在人，匪由乎外。至人所得，常人所昧。道之爲用，∟或似不盈。無形可形，無名可名。

欲假修習，寔緊定力。聽公所言，知公之悳。公至自汴，擇居奉先。⌙曰辛曰侯，同立福田。楨榦畚鍤，歲日必葺。幾歷星霜，功緣告畢。殿宇差差，出於無爲。尸而祝之，⌙孰云不宜。西山高直，東流不息。通真名觀，亦終無極。旦望焚誦，以集羣僊。祝我⌙皇家，億萬斯年。⌙

侯志政　辛志明⌙

大元國至元九年五月望日，宗主達妙大師文志通、門人知觀白道素等立石。⌙功德主趙永昌、婿信真居士張甫山，燕山洞玄逸士耿志明刊。⌙

## 一一　潭柘山龍泉禪寺第二十一代宗公大禪師壽塔之記　至元九年

《潭柘山龍泉禪寺第二十一代宗公大禪師壽塔之記》，至元九年（一二七二）七月立，現存於北京市門頭溝區潭柘寺塔院。漢白玉石質，幢塔爲純石結構八角五層密檐式，蓮花須彌座承托幢身，通高三〇〇釐米。幢身八面體，一面爲塔銘，餘七面爲碑記，上下一周爲蔓草紋飾。額題篆書「宗公長老壽塔」三行六字。碑文楷書，四八行，滿行三〇字。僧西雲撰文，崇聖禪院書記某書丹并篆額，門人恒進、恒定等立石。

《門頭溝文物志》（北京燕山出版社，二〇〇一年）、《北京元代史迹圖志》（北京燕山出版社，二〇〇九年）、《北京遼金元拓片集》（北京燕山出版社，二〇一二年）、《潭柘寺碑記》（中國文史出版社，二〇一〇年）著録。今據北京考古遺址博物館（金中都水關遺址）藏拓片録文。

碑文記宗公長老道玄之生平事迹與道行。

潭柘山龍泉禪寺第二十一代宗公大禪師壽塔之記（至元九年）銘文照片

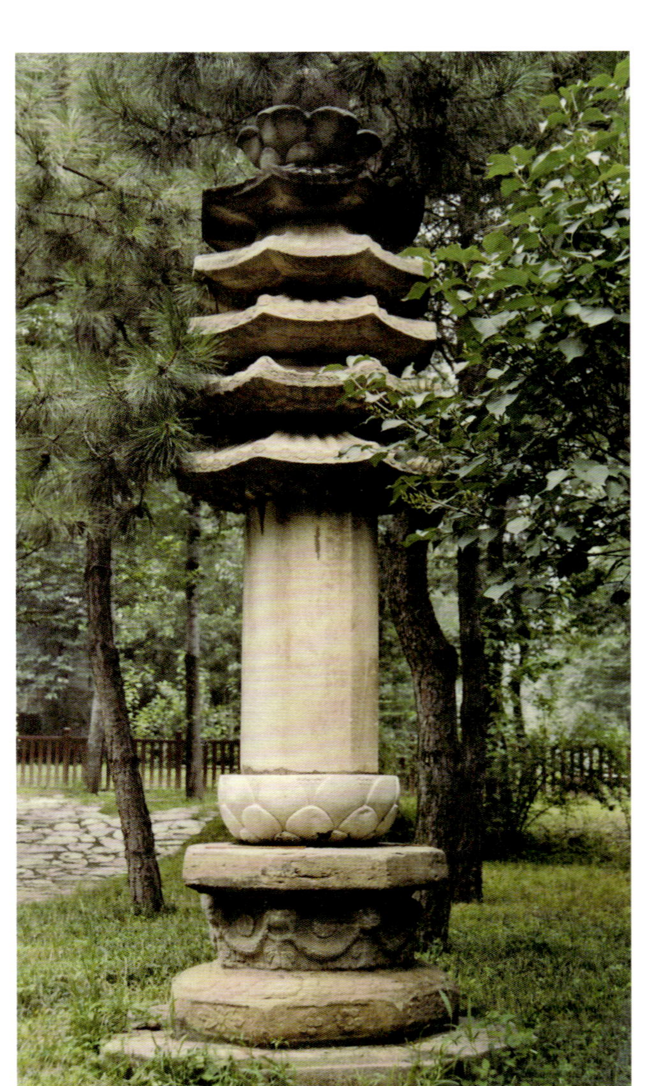
潭柘山龍泉禪寺第二十一代宗公大禪師壽塔之記（至元九年）實景照片

潭柘山龍泉禪寺第二十一代宗公大禪師壽塔之記（至元九年）銘文拓片

## 録文

宗公長∟老壽塔（額）∟

潭柘山龍泉禪寺第二十一代宗公大禪師壽塔之記∟

　潭柘山□□禪寺西雲□□撰∟

　崇聖禪院書記西□□□書丹并篆額∟

　如來密□外心□□所知□□其□□□□□□□□□□聲起色□見心絶關□體∟道之流，可臻其妙所□顯仁□所□出流行之佛，拈□□生□，□□惟僧之□∟□上□其不□之傳。惟□□□□□□□□張其□□□□□□□∟字道玄，號松溪，扶風南氏子，世業□，母陳氏，□信浮圖，每曰□□法門寺飯僧∟誦經，歲以爲常。忽一日，晝寢，夢法門坦公□寸玉像吞之，覺而有娠。母以事告∟其夫，夫曰：「莫非坦公來趨生乎？」遣人候之。坦公脱去。父曰：「若得一子，令出家事∟佛。」及誕之夕，白光映室，空鳴梵音，四鄰驚異。既成童，但見聖像僧，□必作禮欣慰。∟幼不嬉戲，不葷茹，喜於靜處跏趺。父母知其器操，許爲僧。是年，天兵入境，□家∟離散，被軍官太傅公執之入武川境。一日，公謂師曰：「子肯出家否？」師曰：「何故∟令某出家？」∟公曰：「我有所願，唯我母知。」師欣然拜謝。不旬日，其公挈師詣嬀川青∟山院乞林法師剃度。不三年，精通釋典，爾後聞靈山法席大鎮，即挑囊勁往，□∟扣雲巖，次謁仰山本庵及辦水隱公，皆針芥緣差不□其□，武川英公傳戒，開∟華嚴疏。師駐錫席下，服勤五載，□□□奧，不□其□，後經三稔，於華藏界中縱∟横得妙，無處其右者。由是，名稱遠聞。燕山支公請居本郡殊勝院，不三年，剪棘∟芟蕪，鼎新革故，佛宇僧舍焕然增勝。遐邇居民望風歎服。後因僧激勵，再參武∟川聖因。因問曰：□命不聞講授，上來此作麽？師曰：生死事大。因曰：生死亦不妨∟汝不□不聞。衆□云自從認得曹溪路，了知生死不相關。子大似多愁早老，出∟去。師纔出，因召云上座，師回首，因曰：分明認取，師□□其旨，師次日見方丈，曰：∟昨日蒙和尚一喚覺，宗分上真是寬快。因曰：見□什麽？師點頭三點，云：了□神∟而出，乃得廓然無礙不疑之地。師依聖因，淘汰既久，洞明玄□□□□□，人皆∟□仰。辛亥春，礬山縣令遺書與聖因求主靈山法席者，衆皆舉師可□其□。因∟以偈送，曰：「十載志如鐵，玄關皆透徹。跳出荆棘林，踏破澄潭月。好□孤峰頂上∟行，靈光獨耀無時節。」師住後，重修佛宇，金碧交映，光照泉石。□十年間衆五千∟指，飛□夕燈，升堂説法，□將有象，道風遠□□布四方。至元三年□潭柘□□ㄴ□□□時，文公退隱西堂□□京玄共戴請□興門一衆□□□□□□歲□ㄴ入院。來年春，重修大殿，不日而成。於京棠陰坊龍泉□□□臨街□□一十三ㄴ間，□置房院一所，費白金二百兩。導師門庭孤峻，不妄許人。參玄衲子往往望ㄴ崖而退。師住此山已經六禩，雖逾耳順，精神愈强，凡百事皆親涖耳。但叢林所ㄴ宜者，悉皆倚之。門人恒定等。服師之德，爲造壽塔，持師行實，乞銘於予。予辭弗ㄴ免，乃摭其大概而爲銘，曰：ㄴ

鼻祖妙心，綿綿密密。年歲絶□，□□□□。□□□之，□□真人。ㄴ身藏北斗，面奉南辰。唯□□師，生知妙道。坦公再來，僧中之寶。ㄴ月滿彌誕，出梵音聲。四鄰驚異，屋宇光生。尋師訪道，緣在雲巖。ㄴ迴頭悟旨，脱狐臭衫。兩處住持，十有五載。服檀越心，名喧四海。ㄴ機發靈樞，左右逢源。活鱍鱍底，如珠走盤。家風清白，尤能接盼。ㄴ弄鱉鼻蛇，檛塗毒鼓。踞龍泉寺，分白澗燈。門庭孤峻，甚喚葛藤。ㄴ其道彌高，其和彌寡。聲價喧騰，竺乾華夏。門人恒定，志節可觀。ㄴ造師壽塔，突出雲端。ㄴ

至元九年七月上澣日，門人恒進、恒定等立石。ㄴ

嗣法門人：重緣　ㄴ剃髮弟子：恒遇　恒慶　恒進　恒參　恒省　恒聰　恒滿　恒定　恒通ㄴ恒堅　恒志　恒欣　恒住　□□　恒□　恒悦　恒憐　恒真　恒德ㄴ恒寬　恒純　恒□　恒□　恒新　恒淨　恒壽　恒源　恒感　恒順　恒照ㄴ恒山　恒培ㄴ俗徒弟子百十餘人　古燕石匠劉德忠ㄴ

## 一二　西堂萬泉文公大禪師塔銘　至元十四年

《西堂萬泉文公大禪師塔銘》，至元十四年（一二七七）六月建，現存北京市門頭溝區潭柘寺下塔院内。塔高一〇米，爲六角五層密檐磚塔，青磚砌築，束腰處有精美的磚雕花飾。塔身南側嵌塔額。餘五面皆雕刻裝飾性門、窗。磚雕斗拱承托五級密檐，上爲三層仰蓮承托高大蓮瓣寶珠塔刹。塔額楷書，四行。崇嚴建塔。

《門頭溝文物志》（北京燕山出版社，二〇〇一年）、《北京元代史迹圖志》（北京燕山出版社，二〇〇九年）著録。今據北京考古遺址博物館（金中都水關遺址）藏照片録文。

塔額記西堂萬泉文公大禪師塔建塔時間和建塔人。

西堂萬泉文公大禪師塔銘（至元十四年）銘文照片

# 録文

西堂萬泉文」公大禪師塔」
至元十四年丁丑歲夏六月吉日」
傳法住持嗣法小師崇嚴建。」

## 一三　元艾哈麥德・布爾塔尼墓碣　至元十七年

《元艾哈麥德・布爾塔尼墓碣》，布爾塔尼，至元十七年（一二八〇）卒。碑高六七釐米，寬四三釐米。中國國家圖書館提供拓片（北京四五九三）高六七釐米，寬四三釐米。碑文爲阿拉伯文，現存北京市西城區牛街清真寺。

《北京元代史迹圖志》著録。趙振武《懔齋筆記》（《月華》第八卷第五期，一九三六年二月）、《牛街禮拜寺篩海墓碑又見新譯》（《北京文物報》一九九六年第八期）有漢譯，白壽彝《從怛邏斯戰役説到伊斯蘭教之最早的華文記録》（《禹貢》第五卷第一一期，一九三六年八月）、懿恭《北京牛街禮拜寺兩方阿拉伯文的古刻》（《文物》一九六一年第一〇期）等有研究。

元艾哈麥德・布爾塔尼墓碣（至元十七年）

元艾哈麥德・布爾塔尼墓碣（至元十七年）碑文拓片

# 一四　大都大延洪寺栗園碑　至元十八年

《大都大延洪寺栗園碑》，至元十八年（一二八一）四月建，二〇〇七年北京市房山區文物管理所在該區新街村南水北調施工現場發掘，現存房山區文物管理所。碑額圭首，刻雙龍戲珠紋飾。碑額高六四釐米，寬五四釐米，額題陰刻楷書「大都大延洪寺栗園碑」三行九字。碑身高一〇八釐米，寬七〇釐米。碑刻上部楷書二一行，滿行二〇字。下部楷書二一行，滿行二三字。碑側二行。相定等立石。

《北京考古史·元代卷》（上海古籍出版社，二〇一二年）著録。馬順平、孫明鑒《元〈大都大延洪寺栗園碑〉釋證》（《故宮博物院院刊》，二〇一一年第一期）收録全文。今據中國政法大學李雪梅教授提供照片和故宮博物院馬順平提供拓片照片録文。

延洪寺栗園碑上部書蛇兒年（一二八一）八月初八日聖旨，主要内容涉及保護寺産等權益。下部記相關聖旨中王靜全歸還延洪寺栗園等事，進而强調栗園歸屬延洪寺。碑側刻詩一首。

大都大延洪寺栗園碑（至元十八年）碑額照片

大都大延洪寺栗園碑（至元十八年）碑體照片

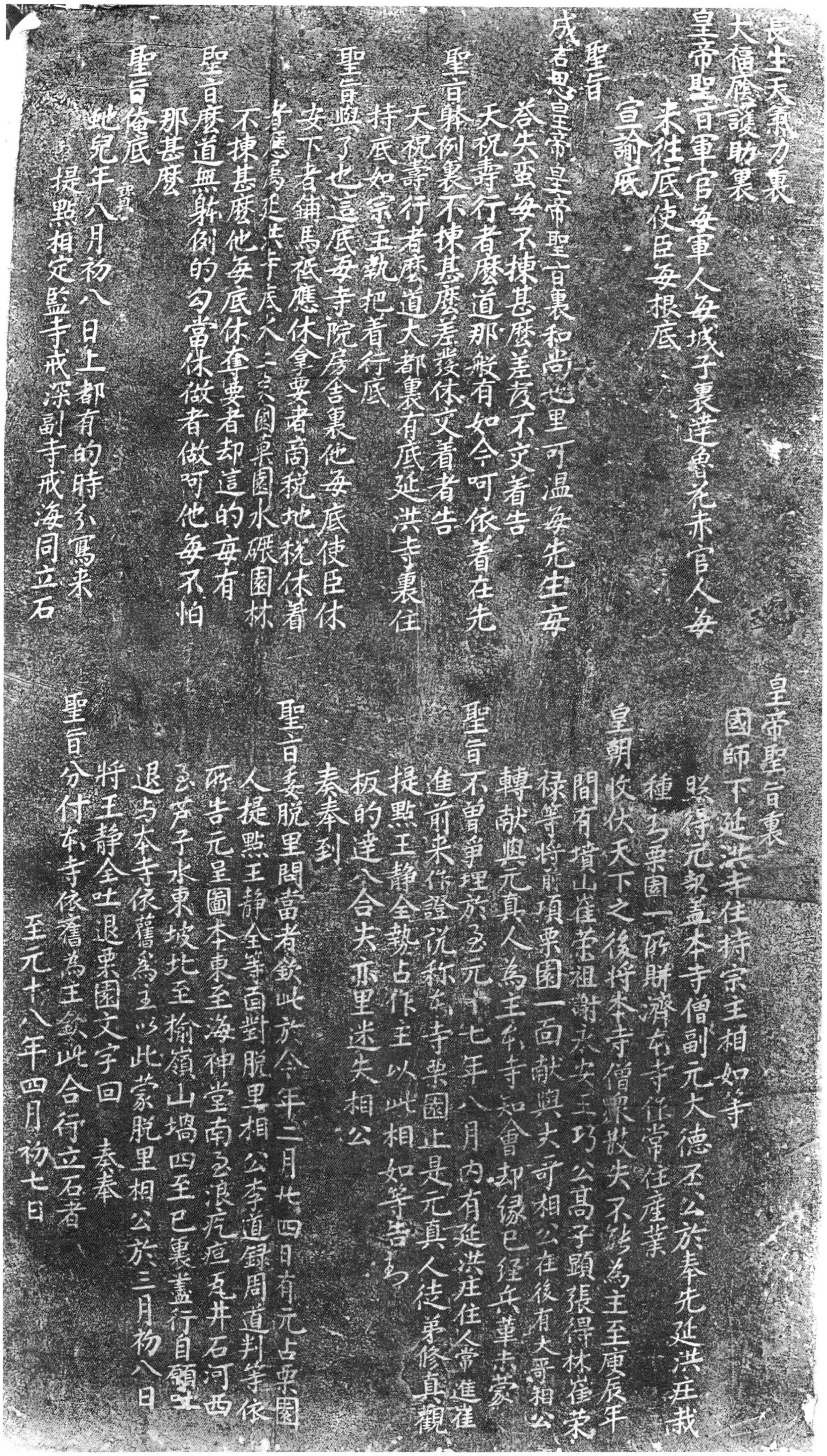

長生天氣力裏
大福蔭護助裏
皇帝聖旨軍官每軍人每城子裏達魯花赤官人每
來往底使臣每根底
宣諭底
聖旨
成吉思皇帝、皇帝聖旨裏和尚也里可温每先生每
答失蛮每不揀甚麽差發不文着告
天祝壽行者麽道那般有如今呵依着在先
聖旨躰例裏不揀甚麽差發休文着者告
天祝壽行者麽道大都裏有底延洪寺裏住
持底如宗王執把着行底
聖旨與了也這底每寺院房舍裏他每底使臣休
安下者鋪馬祗應休拿要者商税地税休着
者屬延洪寺底大二宗園栗園水磑園林
不揀甚麽他每底休奪要者却這的每有
聖旨麽道無躰例的勾當休做者做呵他每不怕
那甚麽
聖旨俺底
蛇兒年八月初八日上都有的時分寫来
提點相定監寺戒深副寺戒海同立石

皇帝聖旨裏
國師下延洪寺住持宗主相如等
照得元故蓋本寺僧副元大德丕公於奉先延洪庄栽
種到栗園一所贍濟本寺僧衆常住産業
皇朝收伏天下之後將本寺僧衆散失不能為主至庚辰年
間有攢山崔榮祖謝六安王巧公高子顯張得林崔榮
禄等將前項栗園一面献與大哥相公在後有大哥相公
轉献與元真人為主本寺知會却緣已經兵革未蒙
聖旨不曾爭理於至元十七年八月内有延洪庄住人常進往
進前来作證說称本寺栗園止是元真人徒弟修真觀
提點王静全執占作主以此相如等告到
板的達八合失赤里迷失相公
奏奉到
聖旨委脱里閭當者欽此於今年二月廿四日有元占栗園
人提點王静全等面對脱里相公李道録周道判等依
所告元呈圖本東至海神堂南至浪疙瘩西至井石河西
至芦子水東坡北至榆嶺山墻四至已裏盡行自願吐
退与本寺依舊為主以此蒙脱里相公於三月初八日
將王静全吐退栗園文字回奏奉
聖旨分付本寺依舊為主欽此合行立石者
至元十八年四月初七日

大都大延洪寺栗園碑（至元十八年）碑文拓片照片

## 録文

大都大ㄥ延洪寺ㄥ栗園碑（額）ㄥ

**上部**

長生天氣力裏，ㄥ大福蔭護助裏，ㄥ皇帝聖旨：軍官每、軍人每、城子裏達魯花赤官人每、ㄥ來往底使臣每根底ㄥ宣諭底ㄥ聖旨：ㄥ成吉思皇帝、皇帝聖旨裏：「和尚、也里可温每、先生每、ㄥ荅失蠻每，不揀甚麽差發不交着，告ㄥ天祝壽行者」麽道，那般有。如今呵，依着在先ㄥ聖旨體例裏，「不揀甚麽差發休交着者，告ㄥ天祝壽行者」麽道。大都裏有底延洪寺裏住ㄥ持底如宗主執把着行底ㄥ聖旨與了也。這底每寺院房舍裏，他每底使臣休ㄥ安下者，鋪馬衹應休拿要者，商稅、地稅休着ㄥ者。應屬延洪寺底水土、栗園、菓園、水碾、園林，ㄥ不揀甚麽，他每底休奪要者。却這的每有ㄥ聖旨麽道，無體例的勾當休做者。做呵，他每不怕ㄥ那甚麽。ㄥ聖旨俺底。(寶)ㄥ

蛇兒年八月初八日，上都有的時分寫來。ㄥ提點相定、監寺戒深、副寺戒海同立石。ㄥ

**下部**

皇帝聖旨裏，ㄥ國師下延洪寺住持宗主相如等ㄥ照得，元起蓋本寺僧副元大德丕公於奉先延洪莊栽ㄥ種□栗園一所，贍濟本寺作常住産業。ㄥ皇朝收伏天下之後，將本寺僧衆散失，不能爲主。至庚辰年ㄥ間，有墳山崔榮祖、謝永安、王巧公、高子顯、張得林、崔榮ㄥ禄等，將前項栗園一面獻與大哥相公。在後有大哥相公轉獻與元真人爲主。本寺知會，却緣已經兵革，未蒙ㄥ聖旨，不曾爭理。於至元十七年八月內，有延洪莊住人常進、崔ㄥ進前來作證，説稱本寺栗園，止是元真人徒弟修真觀ㄥ提點王靜全勢占作主，以此，相如等告封。ㄥ板的達八合失、亦里迷失相公ㄥ奏奉到ㄥ聖旨：「委脱里問當者。欽此。」於今年二月廿四日，有元占栗園ㄥ人提點王靜全等，面對脱里相公、李道録、周道判等，依ㄥ所告元呈圖本：東至海神堂，南至浪疙疸瓦井石河，西ㄥ至蘆子水東坡，北至榆嶺山塢。四至已裏盡行自願吐ㄥ退與本寺依舊爲主。以此蒙脱里相公於三月初八日，ㄥ將王靜全吐退栗園文字回奏，奉ㄥ聖旨：「分付本寺依舊爲主。欽此。」合行立石者。ㄥ

至元十八年四月初七日。ㄥ

**碑側**

天開碑記天開寺，延洪誰道不延洪。須使ㄥ聖朝無屈循，千年常住各歸宗。ㄥ

## 一五　淨川建佛舍利塔記　至元十八年

《淨川建佛舍利塔記》，至元十八年（一二八一）五月立。塔幢原址不詳，現存北京市海淀區文管所。舍利塔爲幢形，僅存塔身，八棱形，現塔身斷裂爲二，斷裂處有殘缺。幢殘高九二釐米。圍拓分二紙，上拓高五〇釐米，寬一三五釐米，下拓高四八釐米，寬一三五釐米。幢身一、三、五、七棱面浮雕佛像四尊，造像頭部均毀失，僅第五棱面佛像上方鎸「不空成就佛」。另四棱面上方綫刻四天王像，像漫漶，僅第四、第六棱面天王像上方分别鎸「廣目天王」「多聞天王」。佛像和天王像下鎸刻文字，第一棱面存「佛」「利」二字，第二至四棱面鎸刻銘文一七行，第五至八棱面鎸漢字佛頂尊勝陀羅尼咒一六行，經文後刻「石匠汪德」和「僧淨川創立」等字。文字均楷書。淨川立石。

《北京石刻藝術博物館藏石刻拓片編目提要》（學苑出版社，二〇一四年）收録碑拓文物信息。今據北京石刻藝術博物館藏拓片録文。史迪威初録。

碑刻記載了元淨川建舍利塔之事及漢字佛頂尊勝陀羅尼咒。

淨川建佛舍利塔記（至元十八年）刻石上部拓片

淨川建佛舍利塔記（至元十八年）刻石下部拓片

# 録文

**上拓**

**上部**

前缺佛。廣目天王。不空成就佛。多聞天王。後闕∟

**下部**

佛□∟利▯∟舍利□□▯∟吾佛以□▯∟爲世出□▯∟自利利他▯∟禮雙□□▯∟音以指□▯∟扶危濟□▯∟寺之泉□▯∟妙所費元▯∟牙一枝□▯∟五月移▯∟□告成▯∟無凋墜▯∟父贈▯∟中闕∟娑▯∟布▯∟羅▯∟中闕∟地▯∟利▯∟娑▯∟□▯∟

**下拓**

▯無上正等菩提，故能三覺圓明，十竅□□∟▯□今川公□主禀如來遺訓大□□□□∟▯□川大都□平縣□□□李資信之□□∟▯□久不差。一日，□□□□觀音殿，夢觀∟▯□覺□安自□□心圖報佛恩，依方修合。∟▯□□□□□□□泉常住□歲所闕，又於∟▯□□□□□□□□□徇自曲盡其∟▯□寺上下□未□由谷口每念所□佛∟▯□來者歸□□□□□至元十八年夏∟▯□□□□□□□□□□□□時之筭，今∟▯□□家堝，每歲同來祭奠，願子子孫孫永∟▯□剏立舍利塔一座，上則令往來士庶樵∟▯則令，孤魂飛魄，影覆塵沾，共往西方，同生∟▯永劫，歸依證菩提道，是平昔之願也。請誌∟▯□浮圖永資冥福。余愍川公恭敬者養弘∟▯□□都報恩傳法。住持嗣祖林泉□□云。∟

▯缽囉底，尾始瑟吒野，没馱野，□伽伐帝，怛你∟▯娑麼娑麼三滿多，嚩婆娑，娑頗囉拏，誐□誐∟▯□左覩辂摩素誐多，縛囉縛左曩，阿蜜哰多，∟▯賀囉阿賀囉，阿庾散陁□□，□馱野戍馱野，∟▯誐曩尾秫睇，烏瑟膩灑尾□□，尾秫睇，娑賀∟▯嚩怛他誐多，嚩路羯□娑吒，波羅蜜多，波利∟▯野地瑟姹，曩，地瑟耻多，摩賀母捺隸，嚩日∟▯□囉□，波耶突哰羯底，跛利秫睇缽羅□∟▯□耻帝，摩顆摩顆，摩訶摩顆，母顆母□，∟▯摩帝蘇，摩帝怛闥多，部多倶胘，跛利秫□，∟▯□惹野，尾惹野，娑摩囉，

娑摩囉，薩嚩没□，∟‖□陛，嚩日覧，娑嚩都，麼麼薩嚩薩怛嚩□∟‖利尾秫睇，薩嚩誐底，跛利秫睇，薩嚩怛□∟‖□嚩怛他孽多，

三摩濕嚩娑，地瑟耻帝，□∟‖□□多，跛利秫睇，薩嚩怛他孽□，□∟‖□□隷□嚩訶。

石匠汪德□。∟‖□五‖僧淨川䎸立。∟

## 一六　大都昌平縣東鄉新城村雙泉院地產記　至元十九年

《大都昌平縣東鄉新城村雙泉院地產記》，至元十九年（一二八二）三月立，二〇〇三年調查時，碑在北京市昌平區興壽鎮西新城村北雙泉寺遺址原址。碑青石質，碑身局部闕失，右上部因風化漫漶嚴重。碑殘高七〇釐米，寬六〇釐米，厚一七釐米。拓高七四釐米，寬七四釐米。碑陽楷書，二〇行，滿行二三字。德聰等立石。

《北京圖書館藏北京石刻拓片目録》（書目文獻出版社，一九九四年）、《北京元代史迹圖志》（北京燕山出版社，二〇〇九年）、《北京遼金元拓片集》（北京燕山出版社，二〇一二年）《北京石刻藝術博物館藏石刻拓片編目提要》（學苑出版社，二〇一四年）、《昌平石刻》（北京出版社，二〇一六年）均有著録。今據中國國家圖書館提供拓片（北京八五八七）録文。

碑陽記雙泉院地產的發展歷程，碑陰刻雙泉院地產圖四至。

大都昌平縣東鄉新城村雙泉院地產記（至元十九年）碑體照片

大都昌平縣東鄉新城村雙泉院地產記（至元十九年）實景照片

大都昌平縣東鄉新城村雙泉院地産記（至元十九年）碑陽拓片

大都昌平縣東鄉新城村雙泉院地産記（至元十九年）碑陰拓片

碑陽

大都昌平縣東鄉新城村雙泉院地産記ㄴ

□□□之始剏，未委何□但父老相傳云，大定間自桃谷柳ㄴ□□□至此。梁記云明昌三年□□□畢，迄今故基尚在，而ㄴ□□□存雙泉之名，其來舊矣。□□□擾攘之後，無人居之。ㄴ□□□□□□公禪師□□□□□於此，遂留連歲月，且ㄴ□□□□□□□□二子翼之按□□以充庖厨，翦荆榛而爲ㄴ□□□□□□以茹飢□ㄴ□□□□□□也。國事□□，四海晏然。爰有中都大興府尹ㄴ□□□□□□在此□□□迎住持竹林禪寺。既至，大闡宗ㄴ□□□□鄙。於是慶壽之□和、白澗之廓□、渾源之歸雲各ㄴ□□□□大老歸雲老師又以長物之餘白銀伍伯□鞍馬ㄴ□□□寺執事買近寺週迴墻下地土伍伯餘畝，又有ㄴ□雲和尚復以白銀貳伯兩買古城内衆村人張林、鄭俊等ㄴ白地貳百餘畝，以爲來者助道之費。余謂從上諸師玄施財，ㄴ□境置田薗，立寺安僧，令法久住，豈淺淺哉！切恐年深歲遠，ㄴ□□□侶起居不常，迷昧根源，忘失界畔，久久之下，或村民ㄴ□侯□，或鄰里□□賴，是彼非此，卒難照略。今故刻諸石，用ㄴ示將來云耳。

□村檀信：劉進、劉慶、張仲仁、百户□□等ㄴ

至元十九年歲次壬午季春望日，監寺德聰、ㄴ雙泉禪院住持傳法嗣祖沙門龍巖、道慶立石。ㄴ

碑陰

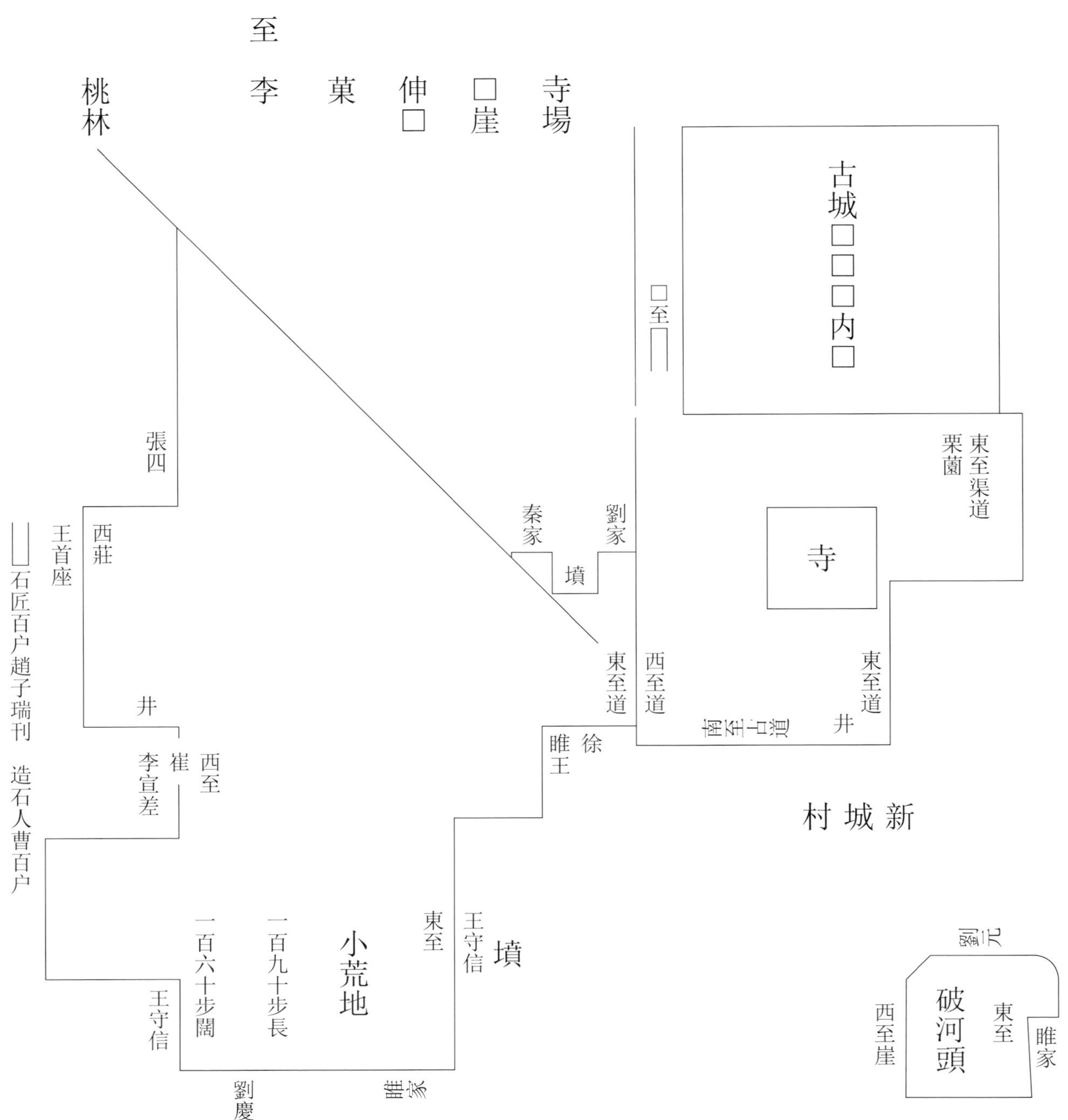

至
桃林
李
菓
伸□
□崖
寺場
古城□□□內□
□至
東至渠道
栗薗
寺
秦家
劉家
墳
張四
西莊
王首座
石匠百户趙子瑞刊　造石人曹百户
東至道
西至道
東至道
南至古道
井
井
徐
睢王
西至
崔
李宣差
村城新
東至
王守信
墳
小荒地
一百九十步長
一百六十步闊
王守信
劉慶
睢家
劉元
破河頭
東至
西至崖
睢家

# 一七　元阿里·依瑪頓丁碑墓碣　至元二十年

《元阿里·依瑪頓丁碑墓碣》，阿里·依瑪頓丁，至元二十年（一二八四）卒。碑高六五釐米，寬三八釐米。中國國家圖書館提供拓片（北京四五九〇）高六五釐米，寬三八釐米。碑文爲阿拉伯文。現存北京市西城區牛街清真寺。

《北京元代史迹圖志》（北京燕山出版社，二〇〇九年）著録。趙振武《懔齋筆記》（《月華》第八卷第五期，一九三六年二月）、《牛街禮拜寺篩海墓碑又見新譯》（《北京文物報》一九九六年第八期）有漢譯，白壽彝《從怛邏斯戰役説到伊斯蘭教之最早的華文記録》（《禹貢》第五卷第一一期，一九三六年八月）、懿恭《北京牛街禮拜寺兩方阿拉伯文的古刻》（《文物》一九六一年第一〇期）等有研究。

元阿里·依瑪頓丁墓碣（至元二十年）

元阿里・依瑪頓丁碑墓碣（至元二十年）碑文拓片

# 一八　大都崇國寺文書碑　至元二十一年

《大都崇國寺文書碑》，至元二十一年（一二八四）立。碑現存於北京市西城區護國寺。上下均刻有紋飾。中國國家圖書館藏拓片陽高一一六釐米，寬六〇釐米，陰通高一一三釐米，寬六〇釐米。碑陽楷書，二〇行，滿行三二字。碑陰楷書，横題「崇國北寺地産圖」七字，一二行，滿行一七字。三剛等立石。

清孫星衍《京畿金石考》、清繆荃孫《藝風堂金石文字目》、蔡美彪《元代白話碑集録（修訂版）》（中國社會科學出版社，二〇一七年）等均有著録。《北京圖書館藏中國歷代石刻拓本匯編》（中州古籍出版社，一九八九年）收録拓本圖片。今據中國國家圖書館提供拓片（北京三三七）録文。

碑陽刻至元二十一年二月十九日總制院劄付和二十七日僧録司執照。碑陰刻崇國寺地産圖。

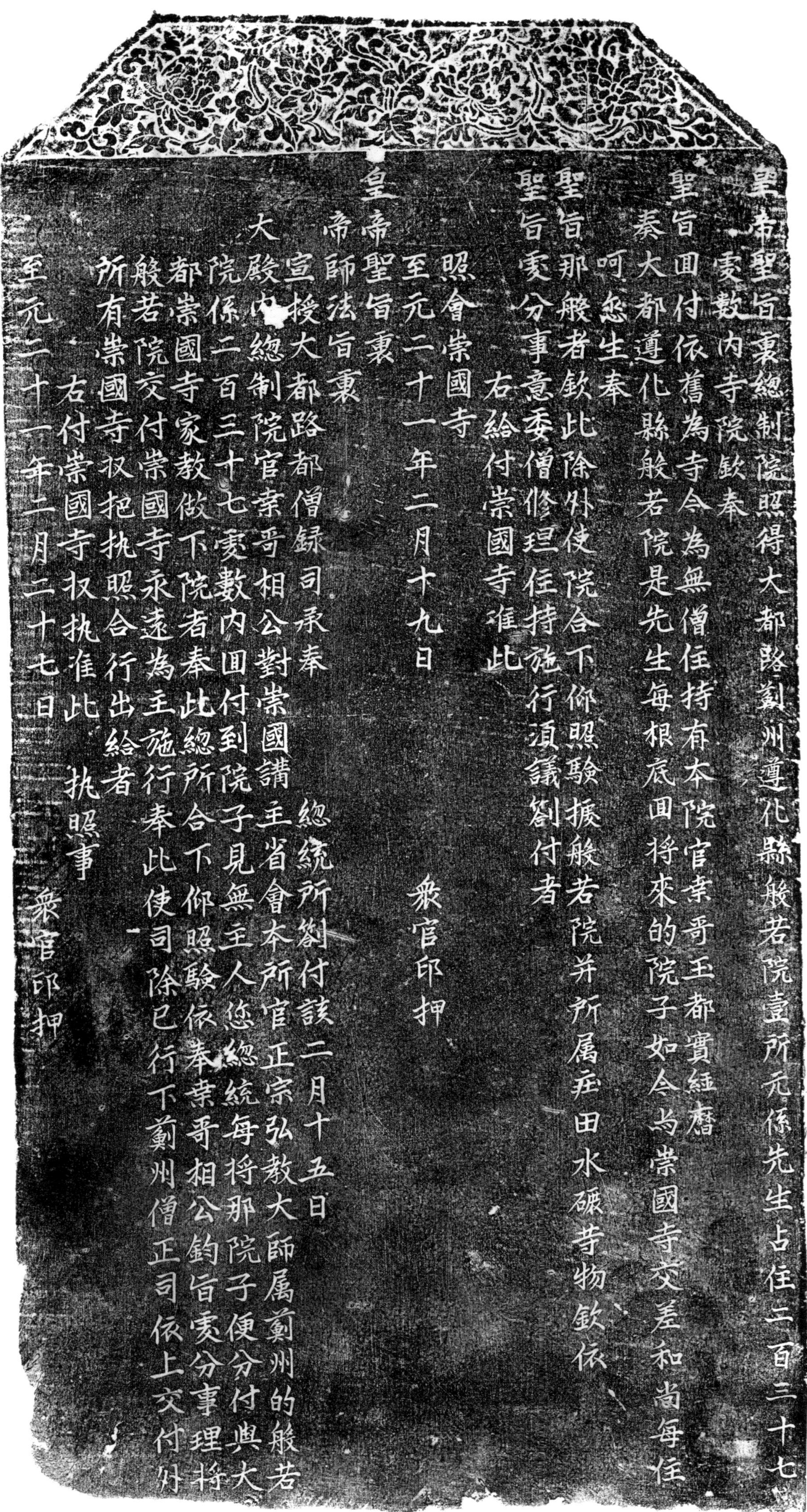

大都崇國寺文書碑（至元二十一年）碑陽拓片

崇國北寺地產圖

大都路薊州遵化縣豊稔鄉蘇家莊般若院
常住應有房舍莊田水碾磨寺物花名下項
東至駙馬寨廟西水渠為界南至河南山頭
為界西至田知事墳為界北至鴉山為界內
上下水碾二盤石家莊莊子一處東至自已
河為界南至分水嶺為界西至神樹分水嶺
為界北至荅安分水嶺為界東樑子河水碾
一盤內贍碾地二十畝隔城口水碾一盤內
贍碾地約二十余畝
大元至元二十一年　月　日
三剛寺立石
特賜佛性圓融崇教華嚴傳戒大師演吉祥

大都崇國寺文書碑（至元二十一年）碑陰拓片

録文

## 碑陽

皇帝聖旨裏，總制院照得大都路薊州遵化縣般若院壹所，元係先生占住二百三十七∟處數内寺院，欽奉∟聖旨回付，依舊爲寺。今爲無僧住持，有本院官桑哥、玉都實經曆∟奏：「大都遵化縣般若院是先生每根底回將來的院子，如今與崇國寺，交差和尚每住∟呵，怎生？」奉∟聖旨：「那般者。」欽此。除外，使院合下，仰照驗據般若院并所屬莊田、水碾等物，欽依∟聖旨處分事意，委僧修理住持施行。須議劄付者。∟

右給付崇國寺，准此。∟照會崇國寺。∟

至元二十一年二月十九日。衆官印押。∟

皇帝聖旨裏，∟帝師法旨裏，∟宣授大都路都僧録司承奉總統所劄付該：二月十五日∟大殿内總制院官桑哥相公對崇國講主省會本所官正宗弘教大師，屬薊州的般若∟院，係二百三十七處數内回付到院子，見無主人，您總統每將那院子便分付與大∟都崇國寺家，教做下院者。奉此，總所合下，仰照驗，依奉桑哥相公鈞旨處分事理，將∟般若院交付崇國寺，永遠爲主施行。奉此。使司除已行下薊州僧正司依上交付外，∟所有崇國寺收把執照，合行出給者。∟

右付崇國寺收執，准此執照事。∟

至元二十一年二月二十七日，衆官印押。∟

## 碑陰

崇國北寺地産圖（額）⌞

大都路薊州遵化縣豐稔鄉蘇家莊般若院，⌞常住應有房舍、莊田、水碾、磨等物花名下項：⌞東至駙馬寨廟西水渠爲界，南至河南山頭⌞爲界，西至田知事墳爲界，北至溤山爲界，内⌞上下水碾二盤；石家莊莊子一處，東至自己⌞河爲界，南至分水嶺爲界，西至神樹分水嶺⌞爲界，北至荅安分水嶺爲界；東樑子河水碾⌞一盤，内贍碾地二十畝；隔城口水碾一盤，内⌞贍碾地約二十余畝。⌞

大元至元二十一年　月　日，⌞三剛等立石。⌞特賜佛性圓融崇教華嚴傳戒大師演吉祥⌞

## 一九　故中書左丞相耶律公（鑄）墓誌銘

至元二十二年

《故中書左丞相耶律公（鑄）墓誌銘》，至元二十二年（一二八五）七月立，一九九八年出土於北京市海淀區頤和園昆明湖東岸的耶律楚材家族墓地，後入藏北京市文物研究所。墓誌漢白玉石質，圓首碑形下部有漢白玉石質基座。墓誌高一三三釐米，寬八四釐米。額題篆書「故中書左丞相耶律公墓誌銘」四行一二字。銘文楷書，二七行，滿行四一字。趙天民撰。

《北京市文物研究所藏墓誌拓片》（北京燕山出版社，二〇〇三年）、《北京元代史迹圖志》（北京燕山出版社，二〇〇九年）、《北京考古史·元代卷》（上海古籍出版社，二〇一二年）、劉曉《耶律鑄夫婦墓誌札記》（《暨南史學》第三輯，二〇〇四年）等均有著録。今據北京市文物研究所藏拓片録文。

墓誌記元耶律鑄之家世及生平事迹。

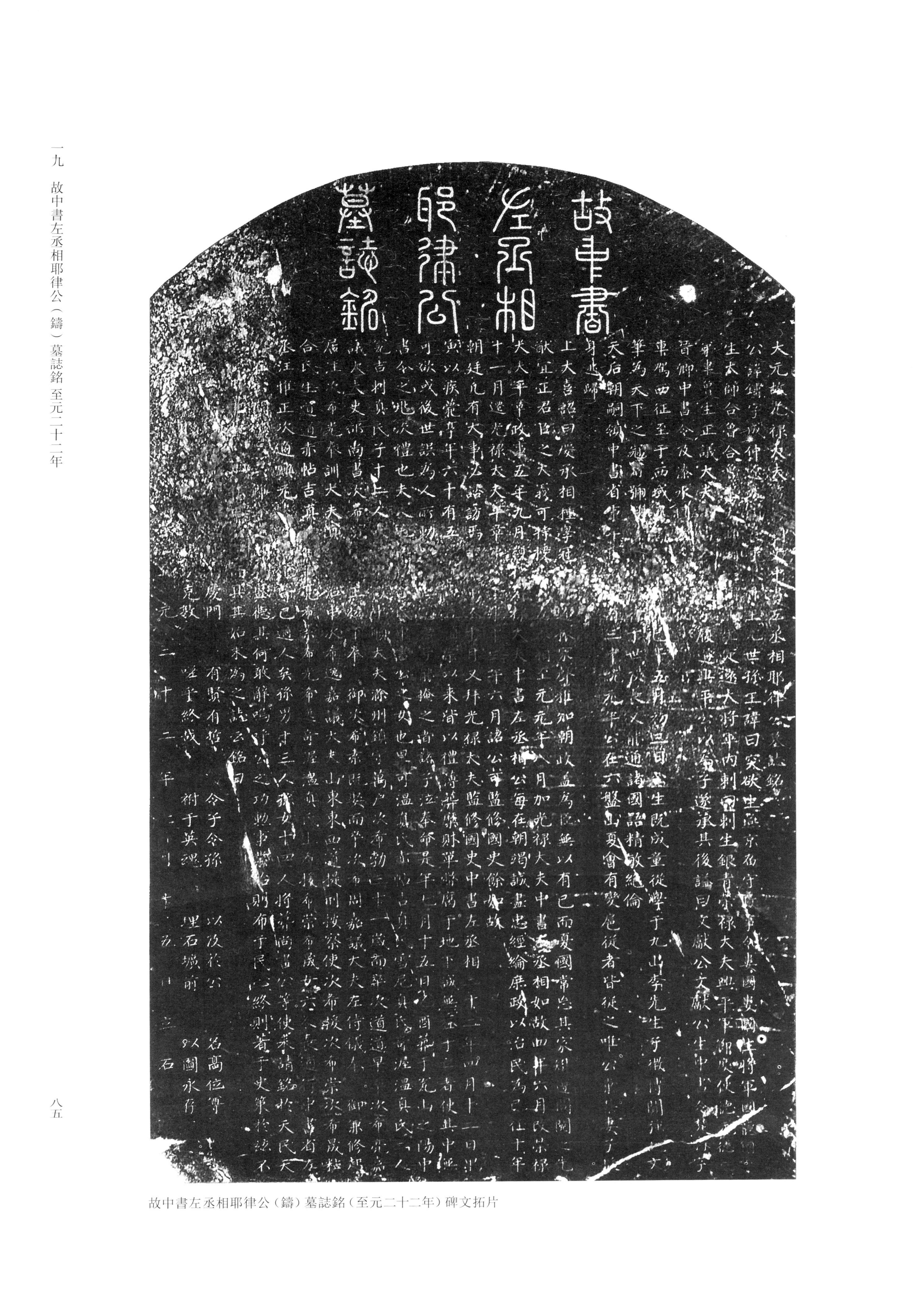

故中書左丞相耶律公（鑄）墓誌銘（至元二十二年）碑文拓片

故中書└左丞相└耶律公└墓誌銘（額）└

大元故光禄大夫監修國史中書左丞相耶律公墓誌銘└

公諱鑄，字成仲，遼□□□□東丹王〔一〕九世孫。王諱曰突欲，生燕京留守政事令婁國，婁國生將軍國隱，國隱└生太師合魯，合魯生太師□□〔二〕，□□生定遠大將軍内剌，内剌生銀青榮禄大夫、興平軍節度使德元，德元└弟聿魯生正議大夫、尚書□□□□履道，興平公以爲子，遂承其後，謚曰文獻公。文獻公生中書令楚材，字└晉卿。中書令及漆水國□□□□從└車駕西征，至于西域□□□□□。辛巳年五月初三日，公生。既成童，從學于九山李先生子微。博聞强記，文└筆爲天下之冠，□號□□□□□□于世。及長，又能通諸國語，精敏絶倫。└天后朝，嗣領中書省事，年甫二十有三。中統元年，公在六盤山。夏，會有變，扈從者皆從之，唯公棄其妻子，挺└身逃歸。└上大喜，詔曰：「慶承相種，學冠□□，□振家聲，雅知朝政，蓋爲臣無以有己，而憂國常忘其家，矧遵閥閲之先└猷，宜正君臣之大義，可特授□□左丞相〔三〕。」至元元年八月，加光禄大夫、中書左丞相如故。四年六月，改榮禄└大夫、平章政事。五年九月，復□□禄大夫〔四〕、中書左丞相。公每在朝，竭誠盡忠，經綸庶政，以治民爲己任。十年└十一月，遷光禄大夫、平章軍國重事。十三年六月，詔公可監修國史，餘如故。└朝廷凡有大事，必諮訪焉。十九年冬十月，又拜光禄大夫、監修國史、中書左丞相。二十二年四月十二日甲└寅，以疾薨，享年六十有五。□□□□祖宗以來，皆以禮薄葬，糜財單幣，腐于地下，誠無益于亡者，使其中無└可欲，或後世誤爲人所動□□□□君子能掩之者。諸子泣奉命。是年七月十五日乙酉，葬于瓮山之陽中└書令之兆次，禮也。夫人七。□粘合氏，中書公之女。也里可温真氏，赤帖吉真氏，雪尼真氏，奇渥温真氏二人，└瓮吉剌真氏。子十二人：□□希徵，中順大夫、滁州鎮守萬户；次希勃，三十一歲而卒；次道道，早卒；次希亮，嘉└議大夫、吏部尚書；次希寬，□□王位下奉御；次希素，既娶而卒；次希周，嘉議大夫、左侍儀、奉御、兼修起└居注；次希光，奉訓大夫、真□□治中；次希逸，嘉議大夫、山東東西道提刑按察使；次希援，次希崇，次希晟。粘└合氏生道道，赤帖吉真氏生希亮、希素、希光、希逸，奇渥温真氏生希援、希崇、希晟。女六人，長適行中書省左└丞汪惟正，次適興元□□□□□已適人矣。孫男十三人，孫女十四人。將葬，尚書公等使來請銘於天民。天└□□公□□□□□□□□□□盛德，其何敢辭。嗚呼！公之功勳事業，始則布于民心，終則

著于史策，於兹不┗□□□□□□□□□而具其始末，爲之誌云。銘曰：┗

□□慶門。有賢有哲，令子令孫。以及於公，名高位尊。┗□□克敦。嗟乎終哉，祔于英魂。埋石壙前，以圖永存。┗

至元二十二年七月十五日立石。┗

校勘記

〔一〕遼□□□□東丹王　劉曉《耶律鑄夫婦墓誌札記》據元好問《耶律履神道碑》和宋子貞《耶律楚材神道碑》等，□□□□處補入「太祖長子」四字。

〔二〕合魯生太師□□　「□□」，《國朝文類》卷五七《故金尚書省右丞相耶律公神道碑》作「胡篤」。

〔三〕可特授□□左丞相　劉曉據《元史·耶律鑄傳》及後文，□□處補入「中書」二字。

〔四〕復□□禄大夫　劉曉於後□處補入「光」字。

## 二〇　故郡主夫人奇渥温氏墓誌銘　至元二十二年

《故郡主夫人奇渥温氏墓誌銘》，至元二十二年（一二八五）七月立，一九九八年出土於北京市海淀區頤和園昆明湖東岸的耶律楚材家族墓地，後入藏北京市文物研究所。碑漢白玉石質，圓首碑形，碑高七七釐米，寬四〇釐米。墓誌雙面刻字。額題楷書「故郡主夫人奇渥温氏墓誌銘」六行一二字。碑陽楷書，一四行，滿行二三字。碑陰楷書，一二行，滿行二三字，續刻墓誌銘之内容。馬利用撰文。

《北京市文物研究所藏墓誌拓片》（北京燕山出版社，二〇〇三年）、《北京元代史迹圖志》（北京燕山出版社，二〇〇九年）、劉曉《耶律鑄夫婦墓誌札記》（《暨南史學》第三輯，二〇〇四年）、《北京考古史・元代卷》（上海古籍出版社，二〇一二年）等均有著録。今據北京市文物研究所藏拓片録文。

墓誌記耶律鑄夫人奇渥温氏之家世、淑行及子嗣。

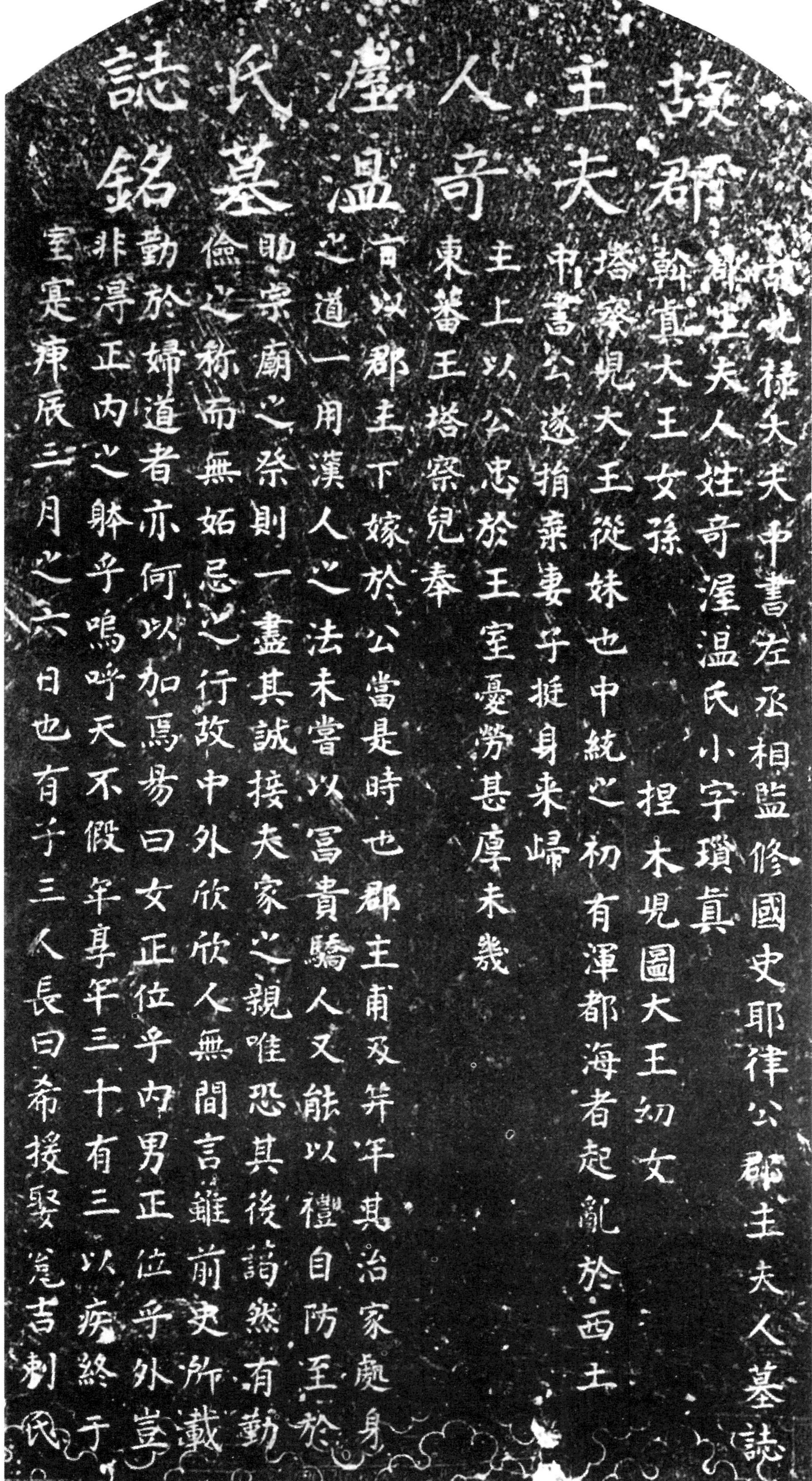

故郡主夫人奇渥温氏墓誌銘

光祿大夫中書左丞相監修國史耶律公郡主夫人墓誌
郡主夫人姓奇渥温氏小字瓆眞
斡直大王女孫　捏木兒圖大王幼女
塔察兒大王從妹也中統之初有渾都海者起亂於西土
中書公遂捐棄妻子挺身来歸
主上以公忠於王室憂勞甚厚未幾
東蕃王塔察兒奉
旨以郡主下嫁於公當是時也郡主甫及笄年其治家處身
之道一用漢人之法未嘗以富貴驕人又能以禮自防至於
助宗廟之祭則一盡其誠接夫家之親唯恐其後藹然有勤
儉之稱而無妬忌之行故中外欣欣人無間言雖前史所載
勤於婦道者亦何以加焉易曰女正位乎内男正位乎外豈
非得正内之躰乎嗚呼天不假年享年三十有三以疾終于
室寔庚辰三月之六日也有子三人長曰希援娶嵬吉剌氏

故郡主夫人奇渥温氏墓誌銘（至元二十二年）碑陽拓片

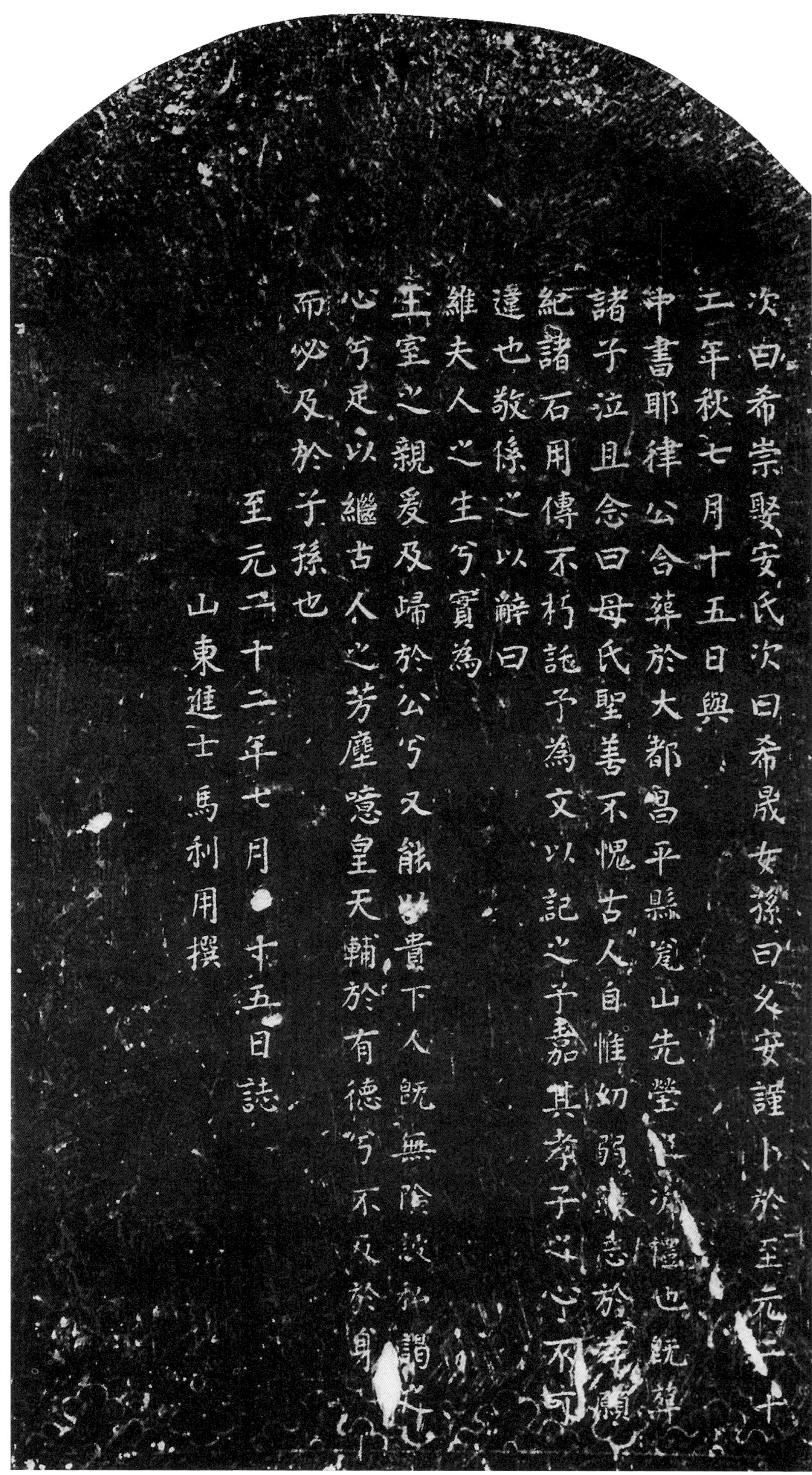

次曰希崇娶安氏次曰希晟女孫曰久安謹卜於至元二十
二年秋七月十五日與
中書耶律公合葬於大都昌平縣覓山先塋[illegible]禮也既葬
諸子泣且念曰母氏聖善不愧古人自惟幼弱[illegible]意於光顯
紀諸石用傳不朽託予為文以記之予嘉其孝子之心不可
違也敬條之以辭曰
維夫人之生兮實為
王室之親爰及歸於公兮又能[illegible]貴下人既無陰陂私謁之
心兮足以繼古人之芳塵噫皇天輔於有德兮不反於身
而必及於子孫也
至元二十二年七月[illegible]十五日誌
山東進士馬利用撰

故郡主夫人奇渥温氏墓誌銘（至元二十二年）碑陰拓片

**碑陽**

故郡㇗主夫㇗人奇㇗渥温㇗氏墓㇗誌銘（額）㇗

故光禄大夫中書左丞相監修國史耶律公郡主夫人墓誌㇗

　郡主夫人，姓奇渥温氏，小字瑣真，㇗斡真大王女孫，捏木兒圖大王幼女，㇗塔察兒大王從妹也。中統之初，有渾都海者起亂於西土。㇗中書公遂捐棄妻子，挺身來歸。㇗主上以公忠於王室，憂勞甚厚。未幾，㇗東蕃王塔察兒奉㇗旨以郡主下嫁於公。當是時也，郡主甫及笄年，其治家處身㇗之道，一用漢人之法，未嘗以富貴驕人，又能以禮自防，至於㇗助宗廟之祭，則一盡其誠，接夫家之親，唯恐其後，藹然有勤㇗儉之稱，而無妬忌之行，故中外欣欣，人無間言。雖前史所載㇗勤於婦道者，亦何以加焉。《易》曰：「女正位乎内，男正位乎外。」豈㇗非得正内之體乎。嗚呼！天不假年，享年三十有三，以疾終于㇗室，寔庚辰三月之六日也。有子三人：長曰希援，娶瓮吉剌氏。㇗

**碑陰**

　次曰希崇，娶安氏。次曰希晟。女孫曰久安。謹卜於至元二十㇗二年秋七月十五日，與㇗中書耶律公合葬於大都昌平縣瓮山先塋之次，禮也。既葬，㇗諸子泣且念曰：母氏聖善，不愧古人。自惟幼弱，敢忘於孝，願㇗紀諸石，用傳不朽。託予爲文以記之。予嘉其孝子之心，不可㇗違也，敬係之以辭。曰：㇗

　維夫人之生兮，實爲㇗王室之親。爰及歸於公兮，又能以貴下人。既無陰詖私謁之㇗心兮，足以繼古人之芳塵。噫！皇天輔於有德兮，不及於身□㇗而必及於子孫也。㇗

至元二十二年七月十五日誌。㇗山東進士馬利用撰。㇗

## 二一　大元國大都路昌平縣昭聖禪寺故先師雲峰檀公禪師道行石幢之記

至元二十三年

《大元國大都路昌平縣昭聖禪寺故先師雲峰檀公禪師道行石幢之記》，至元二十三年（一二八六）四月立，原存北京市昌平區昌平鎮舊縣村。二〇〇〇年移交昌平區文物管理所。現藏昌平區文物管理所。記長一三四釐米，寬一三五釐米。記文楷書，四〇行，滿行三六字。仰山大棲隱禪寺住持本璉撰并書丹，正德、正慶、正慧等立石，王守玉刊。

《（光緒）昌平外志》卷四、《新中國出土墓誌·北京（壹）》（文物出版社，二〇〇三年）、《昌平石刻》（北京出版社，二〇一六年）著録。今據中國國家圖書館提供拓片（北京八五七三）録文。

碑文記雲峰從檀禪師之生平及道行，并刻其弟子門人立碑者題名及寺產場地四至。

大元國大都路昌平縣昭聖禪寺故先師雲峰檀公禪師道行石幢之記（至元二十三年）記文照片

大元國大都路昌平縣昭聖禪寺故先師雲峰檀公禪師道行石幢之記（至元二十三年）幢體照片

大元國大都路昌平縣昭聖禪寺故先師雲峰檀公禪師道行石幢之記
住持仰山大棲隱禪寺傳法嗣祖沙門本璉撰并書丹
原夫塵塵緣照鏡亦月運空鏡空非有意月像自其中月運空而空元不動像臨鏡而鏡本
寂然故知生死交易亦此去來物像遷流心何起滅堂之高以其基之深木之長以其源之深
真積力久其所由來漸全而我
檀公長老者俗姓武氏孝貴東原單州人也母王氏夜夢白光入室遂生師焉幼而不茹葷長
而不嬉戲既就學日誦千言願傳入門合掌頂禮心樂出家父母不奪其志年十二禮中都
報恩禪寺萬松長老為師訓名曰從檀誠經受戒擔簦負笈遍歷叢林挂錫沛縣芒碭山紫蓋
和尚處得法紫蓋乃青州七葉孫也本處官吏與書疏請出世開堂後居中都大萬壽禪寺未
幾有本路昌平縣白龍潭衆檀越請住持雲峰龍泉禪寺不十數年填溝塞壑負土擔石悔建
三門經之營之不日成之又住虎峪龍興禪寺起廢扶頹佛殿三門廊廡次第幷庫落成及本
縣昭聖禪寺創建轉角佛殿五間雕木佛像兩壇瓦礫荆棘場變作青蓮宇日食一飯身衣百
衲長坐不臥脇不沾席計其相狀必枯悴尫劣及見其形容凜然豐碩眉目秀拔氣和如春禪
觀之餘四方仕庶觀師之苦行敬而畏之寒暑之外手不釋卷惟看經念佛持課而已真叢林
之標表實法門之龍象也至元二十二年十二月十二日微疾而化茶毗之日頂骨舌根膝盖
不灰五色烟焰凝空蹻日蓋師之道業之所致也大野兮涼飇颸颸長空兮蹤雨蒙蒙祖送者
萬人俗壽七十八僧臘五十六夏三處起塔以旌其德有門弟子宗主僧正德提點僧正慧持
師行狀徒步入山求文於素菴老衲素菴洗手焚香援筆書之以紀其實其銘曰
同氣連枝老弟兄　隣峰接境與雲平　頂存寶蓋留金地　舌捲紅蓮動玉京
半世未曾懷愠色　一生長是念經聲　萬人祖送天垂像　飛者悲鳴走者驚
紫蓋親傳第一機　萬松門弟名當世　龍泉昭聖瓦礫場　佛殿三門煥金碧
仲謙作贊已多時　仰山援筆重為記　雲峰積雪白巍巍　曉色破煙皆冪冪
石幢無復野猿啼　[illegible]臺邊鬼神泣　疏師德量居穹蒼　浩浩清風無盡極
至元二十三年四月望日　宗主正德　座元正慶　提點正慧等立石
古燕石匠王守玉刊



大元國大都路昌平縣昭聖禪寺故先師雲峰檀公禪師道行石幢之記（至元二十三年）記文拓片（一）

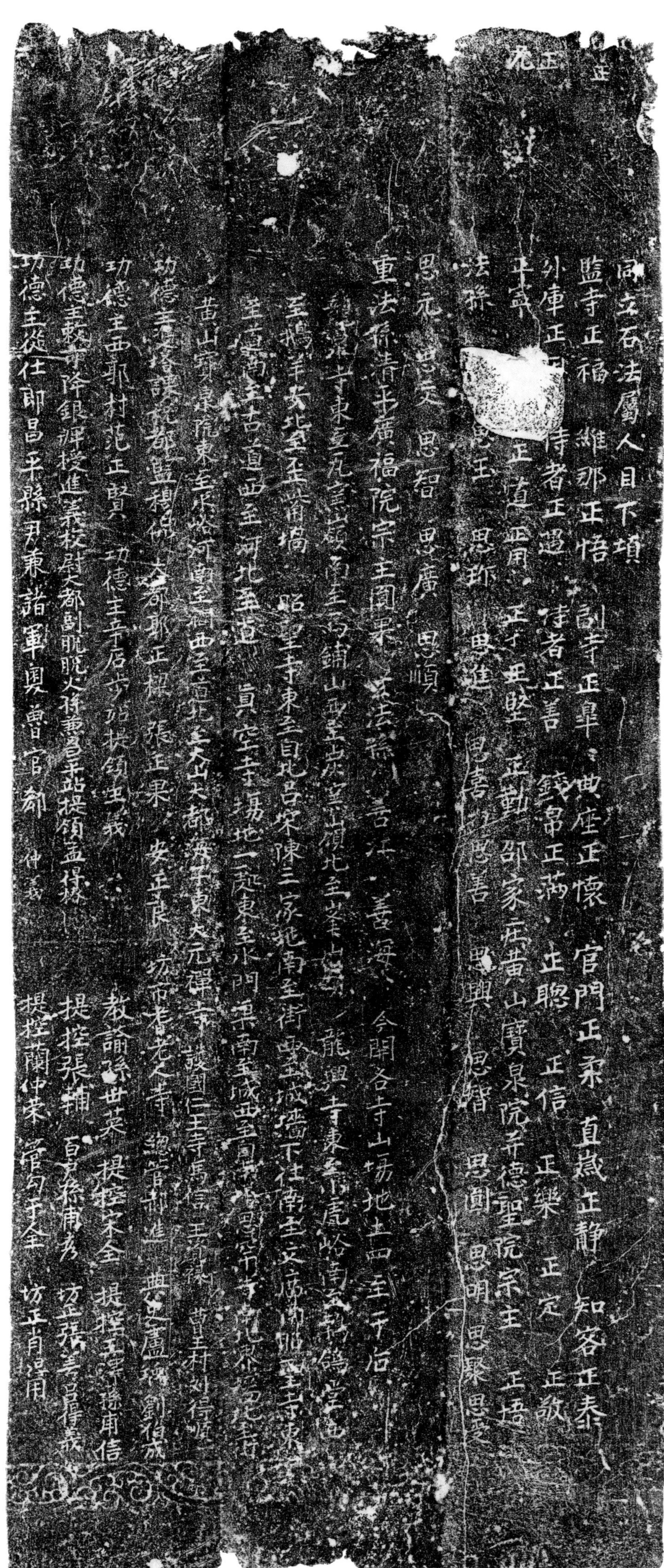

大元國大都路昌平縣昭聖禪寺故先師雲峰檀公禪師道行石幢之記（至元二十三年）記文拓片（二）

大元國大都路昌平縣昭聖禪寺故先師雲峰檀公禪師道行石幢之記乚

住持仰山大棲隱禪寺傳法嗣祖沙門本璉撰并書丹。乚

原夫歷歷像臨鏡，亭亭月運空。鏡空非有意，月像自其中。月運空而空元不動，像臨鏡而鏡本乚寂然。故知生死交易，體絶去來，物像遷流，心何起滅？堂之高以其基之崇，水之長以其源之深。乚真蹟力久，其所由來漸矣。而我乚檀公長老者，俗姓武氏，本貫東原單州人也。母王氏，夜夢白光入室，遂生師焉。幼而不茹葷，長乚而不嬉戲。齠齔就學，日誦千言。見僧入門，合掌頂禮，心樂出家。父母不奪其志，年十二，禮中都乚報恩禪寺萬松長老爲師，訓名曰從檀。試經受戒，擔簦負笈，遍歷叢林，挂錫沛縣芒碭山紫蓋乚和尚處得法。紫蓋乃青州七葉孫也。本處官吏具書疏請出世開堂。後居中都大萬壽禪寺。未乚幾，有本路昌平縣白虎澗衆檀越請住持雲峰龍泉禪寺。不十數年，塡溝塞壑，負土擔石，刱建乚三門，經之營之，不日成之。又住虎峪龍興禪寺，起廢扶頹，佛殿、三門、廊廡次第、厨庫落成。及本乚縣昭聖禪寺創建轉角佛殿五間，雕木佛像兩壇，瓦礫荆棘場，變作青蓮宇。日食一飦，身衣百乚衲。長坐不卧，脇不霑席。計其相狀，必枯悴尫劣，及見其形容，凜然豐碩，眉目秀拔，氣和如春。禪乚觀之餘，四方仕庶覩師之苦行，敬而畏之。寒温之外，手不釋卷，惟看經念佛，持課而已。真叢林乚之標表，寔法門之龍象也。至元二十二年十二月十二日，微疾而化。荼毗之日，頂骨、舌根、膝蓋乚不灰，五色烟焰凝空翳日。蓋師之道業之所致也。大野兮凉飈颭颭，長空兮疎雨濛濛，祖送者乚萬人。俗壽七十八，僧臘五十六夏。三處起塔，以旌其德。有門弟子宗主僧正德、提點僧正慧，持乚師行狀，徒步入山，求文於素菴老衲。素菴洗手焚香，援筆書之，以紀其實。其銘曰：乚

同氣連枝老弟兄，鄰峰接境與雲平。頂存寶蓋留金地，舌捲紅蓮動玉京。乚半世未曾懷愠色，一生長是念經聲。萬人祖送天垂像，飛者悲鳴走者驚。乚紫蓋親傳第一機，萬松門弟名當世。龍泉昭聖瓦礫場，佛殿三門焕金碧。乚仲謙作贊已多時，仰山援筆重爲記。雲峰積雪白峨峨，曉色破煙昏冪冪。乚召槽無復野猨啼，龍虎臺邊鬼神泣。阿師德量若穹蒼，浩浩清風無□□。乚

至元二十□年四月望日（一），宗主正德、座元正慶、提點正慧等□□乚古燕石匠王守玉刊。乚

同立石法屬人目下項：乚監寺正福　維那正悟　副寺正臯　典座正懷　官門正柔　直歲正静　知客正泰　乚外庫正□　侍者正遇　侍者

正善　錢帛正滿　正聰　正信　正樂　正定　正敬　∟正寧　正□　正道　正用　正才　正堅　正勤　邵家莊黃山寶泉院并德聖院宗主　正悟　∟法孫□□思玉　思珍　思進　思喜　思善　思興　思智　思圓　思明　思聚　思受∟思元　思文　思智　思廣　思順∟重法孫清平廣福院宗主圓果　玄法孫善江　善海　今開各寺山場地土四至于后：∟

龍泉寺東至瓦窯嶺，南至馬鋪山，西至炭窯嶺，北至峰山嶺。龍興寺東至小虎峪，南至鶉鴿堂，西∟至鵓羊女，北至歪嘴堝。昭聖寺東至自北吕、宋、陳三家地，南至街，西至城墻下□，南至文廟。南昭聖寺東∟至道，南至古道，西至河，北至道。真空寺場地二處，東至水門渠，南至城，西至自□□思罕寺南北界墻，北至街。∟黃山寶泉院，東至水峪河，南至澗，西至道，北至大山。大都海子東大元禪寺、護國仁王寺馬信王資禄　曹王村劉得順　∟功德主雙塔課税都監穆侃　大都郭正樑　張正果　安正良　坊市耆老人等　總管郝進　典史盧瑀　劉伯成　∟功德主西郭村范正賢　功德主辛店步站提領王義　教諭孫世英　提控宋全　提控王澤　孫甫信　∟功德主敕可降銀牌授進義校尉、大都副脱脱火孫兼昌平站提領孟得椿　提控張輔　百户孫甫彦　坊正張善　吕得義　∟功德主從仕郎、昌平縣尹兼諸軍奥魯官郄仲義　提控蘭仲榮　管勾于全　坊正肖得用∟

校勘記

〔一〕至元二十□年四月望日　「□」原石不能辨識。《（光緒）昌平外志》卷四作「三」。

# 二二一　淶水縣石門村白雲觀記　至元二十三年

《淶水縣石門村白雲觀記》，至元二十三年（一二八六）五月立石，碑原址在北京市房山區十渡鎮西石門村白雲觀舊址，現存房山區文物管理所。碑漢白玉石質，螭首，座佚，首部勒額文處鑿一孔，額題不存，碑文正文上部有殘闕。碑高一四八釐米，寬六二釐米，厚二五釐米。碑身拓高九五釐米，寬八八釐米。碑文楷書，一八行，滿行二九字。常敏撰，劉致善書丹并篆額，李彬刻石，褚志良立石。

《北京元代史迹圖志》（北京燕山出版社，二〇〇九年）、《北京石刻藝術博物館藏石刻拓片編目提要》（學苑出版社，二〇一四年）有著録。今據中國國家圖書館提供拓片（北京一〇五二〇）録文。

碑文記淶水縣石門村白雲觀之發展狀況。

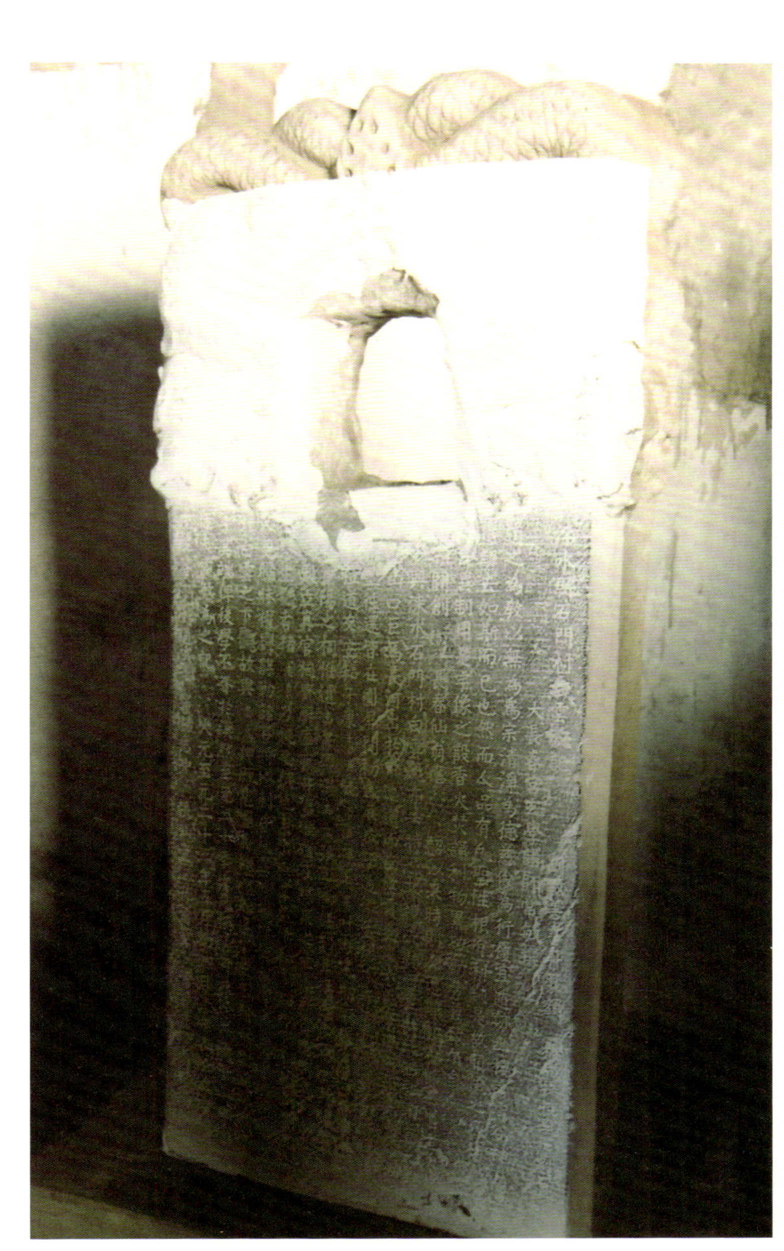

淶水縣石門村白雲觀記（至元二十三年）碑體照片

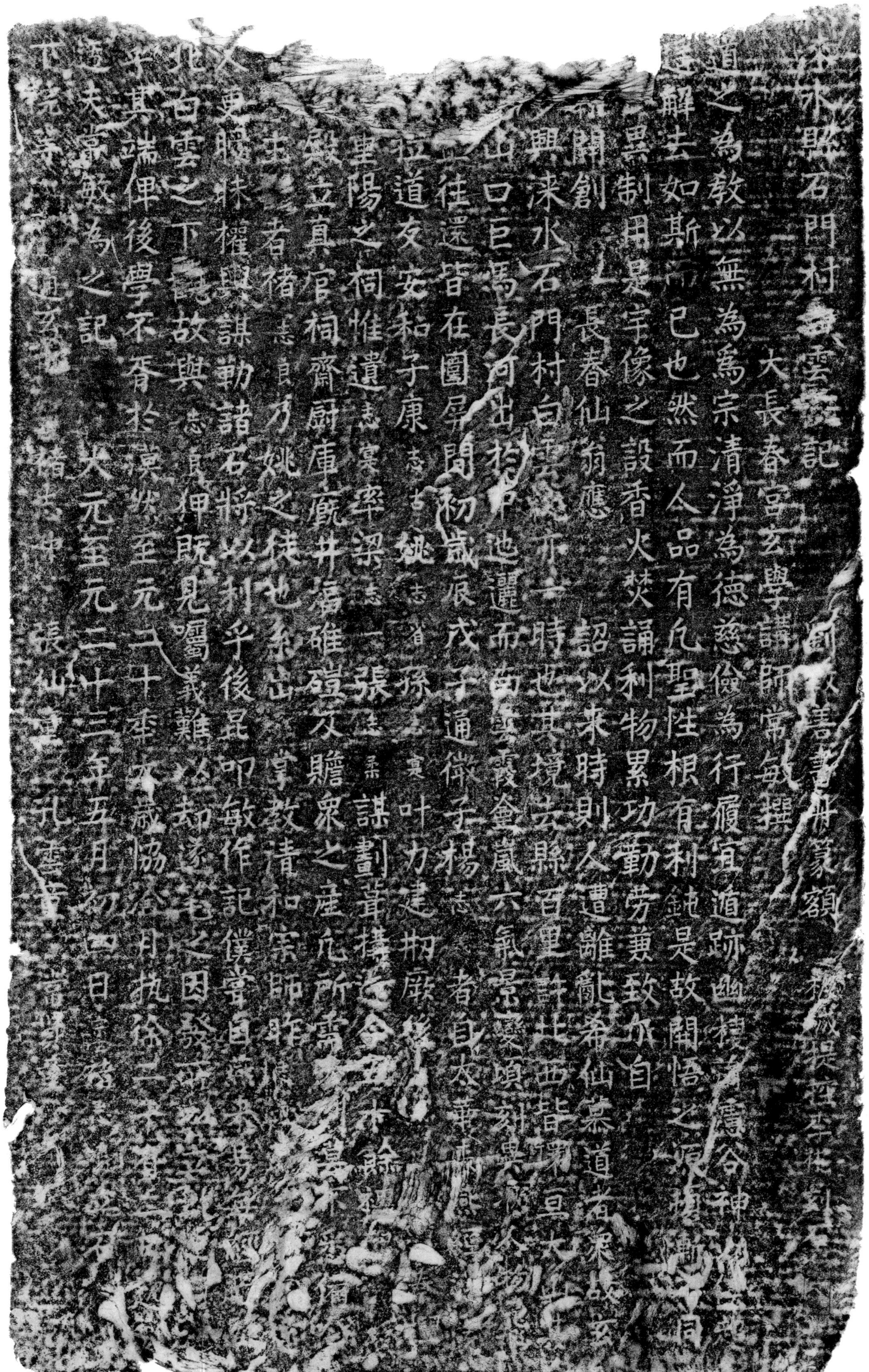

淶水縣石門村白雲觀記（至元二十三年）碑文拓片

淶水縣石門村白雲□記　劉致善書丹篆額　□城提控李彬刻石ㄥ

大長春宫玄學講師常敏撰。ㄥ

道之爲教，以無爲爲宗，清淨爲德，慈儉爲行，履宜遁跡，幽棲□慮谷神□□□ㄥ遥解去，如斯而已也。然而人品有凡聖，性根有利鈍，是故開悟之源，頓漸不同ㄥ□□異制，用是字像之設，香火焚誦，利物累功，勤勞兼致尔，自ㄥ□□開創，長春仙翁應詔以來，時則人遭離亂，希仙慕道者衆。故玄ㄥ□□興淶水石門村白雲□，亦一時也。其境去縣百里許，北西皆環亘大山，其ㄥ□□山□巨馬長河出於中，迆邐而南，雲霞煙嵐，六氣景變，頃刻異狀，人物□ㄥ□□□往還，皆在圍屏間。初歲辰戊子，通微子楊志義者自太華來燕，經□□ㄥ□□拉道友安和子康志古、姚志省、孫志寔叶力建刱，厥後□□□□□ㄥ□□重陽之祠，惟遺志寔率梁志一、張志柔謀劃葺構迄今五十餘禩□□ㄥ□□殿，立真官祠、齋厨、庫厩、井湢、碓磑及贍衆之産，凡所需□□莫不悉備□ㄥ□□主□者褚志良乃姚之徒也，系出掌教清和宗師昨志□□□□□ㄥ人更曖昧，權輿謀勒諸石，將以利乎後昆，叩敏作記。僕嘗自燕來易，每經□□ㄥ北白雲之下觀，故與志良狎。既見囑，義難以却，遂筆之，因發所以，立□□□ㄥ乎其端，俾後學不胥於漠然。

至元二十季太歲協洽月執徐二十有二日ㄥ迄夫常敏爲之記。大元至元二十三年五月初四日，宗主褚志良立石。ㄥ

下院寺：□通玄院褚志冲、張仙童、孔雲童、常賢童ㄥ

## 一二三　曹宣徽（庭瑞）善行記　至元二十三年

《曹宣徽（庭瑞）善行記》，至元二十三年（一二八六）八月立。原立於北京市順義區文廟西廡南，一九九六年七月，普查時碑在北京市順義區城關鎮二中後院（即順義區原廟學舊址）。碑後存於順義區文物管理所院内碑林，現藏於順義博物館。碑漢白玉石質，螭首，座佚，碑身中部風化，字迹有漫漶。碑通高二二〇釐米，寬六五釐米，厚一七釐米。碑身拓高一三六釐米，寬六三釐米；額拓高六三釐米，寬六七釐米。額題隸書「曹宣徽善行記」二行六字。碑陽碑文楷書，二〇行，滿行四七字。碑陰楷書，記立碑官民題名，行字不等。商挺撰文、書丹并題額，順州官員以及坊市耆舊九十餘人立石。

清繆荃孫《藝風堂金石文字目》、《北京遼金元拓片集》（北京燕山出版社，二〇一二年）、《北京石刻藝術博物館藏石刻拓片編目提要》（學苑出版社，二〇一四年）、《重印民國順義縣志》等均有著録。《北京元代史迹圖志》（北京燕山出版社，二〇〇九年）、《新日下訪碑録·大興卷、通州卷、順義卷》（北京燕山出版社，二〇一六年）收録該碑全文。今據北京考古遺址博物館（金中都水關遺址）藏拓片録文。

碑陽記宣徽院使曹庭瑞之家世以及善行，碑陰刻立石官民姓名。

曹宣徽（庭瑞）善行記（至元二十三年）實景照片

曹宣徽善行記

曹宣徽（庭瑞）善行記（至元二十三年）碑陽拓片

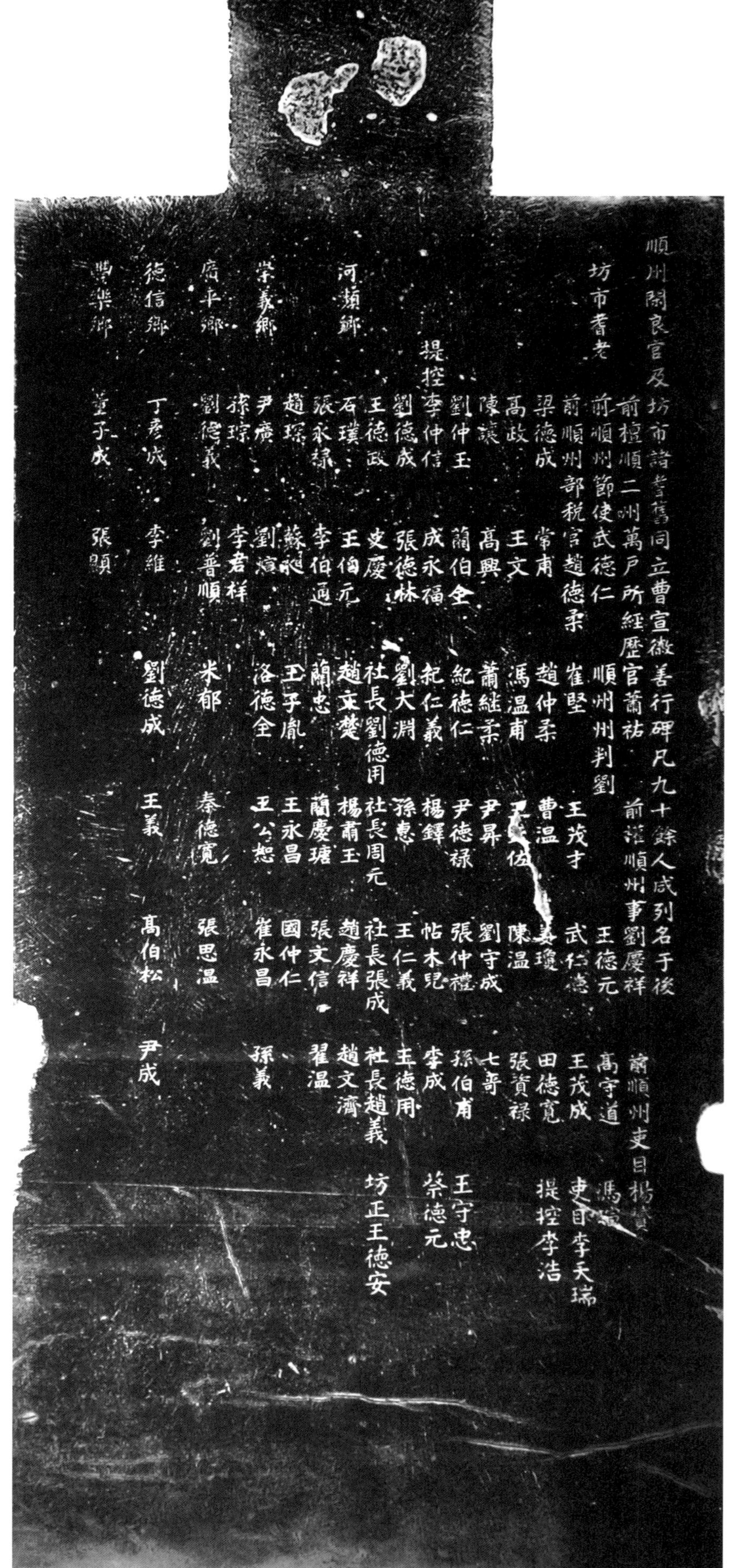

曹宣徽（庭瑞）善行記（至元二十三年）碑陰拓片

碑陽

曹宣徽㇄善行記（額）㇄

太中大夫同簽宣徽院事曹公善行記㇄

身名立而子道終，富貴完而鄉行著，此皆人之善行，而有志者之所願爲也。夫人之將有用於斯世也，幼而學，學焉而有良㇄知；壯而仕，仕焉而有良能，得志當時，適遭昌運，獲高爵，受重賞，義及於親，利及於鄉人。鄉人稱善，思所以没世而不㇄忘者，是豈庸懦昏愚之所能爲哉[一]！若夫富而驕，貴而傲，踈絶骨肉，蔑弃義理，外觀烜赫，綬若若而印纍纍，自以爲得其所憐㇄者，市童爾[二]，識者何嘗道之。今宣徽同簽曹公異於是。公諱庭瑞，字國祥，順州人。父諱廣，兄諱庭玉[三]，皆不仕。兄庭立，以己未渡㇄江功爲千夫長。公初爲州吏，遷府吏。至元六年，尚書省劄俾領應辦公事，仍佩以銀符。十四年，選充宣徽院令史。無何，陞承㇄事郎院主事。十七年，遷奉議大夫、同簽宣徽院事，尋加中順大夫，再加中憲大夫。今爲太中大夫，如故職也。公自爲吏，已有㇄幹局稱，當其以應辦之事委之也，㇄万乘所至，其供給繇而速，久於事者□□□□□以調度有方，百色不擾，上官倚重焉。由是薦而留之。性孝友，志在爲善。父㇄母在，敬而養之。其歿也，卜宅□□衣□□□□□□□時祭祀，惟□惟豐，必會集長老致敬致禮，使之屬厭焉。未嘗以富㇄貴自居也。昆仲異財，公曰：居家佚□□□□□□□□□卒讓於姪。兄有子，憫其孤，而憐其材，言於當路者，舉而官之。故㇄人子弟，因公得禄者數人。至□□□□□□□□□□□□□必貸錢以贏息，使自養者又多矣。十八年，㇄上賜楮幣五千緡，公拜謝而歸，謂□□曰□□□□至渥矣，我不可以獨有也，分與幾半。是知公不以利爲利，以義爲利也。㇄院有無俸吏，誤怙多出官倉物，既而首其罪□□罪重不准首是分其死。值中書省録囚，多所寬宥。公曰：「此機不可失也。」即㇄以吏罪白於省，先論多出之誤，後論自首之□以釋之，得從末減。其吏拜而泣曰：「非公寬慈，死且久矣。」又知公天禀之善，非㇄良知良能不克爲也。至有人被羅織是非，得失未辨之間，達難知之意，陳易匿之狀，知無不爲，必盡其心而後已者，豈止一㇄鄉之事而然乎。此特鄉人之知者爾。鄉人德公者衆，耆老蕭祐、劉慶、楊賛等[四]，率同輩九十餘人，介吾曹人樞密院經歷□□⌞丐予文，將揭公之善于石。予既嘉公之爲善，又嘉鄉人能揚公之善，而亦不能違吾鄉人之請，故擇其善之可誦者記之。公⌞之行固善矣，猶將有所規焉。公能不以已至爲有餘，而以未至爲不足，作德之志恒加護勉，苟日新而又日新，予雖老，尚堪⌞爲公再書特書而屢書之也。

正奉大夫、前樞密副使商挺記并書及額。大元至元廿三年八月吉日建。賈□□刊。⌞

## 碑陰

順州閑良官及坊市諸耆舊同立曹宣徽善行碑，凡九十餘人咸列名于後：⌞前檀、順二州萬户所經歷官蕭祐　前權順州事劉慶祥　前順州吏目楊贇⌞

坊市耆老：前順州節使武德仁　順州州判劉　王德元　高守道　馮瑄　⌞前順州部税官趙德柔　崔堅　王茂才　武仁德　王茂成　吏目李天瑞　⌞梁德成　常甫　趙仲柔　曹温　姜瓊　田德寬　提控李浩　⌞高政　王文　馮温甫　王天佐　陳温　張資禄⌞陳讓　高興　蕭繼柔　尹昇　劉守成　七哥　⌞劉仲玉　藺伯全　紀德仁　尹德禄　張仲禮　孫伯甫　王守忠　⌞提控李仲信　成永福　紀仁義　楊鐸　帖木兒李成　蔡德元　⌞劉德成　張德林　劉大淵　孫惠　王仁義　王德用　⌞王德政　史慶　社長劉德用　社長周元　社長張成　社長趙義　坊正王德安⌞

河瀕鄉：石璞　王伯元　趙文楚　楊肅玉　趙慶祥　趙文濟　⌞張永禄　李伯通　藺忠　藺慶瑭　張文信　翟温　⌞趙琛　蘇祀　王子胤王永昌　國仲仁⌞

崇義鄉：尹廣　劉演　洛德全　王公恕　崔永昌　孫義　⌞孫琮　李君祥⌞

廣平鄉：劉德義　劉普順　米郁　秦德寬　張思温⌞

德信鄉：丁彦成　李維　劉德成　王義　高伯松　尹成⌞

豐樂鄉：董子成　張顯⌞

校勘記

〔一〕是豈庸懦昏愚之所能爲哉　《(民國)順義縣志》作「豈庸愚昏懦者之所爲哉」。

〔二〕市童爾　「爾」，《(民國)順義縣志》作「耳而」。

〔三〕兄諱庭玉　「庭」，《(民國)順義縣志》作「廷」。

〔四〕耆老蕭祐劉慶楊贇等　「劉慶」，碑陰題名作「劉慶祥」。

## 二四　玄靖達觀大師劉公（志厚）墓誌銘

至元二十五年

《玄靖達觀大師劉公（志厚）墓誌銘》，至元二十五年（一二八八）四月立，一九四九年後北京市房山區紫草塢鄉出土。現存北京市房山區文物管理所。誌爲碑形，兩面刻字。長一二六釐米，寬六一釐米。碑陽、碑陰皆爲楷書，一七行，滿行四五字。文道廣撰文，張志履書丹。

清吴式芬《金石彙目》、清周家楣等《（光緒）順天府志》、《道家金石略》（文物出版社，一九八八年）、《房山墓誌》（北京市房山區文物管理所，二〇〇六年）、《北京元代史迹圖志》（北京燕山出版社，二〇〇九年）、《新日下訪碑録·房山卷》（北京燕山出版社，二〇一三年）、《北京石刻藝術博物館藏石刻拓片編目提要》（學苑出版社，二〇一四年）、楊亦武《房山碑刻通志》卷七（學苑出版社，二〇二二年）等均有著録，今據北京考古遺址博物館（金中都水關遺址）藏拓片録文。

墓誌銘記玄靖達觀大師劉公志厚之生平事迹。

玄靖達觀大師劉公（志厚）墓誌銘（至元二十五年）碑體照片

玄靖達觀大師劉公（志厚）墓誌銘（至元二十五年）碑陽拓片

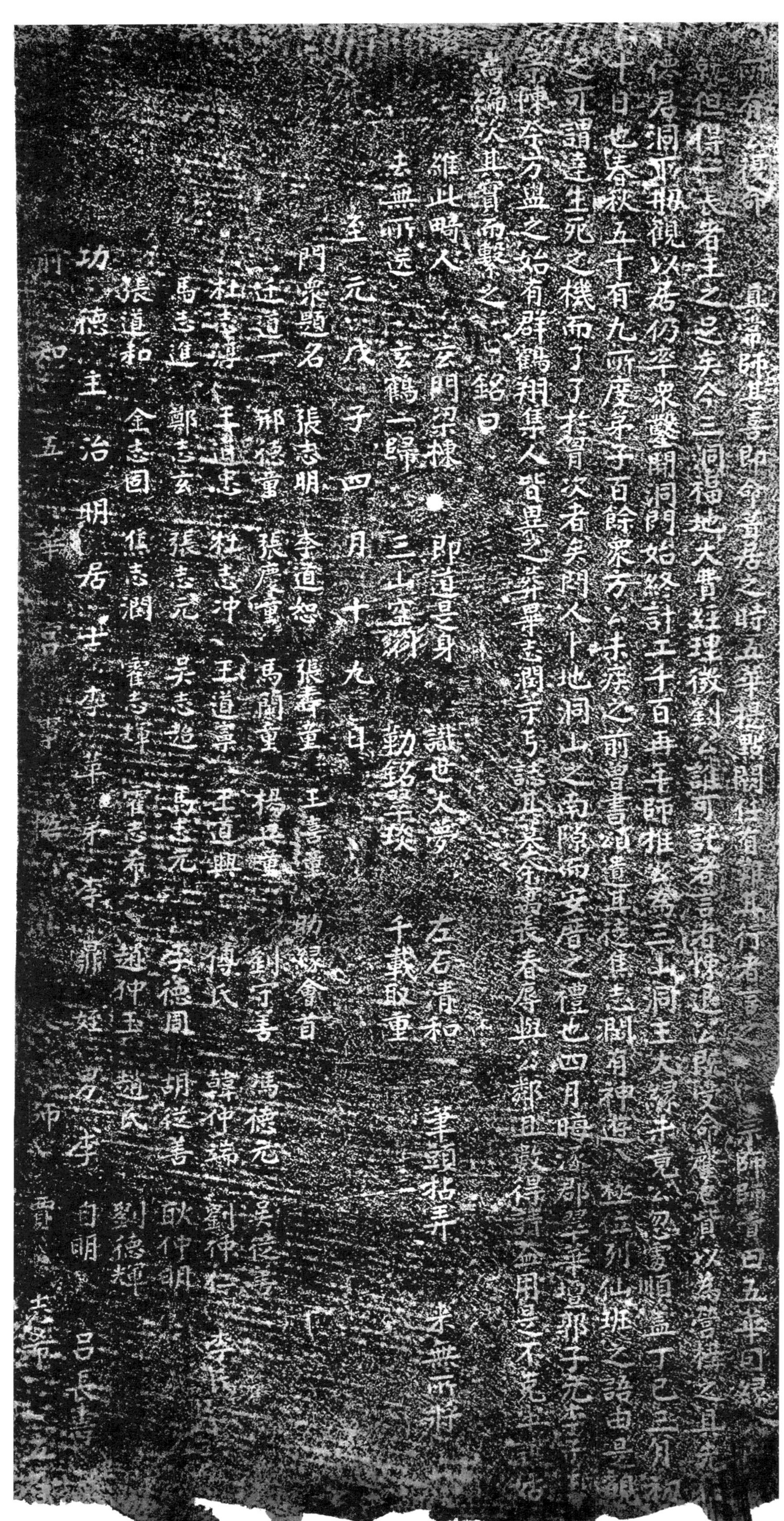

玄靖達觀大師劉公（志厚）墓誌銘（至元二十五年）碑陰拓片

## 碑陽

玄靖達觀大師劉公墓誌銘ㄴ

濮川文道廣撰，通玄致道大師張志履書丹。ㄴ

搢紳廟堂，進退百官，非達也。勒銘鍾鼎，揄揚英譽，非達也。超幻化之境，窮性命之源，而方寸洞然者，其達人之大觀者ㄴ乎。練師劉公嘗從事於斯矣。公諱志厚，字伯淳，道號廣陽子。世業應州，富而且仁。公少時記識聰敏。及長，志量豪逸，爲ㄴ時輩所欽，辟充省掾。會朔方有警，朝議以公有籌邊之略，畀之虎符及兵師千衆，委鎮上黨。在仕塗中，立論讜正，舉措ㄴ異常。一日，脱然有悟，遂棄職隱遯，避地遼、沁間，因謀歸道。歲甲申，從銅川趙觀主爲師。趙辭之，令往拜ㄴ長春師門下。公從其議。嘗游食魯、趙間，晝則一食，夜則忘寐。每專炁入精，澹然與神明伍。向所謂湖海之氣，榮觀之寵，ㄴ一洒而俱泯也。公於儒書，每見涉獵，而於老、莊之學尤得其旨。時人以「莊子劉先生」稱之。又精草、隸書，自作一家楷式。ㄴ己丑來燕，會葬長春師。未幾，復隱緡山秋陽觀，主者韓君長卿待之甚厚。丁酉，掌教清和宗師以杜侯懇詣ㄴ□原行醮歸，途抵洺州。公適有事于磁，聞師之來，敬謁行館，願執拔篲以備灑掃。師素得人於眉睫間，以公爲玄門重ㄴ器，常置諸左右，使與賓客言及代書翰。庚子，侍師造陜西祖庭，往返數千里。凡應對出納之事，必盡精謹，未嘗以倦弛ㄴ形於辭色。前後餘二十年，其尊師重道之心愈久愈敬。每談及性命事，師必就其靈府發見之端而開導之。其後大有ㄴ所得，與燕城士大夫酬唱，詞翰俱美，無半點塵氣。方外諸人皆以清和座下爲得人矣。有頃，保充五華宫、清和宫ㄴ提點之副。由是道價崇重，門徒輻輳。立觀凡四，魏縣之重陽、臨彰之迎僊、磁州之長春、懷州之清和，皆公主之。戊申春，ㄴ詔長春宫設普天醮，公預高道之選，恩例賜金襴紫服及今之師號。辛亥，先師委蜕，心喪不怠。追真常ㄴ宗師之嗣教也，因觀《寰宇記》，知燕之西山有神僊洞府，而逕路嶮巇，人跡罕到，命公往相視之。公不憚勞苦，徑往奉先，ㄴ詢諸耆老，果於神寧鄉西北得黄山玉室洞天，俗云漢留侯棲隱之所。又得仙都山僊君洞、大房山潜真洞，皆非人世ㄴ

## 碑陰

所有。公復命真常，師甚喜，即命葺居之。時五華提點闕任，有難其行者，言之宗師。師責曰：「五華因緣大概□ㄴ就，但得一長者主之足矣。今三洞福地大費經理，微劉公，誰可託者？」言者悚退。公既受命，罄己貲以爲營構之具，先於ㄴ僊君洞下刱觀以居，仍率衆鑿開洞門，始終計工千百。再年，師推公爲三山洞主，大緣未竟，公忽處順，蓋丁巳三月初ㄴ十日也。春秋五十有九，所度弟子百餘衆。方公未疾之前，曾書頌遺其徒焦志潤，有「神遊八極，位列仙班」之語。由是觀ㄴ之，可謂達生死之機，而了了於胸次者矣。門人卜地洞山之南隙，而安厝之，禮也。四月晦，涿郡翠華壇郭子元、李子□ㄴ等陳祭。方盥之始，有羣鶴翔集，人皆異之。葬畢，志潤等丐誌其墓。余寓長春，辱與公鄰，且數得請益，用是不克寧讓，姑ㄴ爲編次其實而繫之。銘曰：ㄴ

維此畸人，玄門梁棟。即道是身，識世大夢。左右清和，筆頭拈弄。來無所將，ㄴ去無所送。玄鶴一歸，三山空洞。勒銘翠琰，千載取重。ㄴ

至元戊子四月十九日。ㄴ

門衆題名：張志明　李道恕　張壽童　王喜童　助緣會首：ㄴ遷道一　邢德童　張慶童　馬蘭童　楊興童　劉守善　馮德元　吴從善　ㄴ杜志淳　王道忠　杜志冲　王道寧　王道興　傅氏　韓仲端　劉仲仁　李氏　ㄴ馬志進　鄭志玄　張志元　吴志超　馬志元　李德周

胡從善　耿仲明　ㄴ張道和　金志固　焦志潤　霍志輝　霍志希　趙仲玉　趙氏　劉德輝　ㄴ功德主治明居士李革　弟李鼎　侄男李自明

呂長壽　ㄴ前知五華宮事悟真大師賈志希立石ㄴ

# 二五　黄山玉室洞天記　至元二十五年

《黄山玉室洞天記》，至元二十五年（一二八八）四月建，由北京市房山區文物管理所徵集，現存北京市房山區文物管理所。碑青石質，座佚，僅存碑身。碑高一三〇釐米，寬六〇釐米，厚二五釐米。碑陽、碑陰皆爲楷書，一六行，滿行三四字。真常子撰，張志履書，張志僊立石。

清周家楣等《（光緒）順天府志》、《北京元代史迹圖志》（北京燕山出版社，二〇〇九年）、《北京遼金元拓片集》（北京燕山出版社，二〇一二年）、《新日下訪碑録·房山卷》（北京燕山出版社，二〇一三年）、楊亦武《房山碑刻通志》卷七（學苑出版社，二〇二二年）等均有著録。今據北京考古遺址博物館（金中都水關遺址）藏拓片録文。

碑文記黄山玉室洞天之勝況以及甲寅年遊玉室洞天之事，并刻録遊覽者唱和之詩。

黄山玉室洞天記（至元二十五年）碑體照片

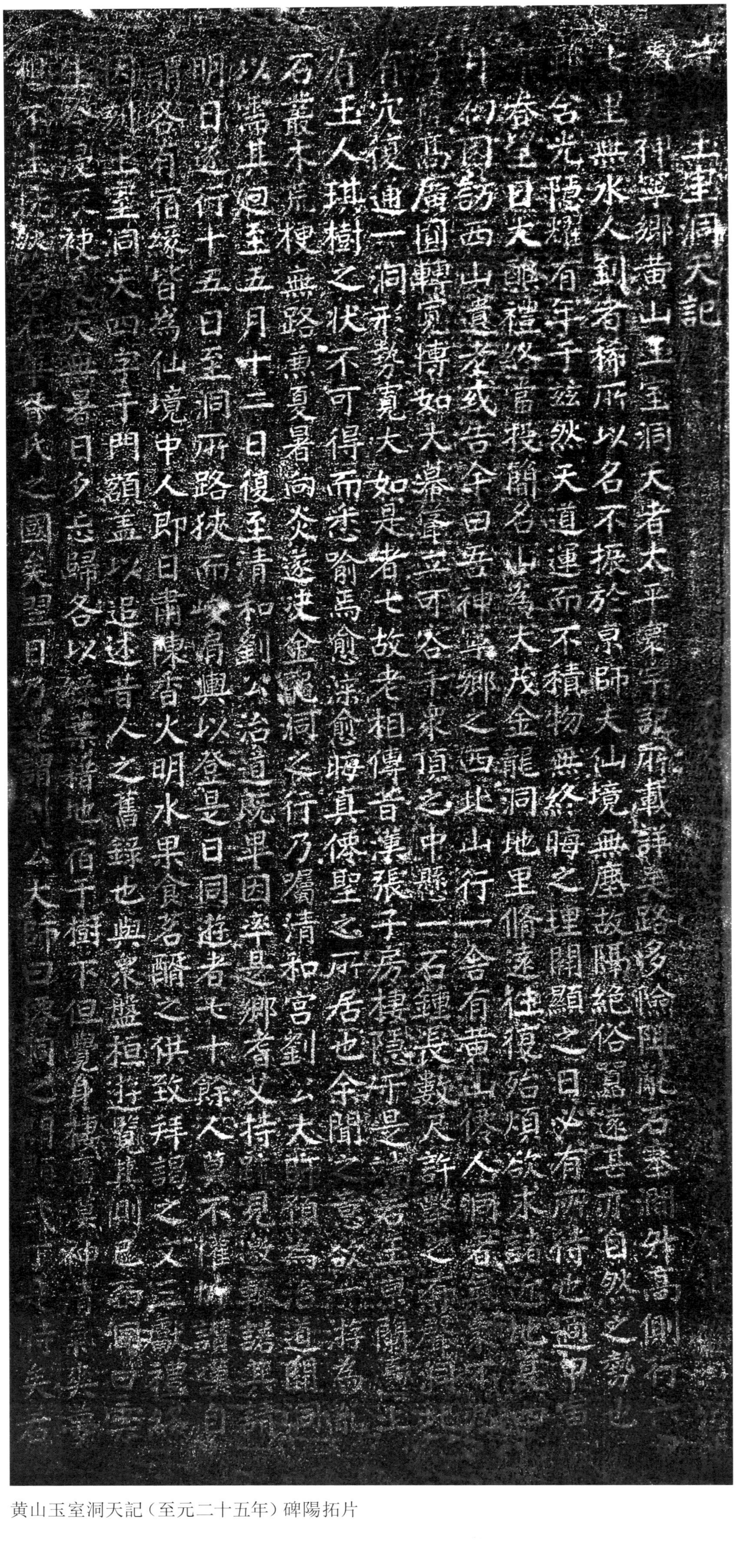

黃山玉室洞天記（至元二十五年）碑陽拓片

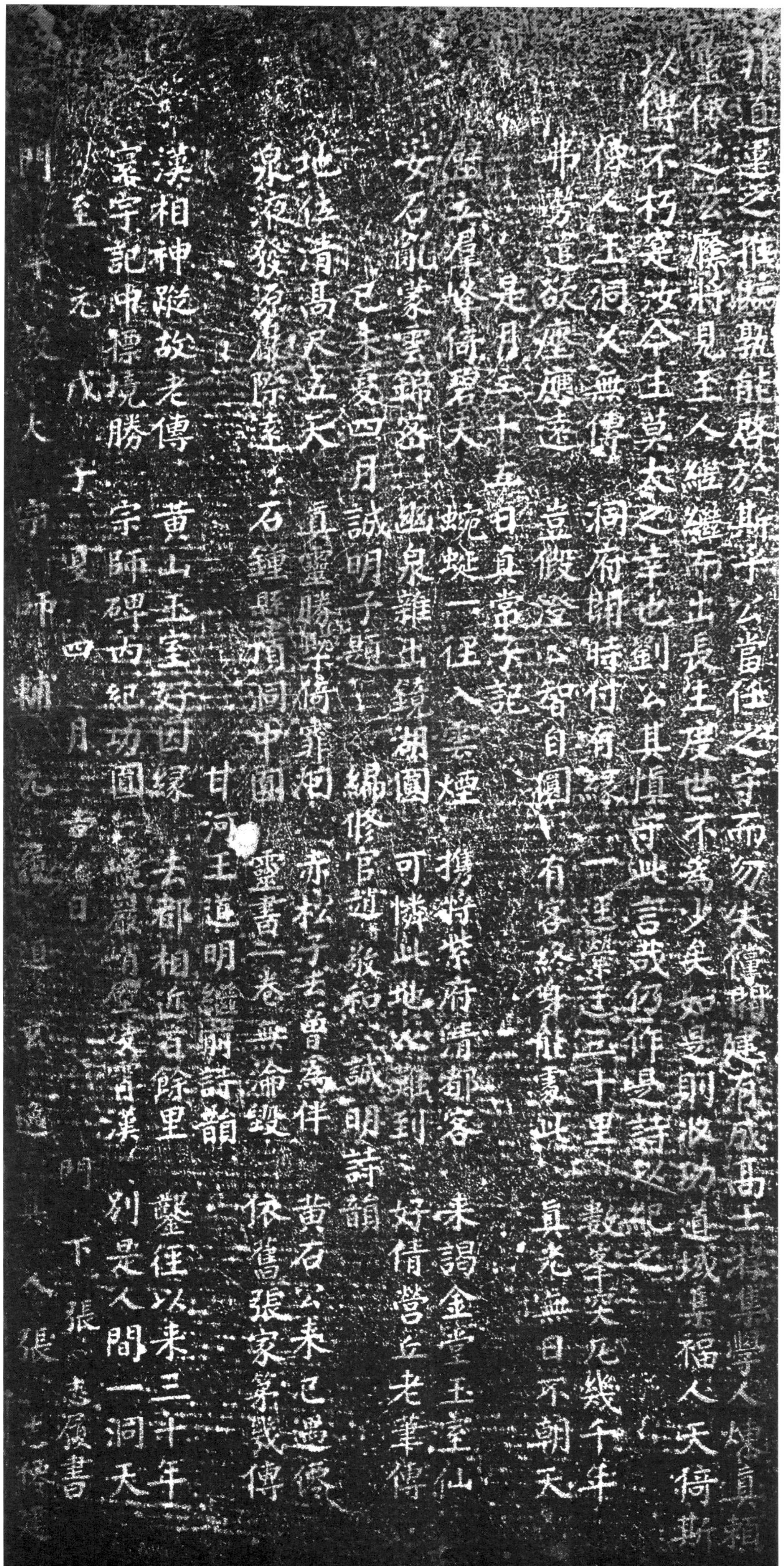

黄山玉室洞天記（至元二十五年）碑陰拓片

## 録文

### 碑陽

黄山玉室洞天記∟

奉先神寧鄉黄山玉室洞天者，《太平寰宇記》所載詳矣。路多險阻，亂石塞澗，升高側行六∟七里無水，人到者稀，所以名不振於京師。夫仙境無塵，故隔絶俗囂遠甚，亦自然之勢也。∟雖含光隱耀，有年于兹，然天道運而不積，物無終晦之理，開顯之日，必有所待也。適甲寅∟年春望日，大醮禮終，當投簡名山。爲大茂金龍洞，地里倏遠，往復殆煩，欲求諸近地。夏四∟月初，因訪西山遺老，或告余曰：「吾神寧鄉之西北山行一舍有黄山僊人洞者，氣象不凡，∟穹窿高廣，圓轉寬博，如大幕聳立，可容千衆。頂之中懸一石鍾，長數尺許，擊之有聲。洞北∟有穴，復通一洞，形勢寬大，如是者七，故老相傳：昔漢張子房棲隱于是，端若玉京蘭臺，上∟有玉人琪樹之狀，不可得而悉喻焉。愈深愈晦，真僊聖之所居也。」余聞之，意欲一游，爲亂∟石叢木荒梗無路，兼夏暑向炎，遂決金龍洞之行，乃囑清和宮劉公大師預爲治道開洞，∟以需其迴。至五月十二日，復至，清和劉公治道既畢，因率是鄉耆艾持疏見邀，輒諾其請，∟明日遂行。十五日至洞所，路狹而峻，肩輿以登。是日同遊者七十餘人，莫不懽忻讚嘆，自∟謂各有宿緣，皆爲仙境中人。即日肅陳香火明水、果食茗醑之供，致拜謁之文。三獻禮終，∟因刻「玉室洞天」四字于門額，蓋以追述昔人之舊録也。與衆盤桓遊覽其側，已而洞口雲∟生，冷浸衣袂。夏天無暑，日夕忘歸，各以緑葉藉地，宿于樹下，但覺身棲廣漠，神清氣爽，夢∟想不生，恍然若在華胥氏之國矣。翌日乃還，謂劉公大師曰：「僊洞之開顯式下是時矣。若∟

### 碑陰

非道運之推臨，孰能啓於斯乎？公當任之守而勿失，儻開建有成，高士游集，學人煉真，賴∟靈僊之玄廕，將見至人繼繼而出，長生度世，不爲少矣。如是則收功道域，集福人天，倚斯∟以傳不朽，寔汝今生莫大之幸也。劉公其慎守此言哉！」仍作是詩以紀之：∟

僊人玉洞久無傳，洞府開時付有緣。一逕縈迂三十里，數峰突兀幾千年。∟弗勞遣欲塵應遠，豈假澄心智自圓。有客終身能處此，真光無日不朝天。∟

是月二十五日真常子記。∟

　壁立羣峰倚碧天，蜿蜒一徑入雲煙。携將紫府清都客，來謁金堂玉室仙。∟妥石亂蒙雲錦密，幽泉雜出鏡湖圓。可憐此地人難到，好倩營丘老筆傳。∟

己未夏四月誠明子題，編修官趙敬和誠明詩韻。∟

　地位清高尺五天，真靈勝概倚霏烟。赤松子去曾爲伴，黄石公來已遇僊。∟泉液發源巖際遠，石鍾懸頂洞中圓。靈書一卷無淪毀，依舊張家第幾傳。∟

甘河王道明繼前詩韻。∟

　漢相神蹤故老傳，黄山玉室好因緣。去都相近百餘里，鑿徑以來三十年。∟《寰宇記》中標境勝，宗師碑内紀功圓。巉巖峭壁凌霄漢，别是人間一洞天。∟

至元戊子夏四月吉日，門下張志履書。∟玄門掌教大宗師輔元履道玄逸真人張志僊建。∟

## 二六　薊州盤山北少林禪寺住持威公大禪師塔記　至元二十六年

《薊州盤山北少林禪寺住持威公大禪師塔記》，至元二十六年（一二八九）四月立。原位於少林寺雲威禪師塔前，今塔記未見。中國國家圖書館藏拓片高八七釐米，寬三六釐米。碑文楷書，一七行，滿行四二字。圓讓撰文，智隨等建塔立石，劉德義刻石。

清蔣溥等《盤山志》、清周家楣等《（光緒）順天府志》、《北京圖書館藏中國歷代石刻拓本匯編》（中州古籍出版社，一九八九年）、《盤山金石誌》（天津古籍出版社，二〇一三年）著録。今據中國國家圖書館提供拓片（各地四三九）録文。

塔記述雲威禪師之生平事迹、行業學德。

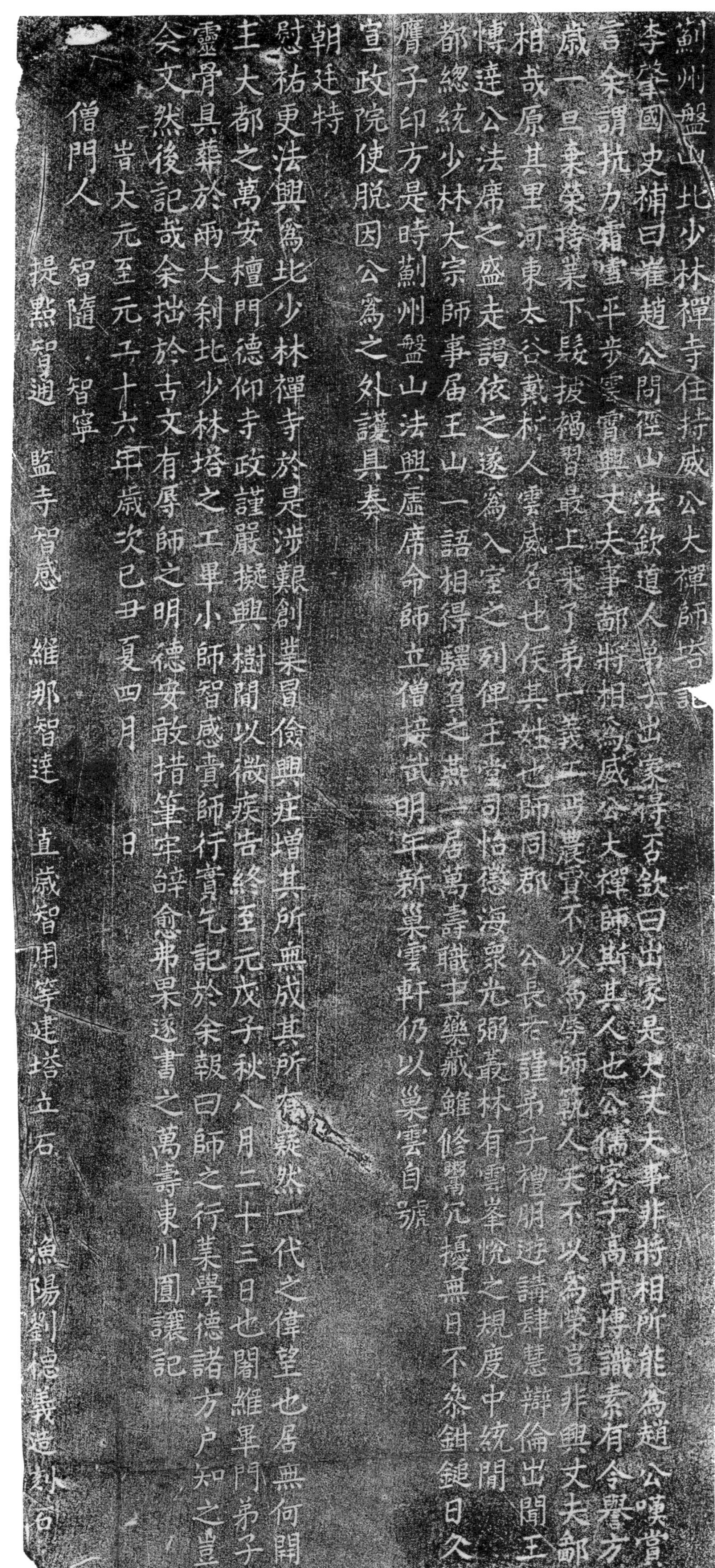

薊州盤山北少林禪寺住持威公大禪師塔記（至元二十六年）碑文拓片

録文

薊州盤山北少林禪寺住持威公大禪師塔記㇄

李肇《國史補》曰：崔趙公問徑山法欽道人「弟子出家得否？」欽曰：「出家是大丈夫事，非將相所能爲。」趙公嘆賞其㇄言。余謂抗力霜雪，平步雲霄，興丈夫事，鄙將相爲，威公大禪師，斯其人也。公儒家子，高才博識，素有令譽。方壯㇄歲，一旦棄榮捨業，下髮披褐，習最上乘，了弟一義。工丐農賈，不以爲辱；師範人天，不以爲榮。豈非興丈夫、鄙將㇄相哉？原其里，河東太谷戴村人。雲威，名也。侯，其姓也。師同郡公長老謹弟子禮，朋遊講肆，慧辯倫出，聞王山㇄博達公法席之盛，走謁依之，遂爲入室之列，俾主堂司，怡徵海衆，光弼叢林，有雲峰悦之規度。中統間，㇄都總統少林大宗師事届王山，一語相得，驛負之燕。一居萬壽，職主藥藏，雖修鬻冗擾，無日不參，鉗鎚日久，重㇄膺子印。方是時，薊州盤山法興虚席，命師立僧接武。明年，新巢雲軒，仍以巢雲自號。㇄宣政院使脱因公爲之外護，具奏㇄朝廷，特㇄慰祐，更法興爲北少林禪寺。於是涉艱創業，冒儉興莊，增其所無，成其所有，嶷然一代之偉望也。居無何，開法㇄主大都之萬安，檀門德仰，寺政謹嚴，擬興樹間，以微疾告終，至元戊子秋八月二十三日也。闍維畢，門弟子收㇄靈骨，具葬於兩大刹。北少林塔之工畢，小師智感賫師行實乞記於余。報曰：「師之行業學德，諸方户知之，豈待㇄余文，然後記哉？余拙於古文，有辱師之明德，安敢措筆？」牢辭愈，弗果，遂書之。萬壽東川圓讓記。㇄

旹大元至元二十六年歲次己丑夏四月　日，㇄僧門人：智隨、智寧，㇄提點智通，監寺智感，維那智達，直歲智用等建塔立石，漁陽劉德義造刻石。㇄

## 二七　重修隆陽宫記　至元二十八年

《重修隆陽宫記》，至元二十八年（一二九一）二月立。現存北京市房山區大石窩鎮辛莊村隆陽宫。中國國家圖書館藏碑陽碑陰拓片均高二八八釐米，寬一〇〇釐米。碑陽額題篆書「重修隆陽宫記」二行六字，碑陽正文楷書，三五行，滿行七七字。碑陰額畫一道士像，正文楷書，三九行，行字不等。田璞撰，嚴忠翰書丹并篆額，張彬等刊，田德進、張德善等立石。

清繆荃孫《藝風堂金石文字目》、《道家金石略》（文物出版社，一九八八年）、楊亦武《房山碑刻通志》卷一（社會科學文獻出版社，二〇一八年）著録。今據中國國家圖書館提供拓片（北京四〇八〇）録文。

碑陽記隆陽宫發展史以及重修隆陽宫之事迹，碑陰爲尊宿師德、大都路舉法師、功德主以及本宫道衆題名。

重修隆陽宮記（至元二十八年）碑陽拓片

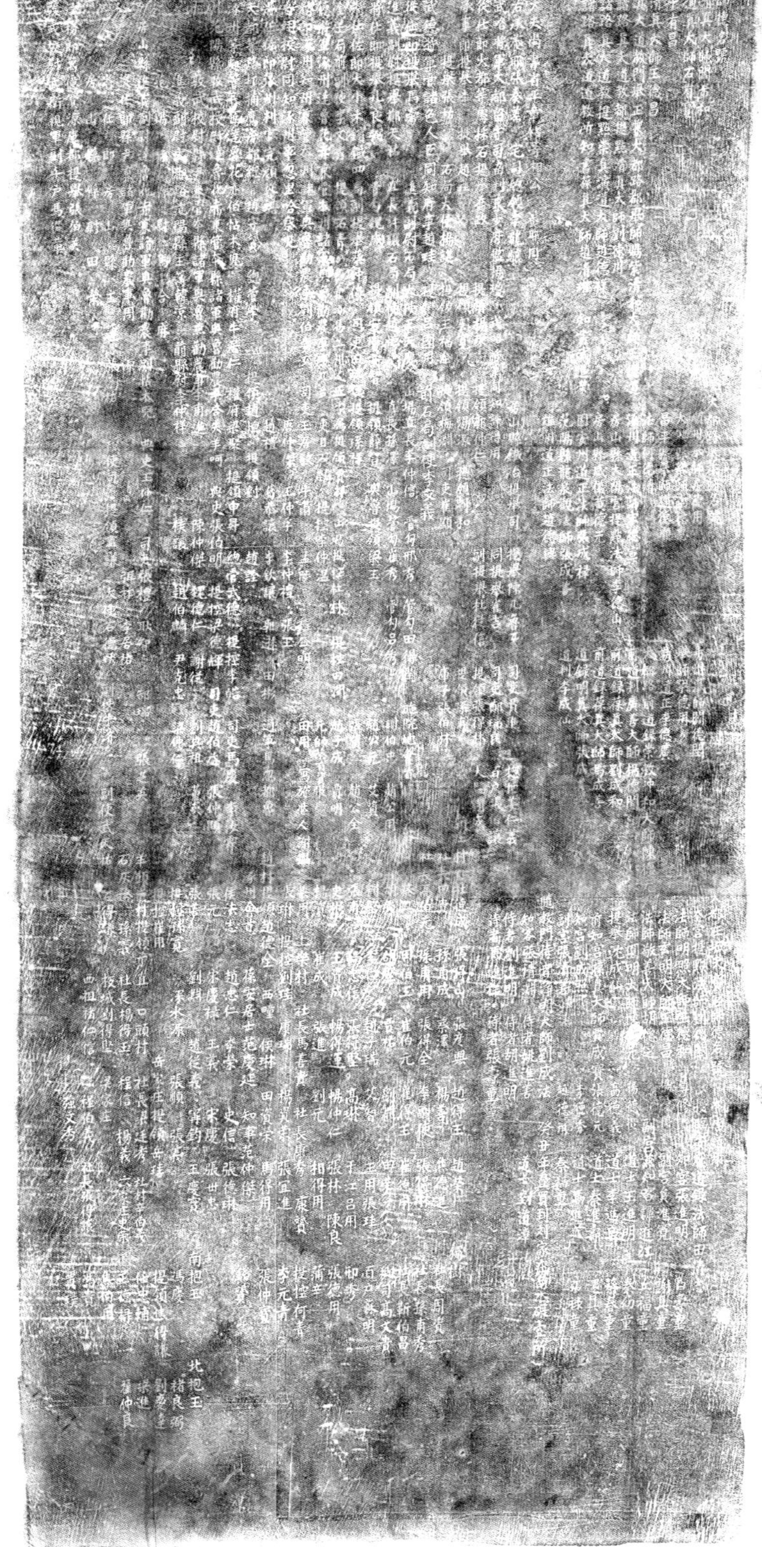

重修隆陽宫記（至元二十八年）碑陰拓片

## 録文

### 碑陽

重修隆∟陽宫記（額）∟

重修隆陽宫碑∟

宣授管領本位下隨路諸色户計總管田璞撰，前東平路行軍萬户兼管軍民總管、次授資德大夫、江浙等處行中書省右承嚴忠翰書丹并篆額。∟

《太上道德經》云：「道可道，非常道；名可名，非常名。」蓋謂道可以言則是道也，弗庸焉。名可以言則是名也，亦弗庸矣。竊取諸日用之器，而譬之曰榻、曰几，是器之名也。一旦榻暨几而毁廢焉，即名木也。焚其∟木即名曰火，滅其火即名曰灰，盡其灰即無名焉。豈非名可名，非常名也哉。經又云：「道之爲物杳兮冥，其中有精，其精甚真。」又云：「有物混成，先天地生，吾不知其名，字之曰道，强名之曰大。」然則真也，道也，∟大也，視之而不可以見，聽之而不可以聞，搏之而不可以得，繩繩不可以名焉。復歸於無物。夫真大道果可得而名乎，抑不可得而名乎？不可得而名也，寔∟太上玄妙之門也歟。爰自遠古，以迄於今，學斯道者世不乏人。然而得其道也歟哉。抑未乎？經曰：「常德不離，復歸於嬰兒。」又曰：「專氣致柔，能如嬰兒乎？」又曰：「含德之厚，比於赤子。」又曰：「如嬰兒之未孩。」∟太上之旨，譬諸嬰兒，若是諄諄之切，大抵嬰兒無妄無欲，爲無爲而事無事，不失無名之樸也歟哉。誠能復嬰兒之初，心之到不幾乎道之域耶。經不云乎：「吾所以有大患者，爲吾有身，及吾無身，吾有何∟患。」蓋目之於色，耳之於聲，口之於味，四體之於安逸，情之於嗜慾，濁擾其心，遂爲身之患，弗克逃是，豈得窺道之髣髴耶。徒黄冠野服而已矣。真大道祖師無憂子之闡教門也，衣取以蔽形，不尚華美，目∟不貪於色也；祈禱不假鐘鼓之音，耳不貪於聲也；飲食絶弃五葷，口不貪於味也；治生以耕耘蚕織爲業，四體不貪於安逸也，纖毫不乞於人情，不貪於嗜慾也。夫如是，清靜其心，燕處超然，默契∟太上衆妙之理。其真大道教門也哉！師姓劉氏，諱善仁，滄州之樂陵縣人也。生於汴宋宣和四年春正月十有八日，夙喪其父，不喜與兒輩嬉戲，見螻蟻避之而不履。有金皇統二年冬十一月既望，遲明，∟似夢而非，有老人鬚眉皓白，乘青犢車至，遂授玄妙道訣而别去，不知所之。繇是鄉人疾病者遠近而來請治，符藥鍼艾弗用也，愈効如影響焉。示門徒誡法，其目有九，俱造次不忘而遵行之。及大定七乚年，賜東嶽真人之號。大定二十年仲春既望，師瞻拜太虛，安然而逝。祖祖相傳，傳及第五祖師太玄真人酈君諱希成，嬀川之水峪人也。降日祥光滿室。金末道業已隆。乚聖朝創業之初，爲教門舉正而闡教山東。四祖師毛君暑月病劇，速召而來燕，既承其法，拂袖有深山之隱，慕道之徒翕然而從，不召而自來，不言而自應。於是出整頹綱，道風大振，巨觀小菴四方有之。嘗聞行乚教之泰安州，路經郡邑留止，師曰：「吾不到泰山而不雨。」時夏旱也。官吏信，送別而去。璞也先人寂然老人，時從行焉，私謂舉師田公曰：「師言不亦過乎？天道幽遠，安得必然。」舉師曰：「師之至誠，感應不測，豈乚敢懸料哉。」師至岱嶽觀，召觀主而謂曰：「速迓行李，恐雨來而無雨具耳。」師於方壺之西，面西北立，以椶扇蔽面而默禱之。片雲從所向之方而起。須臾，密布長天，雷鳴電掣，澍雨如瓢盆。師坐方壺中，以扇乚指寂然，謂衆曰：「此子弗信吾言，其誠然矣。貧道嘗夜起，不知履之所在，而問侍童焉，豈知天道必應乎。吾以至誠懇禱而獲其應，天其許教門之暢也。」道衆再拜而謝。居數日，翫泰山之白龍潭，師於東邊乚面西立，默禱之，水面有光如盤，漸如巨車之輪，舒張弗已，山壁林木，輝彩燦明。師曰：「可止矣。可止矣。」忽然躍身環曲，離水數尺而没。適有樵夫樹上窺之，奔告州人。翼日，長官盛服來拜，且謝不謹。噫！掌行乚道教，其效驗乃爾。人不知其然而然也。師自泰安而還，到處扶病抱疾者祈治而即愈，或出家、或在家爲弟子者殆無曠日矣。師經中山，過易水，至奉先縣之懷玉鄉，愛其山奇地秀，欲建觀宇。適有三祖乚師時舉師趙希元輩墳塔在，土人云其地嘗爲大道庵，名曰靈泉也。師益喜，於是運石啓地，剪荆棘而構屋築垣，栽棗植桑而墾田野，載離寒暑，已成其趣。東有單鳳之山，北有卧龍之崗，馳峰磊落出乎乚其上，南有上樂之原。太玄真人屬王舉師德昌領院門事。是後歲歲興功弗輟，建聖像之殿，方壺、齋堂、厨舍次第而列，田墅、倉廩、蔬圃、水碾、井池、碓磑，至於馬牛之廐，莫不完置。今之掌教大宗師崇玄廣乚化真人□祖岳君，總角時修行於斯，亦有年矣。仙翁道友，晨昏參禮，仰祝乚聖朝萬萬載，福祚無疆，香火誦經，無虚其日，厥後敬奉乚□都兒大王令旨，特賜隆陽宫之額。本宫□師田德進從教門舉正王德道造弊廬而言曰：隆陽之宫，都西名處也。自始經營，及今幾六十年矣。欲刻豐碑，俾遊翫者知其真大道之教，及示諸後人遵守而乚勿怠，禮也。來請文。璞幼時嘗聞先人暨田舉師丈話奇應之事，又重二師之請，弗敢固辭，遂爲文而銘之。其銘曰：乚

太上道道，吾不知名。字之曰道，可道非恒。强名曰大，可名弗經。其精甚真，恍惚杳冥。烏虖艱哉，造域孰能。無爲清静，復歸兒嬰。學者是到，庶乎有成。目惑華色，乚耳惑音聲。口惑滋味，體惑逸寧。爲身大患，道遠難明。黄冠野服，徒飭其形。真大道祖，俗姓曰劉。降宋宣和，樂陵滄州。夙喪其父，不踐蟻螻。有金皇統，仲冬寒尤。乚望日遲明，有翁來投。鬢眉皓白，輕車青牛。若夢非夢，道訣秘留。恍然一去，安可追求。符藥弗用，治病即瘳。男徒女衆，翕應斯由。戒目有九，神化孰搜。真大道教，乚萬里傳流。傳及五祖，太玄真人。

嬀川水峪，祥光降辰。有金之末，道行青春。聖朝太平，名譽超倫。寔爲舉正，東海之濱。掌教四祖，偉儀毛君。暑天病劇，召來速臻。ㄴ承授傳法，深山隱身。逃名不得，既濟遭迍。頹綱大振，會合道真。教風凛凛，驅邪如神。曰庵曰觀，處處一新。女衆蚕績，男徒耕耘。纖毫弗乞，澹薄清貧。嘗聞太玄，ㄴ行教離燕。東之岱嶽，耆宿從焉。時當夏旱，塵路生煙。所過郡邑，留止心虔。太玄有曰，彼到祈天。救旱澍雨，果應其言。往翫龍潭，龍耀光鮮。曲身離水，樵子走傳。ㄴ翼日州官，來拜稱愆。太玄振衣，鶴駕而還。徐行有日，北至房山。鄉名懷玉，奇景堪憐。遂建觀宇，芟茅墾田。植桑栽棗，種蔬引泉。齋堂厨舍，正殿巨軒。門垣倉廪，ㄴ碓磑菓園。駝峰矗北，上樂在前。單鳳東山，雲鎖翠巔。太行曲抱，林麓無邊。鳴鷄吠犬，村落延連。人遊至此，塵慮忽蠲。黄冠被褐，地上之仙。朝夕香火，誦聲琅然。ㄴ祝延聖壽，天子萬年。豐碑載文，巨字深鎸。教門宗派，造作因緣。以示後人，繼住勉旃。ㄴ

大元至元二十八年歲次辛卯二月初七日，通和大師本宫提點舉師田德進、法師張德善并知、副宫等立石。採石提舉司管勾吕政、提控李源、獨樹張彬刊。ㄴ資德大夫、遥授尚書右承、行大都留守司達魯花赤、兼武衛親軍都指揮使司達魯花赤、兼大都屯田事、領少府事、大功德主段公ㄴ

## 碑陰

尊宿師德名號：ㄴ

舉師清真大師閻希和　ㄴ舉師道真大師石有寶　ㄴ法師于有昌　ㄴ舉師清真大師王德昌　ㄴ諸路真大道教門舉正兼大都路都舉師賜紫清和大師王德道　ㄴ宣授諸路真大道教都提點、清真大師劉德川　ㄴ宣授諸路真大道教提點、崇真演道大師趙德祥　ㄴ統轄諸路真大道道教所知書葆真大師趙清琳　知書武進榮ㄴ

大都路舉法師名號：ㄴ順州舉師房德用　ㄴ大興縣舉師李德惠　ㄴ昌平縣舉師劉德順　ㄴ法師何德清　ㄴ涿州道正法師宋德宣　ㄴ房山縣太陽宫提點法師李德山　ㄴ房山縣威儀黄德元　ㄴ固安州道正法師張成禄　ㄴ范陽縣龍泉觀法師張成善　ㄴ雄州道正法師趙德興　ㄴ易州舉師閻德閏　ㄴ舉師梁德用　ㄴ易州道正李德廣　ㄴ大都路前道録崇教沖和大師陳德元　ㄴ前道判廣善大師楊德閏　ㄴ前道録葆真大師劉成和　ㄴ前道録葆真大師馬成善　ㄴ道録明真大師張成善　ㄴ道判李成仙ㄴ

大都在城天寶宫師德名號：ㄴ本宫提點法師劉德閏　ㄴ法師明照大師王德和　ㄴ法師玄明大師王德昌　ㄴ法師敬善大師胡德定　ㄴ法師

圓明大師陳□元　㇄提舉沈成仙　㇄前知宫葆真大師賈成寶　㇄知宫劉成照　㇄副宫張清善　㇄隨教門侍者淨明大師劉成法　㇄知客張清淵

侍者姚進善　㇄侍者劉進明　侍者胡進明　㇄侍者馬進祥　侍者張壽童㇄

本宫道衆：㇄□授臨安府道録法師田清志　㇄尊修　㇄楊德閏　㇄楊德從　㇄高德義　㇄張德元　㇄李德秀　㇄趙德用　㇄知宫張進明　㇄副宫員進寬　㇄副宫兼知客譚進江　㇄道士王進明　㇄道士李進良　㇄道士秦進壽　㇄道士馬進道　㇄秦福童　㇄白壽童　㇄謝真童　㇄丘福童　㇄秦幼童　㇄蔡春童　㇄還真童　㇄張禄童　㇄

癸丑年置買到劉家莊南水碾壹所　㇄道士劉道漳　㇄

榮禄大夫尚書省平章怗哥相公　養耶周　㇄段右承養耶張奏差　宅司總領李龍驤　㇄宣授武略將軍、大都留守司留判兼少府監楊瓊　武略將軍、同知許得用　㇄從仕郎、大都等處採石提舉喬政　提領楊聚　提領郭仲仁　㇄承事郎、提舉李　提舉趙珪　提領雲寬　提領湯源　提領劉和　㇄提舉張祐　石局大使楊諶　提領王福全　提領梅淵　司吏崔顯　㇄宣授武德將軍、管諸色人匠同知府事趙珪　提領吕國用　前石局副使李文義　㇄從仕郎、提舉馬榮　進義副尉、石局大使王天慶　山場直長李仲信　管勾邢秀　管勾田得潤　㇄進義副尉、提舉鄭天祐　直長許讓　石局副使趙恒　直長孫澤　山場管勾崔秀　管勾吕秀　㇄將仕郎、提舉孔良□　管勾魏成　提領案牘安智　提領薛智　奥魯提領梁玉　㇄將仕佐郎、大小木鑌鐵四局副提舉蔡仲侃　司吏田政輝　提領孫祥　㇄金玉局前副使李文秀　提領石青　管涿、易二州人匠家屬提領賈祥　山場提控杜林　提控田潤　㇄武德將軍、涿州達魯花赤兼管本州諸軍奥魯勸農事唐兀台　吏目石麟　提控李仲温　㇄承務郎、涿州知州兼管本州諸軍奥魯勸農事劉伯要歹　司吏王居敬　牛肅　孟陟　程益明　㇄忠翊校尉、同知涿州事忽里哈察兒　唐仲傑　王仲孚　李仲禮　張玉　㇄將仕佐郎、涿州判官完顔從瑭　趙禮　葛恭讓　李欽讓　郭遜　田彬　通事馬忽都魯　㇄宣授大都等路打捕鷹房都總管趙守贇　總管李　提領趙恒　提領劉　趙詮　㇄涿州等處管民匠達魯花赤伯怗木兒　權府牛居仁　權府梁聚　提領申昇　總管武德　提控李皓　司吏馬慶　李汝霖　㇄范陽縣敦武校尉、達魯花赤兼管本縣諸軍奥魯勸農事荅失羊呵　典史張伯明　提控梁德輝　司吏趙伯益　張仲顯　㇄敦武校尉、縣尹兼管本縣諸軍奥魯兼勸農事李甫進　陳仲傑　魏德仁　謝從　劉興祖　董英　㇄進義副尉、大都路范陽縣主簿韓凉　前縣尉李仲祥　侯讓　趙伯麟　尹克忠　梁仲仁　㇄范陽縣縣尉馬合麻　㇄房山縣進義副尉、達魯花赤兼諸軍奥魯勸農事別怗木兒　典史王仲仁　司吏張禮　耿智　郜瑞　張芝英　㇄從仕郎、縣尹兼諸軍奥魯勸農事周源　弭祚　李居祐　㇄將仕郎、房山縣主簿張祐　税使司提領甯謙　大使石德琇　副使牛濟　副使武天祐　㇄房山縣縣尉田榮　㇄宣授承務郎、萬億寶源庫都提舉張伯英　㇄宣授敦武校尉、武衛親軍副千户馬

從革ㄴ

房山縣鐵冶提舉司：提舉陳兀魯歹　ㄴ同提舉崔吉　ㄴ副提舉杜從信　ㄴ司吏賈進　ㄴ司吏鄭瑞良　ㄴ提領張得林　ㄴ提領孫甫　ㄴ庫子張伯林　ㄴ總把姜仁義　ㄴ百户張伯讓　ㄴ太監□成　ㄴ

施院地會首：　ㄴ謝伯忠　趙公用　ㄴ趙公元　艾資　ㄴ張資　趙公全　ㄴ趙子成　賈明　ㄴ元帥蔡有資　張慶　ㄴ田用　寫施狀人謝温ㄴ

新莊村：杜德成　張得山　張彦興　趙得玉　趙榮　ㄴ社長田貴　孫甫成　蔡澤　楊善　焦德進　ㄴ社長高伯元　孫甫用張得全　李副使　張得林　ㄴ蔡興　田伯玉　崔伯元　崔得玉　崔德用　ㄴ胡秀　胡堅　賈祐　劉淵　田榮　ㄴ劉銘　李仁趙子瑞　艾智　王用　張珪　ㄴ張甫　楊志信　張得堅　高琳　于江　吕用　ㄴ史彬　王資成　暢得運　暢仲仁　張林　陳良　ㄴ楊資　崔成　張進　劉元　相得用　ㄴ樊用　上樂村：社長馬善貴　社長康秀　康贇　ㄴ張琳　提控劉珪　康瑞　楊資榮　張宜進　ㄴ趙村：提領趙德全　西疃：侯琳　田資榮　馬得用　ㄴ涿州會首：葆安居士范慶延　知事范仲傑　ㄴ侯法志

趙忠仁　李榮　史信　張德琳　ㄴ張元　宋慶禄　王義　宋慶　張世忠　ㄴ張善　劉淵　趙從義　甯鈞　王慶實　ㄴ提控孫寬　深水源：張順　張義　ㄴ提控崔用　岳家莊提領岳珪　ㄴ羊頭□村提領丁直　口頭村：社長梁廷秀　杜村辛伯義　ㄴ石灰務：孫義　社長楊得玉　程信　楊義　六家莊：史榮　ㄴ石得謙　板城劉得堅　ㄴ梁家莊：　ㄴ西祖褚仁信　程伯義　社長張得讓　ㄴ强文秀　ㄴ獨樹：　ㄴ社長周資　社長孫甫秀　ㄴ社長靳伯昌　鄉司高文貴　ㄴ百户蘇明　ㄴ邢秀　ㄴ張德用　ㄴ蒲辛　ㄴ提控何青　ㄴ李元青　ㄴ張仲寶　ㄴ錢贇　ㄴ南抱玉：馮慶　ㄴ提領焦得謙　ㄴ任忠輔　ㄴ王德禄　ㄴ焦伯用　ㄴ馮貴　ㄴ賈璞　ㄴ北抱玉：褚良弼　ㄴ劉慶達　ㄴ梁進　ㄴ翟仲良ㄴ

# 二八　大都鞍山慧聚禪寺月泉新公長老塔銘　至元二十八年

《大都鞍山慧聚禪寺月泉新公長老塔銘》，至元二十八年（一二九一）四月立，塔銘原在北京市門頭溝區西峰寺，民國間移至戒臺寺。現存於北京市門頭溝區戒臺寺管理處。塔幢形，幢身四棱抹角，共八棱。幢高一一七釐米，通寬一二二釐米，第一棱上方篆刻塔題「故月泉新公禪師虚塔」三行九字。其左七棱爲銘文，漢白玉石質，楷書，四〇行，滿行四八字。從倫撰，居實書，成璞、成璋、思濟等建。

清孫星衍《京畿金石考》、清黄立猷《石刻名彙》、《新中國出土墓誌·北京（壹）》（文物出版社，二〇〇三年）、《北京戒臺寺石刻》（北京燕山出版社，二〇〇七年）、《北京元代史跡圖志》（北京燕山出版社，二〇〇九年）、《北京石刻藝術博物館藏石刻拓片編目提要》（學苑出版社，二〇一四年）著録。今據中國國家圖書館提供拓片（北京六七八五）録文。

塔銘記月泉同新長老之生平事迹與道行。

大都鞍山慧聚禪寺月泉新公長老塔銘（至元二十八年）實景照片

大都鞍山慧聚禪寺月泉新公長老塔銘（至元二十八年）刻石拓片

故月泉ㄴ新公禪ㄴ師虛塔（額）ㄴ

大都鞍山慧聚禪寺月泉新公長老塔銘并序ㄴ

大都萬壽退隱林泉老人從倫撰。ㄴ

大都奉福禪寺南溪野衲居實書。ㄴ

佛祖之道，歷劫相承，非獨於今，燀赫於世。始自西乾四七，波及東震二三，曹溪之後，派而爲五，源遠流長，浩浩不絶者，臨濟、曹ㄴ洞、雲門者焉。今洞山之下，萬松一枝，布列諸方，廕覆天下，舉世咸謂中興祖道□法海之游龍也。松之法孫月泉新公長老者，ㄴ嗣續門風之一傑也。公名同新，字仲益，號月泉，燕都房山神寧太平里雙明居士郭君次子也。母延氏。兒時喜佛，凡見苾蒭，ㄴ必奉迎之。既長，讀書過目成誦。其生知夙禀之質，拔萃出類，皆歎賞焉。年方一紀，偶辭親曰：「欲事於佛而福九族，其能允乎？」ㄴ二親設計，欲沮其志，莫之可也。遂詣安山依堅公山主祝髮，年滿受具。每臨衆執役，採汲炊舂，日加彌謹。侍師供衆之餘，涉獵ㄴ雜花。不一二載，通五大經。乃師記曰：「此子他日可興吾此山矣。」一日，辭師奔燕，投諸講肆。研窮奥義於懸談中，六相十玄，頗獲ㄴ佳趣。屢對同袍訴參訪之意，雜然剥之，憤悱而書偈曰：「氣宇衝霄大丈夫，流言俗慮豈能拘。手提三尺吹毛劍，直取驪龍頷ㄴ下珠。」徑謁清安方禪師，一見心奇之。不數日，懇求入室。方乃問曰：「欲行千里，一步爲初。寂初一步，汝作麼生行？」公叉手進前。方ㄴ曰：「果是脚跟不點地。」公拂袖便出。自是師資緣會，機語相投，究妙窮玄，略無虛日。聞磁州大明暠禪師學該内外，名播諸方。即ㄴ徒步往謁，而親依之於杖拂之下，多所發藥而深肯焉。故淘汰寂久，將成九仞，有一簣之礙。不幸而丁母憂，來燕致祭，恨針ㄴ芥緣差，不盡其善。既還故里，復扣清安，亦猶善財參訪南回，重見文殊之結果也。由是，以西祖不傳之傳而悉受之。晦迹ㄴ未久，聲名芳馨。癸丑春，安山耆宿具疏堅請開堂演法而住持之。時海雲宗師同伸勸請。是日，林泉亦爲引座度衣而已。在ㄴ會權豪仕庶，翕然增敬。因兹雲山改色，鍾鼓新音，内外雍容，遐邇稱善。未三五載，增修産業，開拓山林，破垣頽屋無非濟楚。乙ㄴ卯秋，拂袖他之。ㄴ便宜劉公相國具疏同衆復邀住持。至元六年，ㄴ大元帝師拔合斯八法旨命主濟南十方靈巖禪寺。公既至，晨香夕燈，陞堂説法，備依古式。雲水依棲，猶母德之屋矣。因蠹忌ㄴ勇退，遮留不可，僉謂：賢愚安可並居者也？還安山故剎，甘韜晦焉。每忖如來藏教，未暇遍看，可購求之，令衆普閱。亦山門千古∟之奇事爾。遂訴於∟皇太子府詹事院張公尚書子有。相公聞之加歎，欣慰叵量，議往江南而追究之。遂賫良馹及元寶數萬貫文。公渡江親幹，一∟經寒暑，而幸獲焉。所據經營起發，涉險歷艱，不弱白馬之西來矣。靈巖提點正廣慕公之道，特往江南命公復住。若非學贍德∟豐，因緣會遇，何啻千里而同風邪？經之來燕，公之應命。不意老病相仍，抱疾日久。時山東東西道提刑按察使耶律九相訪以∟祖道，邀往濟南觀音院結夏，擬欲咨詢。未幾，疾甚，自忖難痊，呼侍僧略説無常生死之要，令代筆書偈曰：「咄憨皮囊，兀底相殃；∟伎倆不解，思想全忘。來無所從，去亦無方。六鑿空空，四達皇皇。」且道：「這箇還有窒礙也無。」良久，云：「擺手便行無罣礙，雲歸天際∟兩茫茫。」至元二十二年五月初一日也。偈畢，儼然而逝。世壽六十有六，僧臘四十有五。殯殮之際，萬指奉迎，綵轝旛花，蔽空塞∟路。見聞之者，莫不感慨嗟嘘。闍維畢，分靈骨，建三塔焉：靈巖、安山、祖塋。嗣其法者二：曰珂，曰連。落髪小師成璞等二百餘員，噫！∟公平昔性豪邁，質直無僞，倜儻無拘，道眼明白，機辯冠衆。尤長於韻語，字清句健，體備意圓。及滑稽辯給，笑談有味，傾座側耳∟而聽，終日而不厭也。實一代英傑之衲子爾。非林泉叔姪之私而臆評也。拾此緒餘而爲銘曰：∟

正法眼藏，涅盤妙心。佛佛授手，自古及今。一華五葉，聯芳不絶。獨許萬松，欺霜傲雪。∟子子孫孫，各闡玄門。月泉澄湛，影浸乾坤。森羅萬象，是渠形狀。應物無私，固多伎倆。∟主刺安山，大智閑閑。修完祖刹，人莫能攀。刱安藏教，究圓明覺。其間具備，三無漏學。∟兩住靈巖，不倦指南。翛然歸去，踏碎澄潭。不忘之壽，幾人能有。用勒燕珉，永傳不朽。∟

大元至元二十八年歲次辛卯、月癸巳、日乙未、時庚申。住持山主成璞、成璋、思濟等建。∟

嗣法小師：豐隆山珂禪師　東原連禪師　∟法弟同事落髪小師：成璞　成珣　成璉　成琚　成璋∟成珍　思學　思教　思温　思初∟思璘　思琳　思用　思月　思濟　∟法孫：覺性　惟淨　惟通　惟識　惟果∟

## 二九　重修通仙觀碑銘　至元二十八年

《重修通仙觀碑銘》，至元二十八年（一二九一）十月建，碑在北京市門頭溝區清水鎮燕家臺村，現嵌於燕家臺村過街樓券門旁。碑爲漢白玉石質。碑高一〇八釐米，寬六五釐米，厚一六釐米。拓高一二八釐米，寬六五釐米。碑文楷書，二〇行，滿行三三字。碑陰因嵌於墻中，狀況不詳。王道明撰，鞏居智書丹，王寬、李榮刻石，李志禧、劉志深等立石。

《北京文物精粹大系·石刻卷》（北京出版社，二〇〇四年）、《門頭溝文物志》（北京燕山出版社，二〇〇一年）、《北京元代史迹圖志》（北京燕山出版社，二〇〇九年）、《北京遼金元拓片集》（北京燕山出版社，二〇一二年）、《北京石刻藝術博物館藏石刻拓片編目提要》（學苑出版社，二〇一四年）均有著録。今據北京考古遺址博物館（金中都水關遺址）藏拓片録文。

碑銘記道士清虚大師繼清和大師重修通仙觀之事迹。

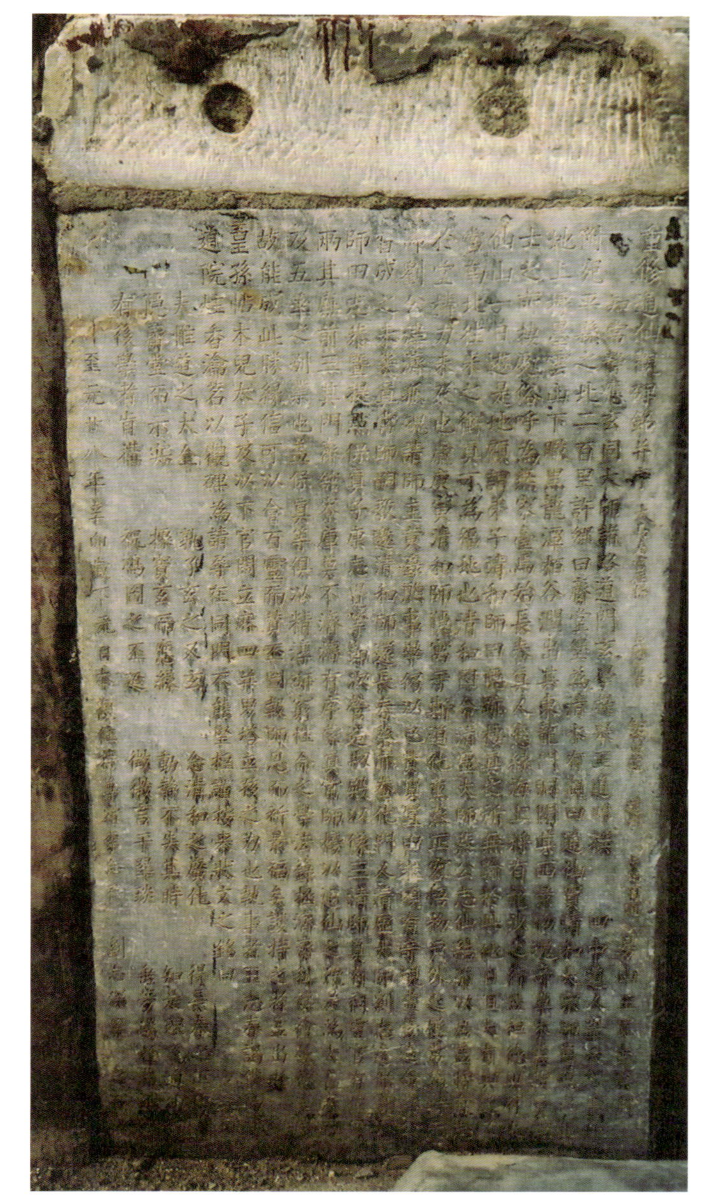

重修通仙觀碑銘（至元二十八年）碑體照片

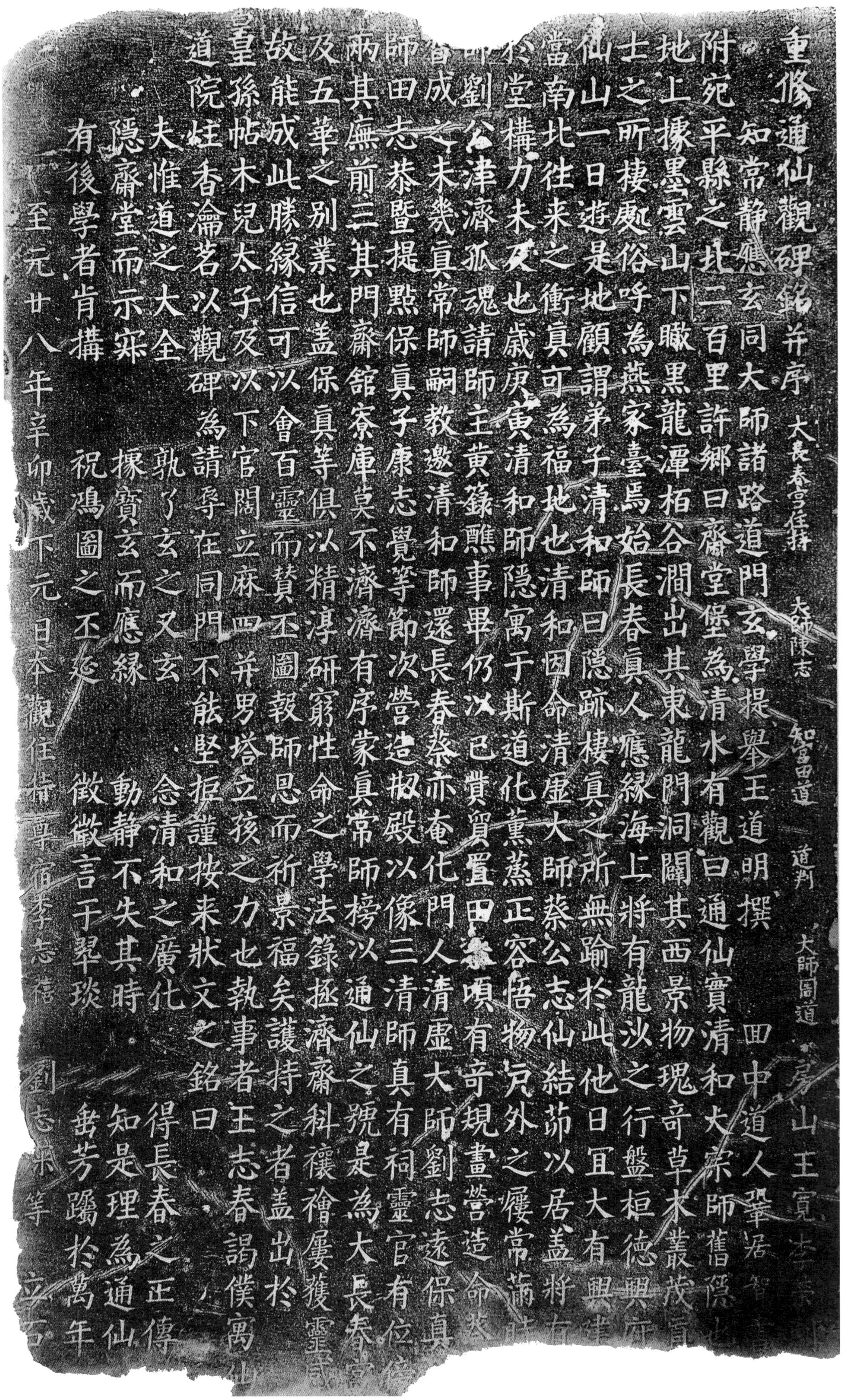

重修通仙觀碑銘（至元二十八年）碑文拓片

重修通仙觀碑銘并序　大長春宮住持　大師陳志　知宮田道　道判　大師周道　房山王寬、李榮刊㇄

知常靜應玄同大師、諸路道門玄學提舉王道明撰，回中道人鞏居智書丹。㇄

附宛平縣之北二百里許，鄉曰齋堂，堡爲清水，有觀曰通仙，實清和大宗師舊隱也。其㇄地上據墨雲山，下瞰黑龍潭，柏谷澗出其東，龍門洞闢其西，景物瑰奇，草木叢茂，真隱㇄士之所棲處，俗呼爲燕家臺焉。始長春真人應緣海上，將有龍沙之行，盤桓德興府九㇄仙山。一日遊是地，顧謂弟子清和師曰：「隱跡棲真之所，無踰於此。他日宜大有興建，又㇄當南北往來之衝，真可爲福地也。」清和因命清虚大師蔡公志仙結茆以居，蓋將有志㇄於堂構，力未及也。歲庚寅，清和師隱寓于斯。道化薰蒸，正容悟物，户外之屨常滿。時元㇄帥劉公津濟孤魂，請師主黄籙醮。事畢，仍以己貲貿置田柒頃有奇，規畫營造，命蔡公㇄督成之。未幾，真常師嗣教，邀清和師還長春，蔡亦奄化。門人清虚大師劉志遠、保真大㇄師田志恭暨提點保真子康志覺等節次營造。刱殿以像三清，師真有祠，靈官有位，傍㇄兩其廡，前三其門，齋舘寮庫，莫不濟濟有序。蒙真常師榜以通仙之號，是爲大長春宮㇄及五華之别業也。蓋保真等俱以精淳研窮性命之學，法籙拯濟，齋科禳禬，屢獲靈感。㇄故能成此勝緣，信可以會百靈而贊丕圖，報師恩而祈景福矣。護持之者蓋出於㇄皇孫帖木兒太子及以下官闊立麻四并男塔立孩之力也。執事者王志春謁僕寓仙㇄道院，炷香瀹茗，以觀碑爲請。辱在同門，不能堅拒，謹按來狀文之。銘曰：㇄

夫惟道之大全，孰了玄之又玄。念清和之廣化，得長春之正傳。㇄隱齋堂而示寂，據寶玄而應緣。動靜不失其時，知是理爲通仙。㇄有後學者肯構，祝鴻圖之丕延。徽微言于翠琰，垂芳躅於萬年。㇄

至元廿八年辛卯歲下元日，本觀住持尊宿李志禧、劉志深等立石。㇄

## 三〇　大都竹林禪寺弟二十三代慧公禪師塔記 至元二十九年

《大都竹林禪寺弟二十三代慧公禪師塔記》，至元二十九年（一二九二）六月立。現存北京市門頭溝區潭柘寺塔院。塔幢漢白玉石質，八角三層密檐式，蓮花須彌座承托幢身。幢通高二〇〇釐米。幢身銘文楷書，三〇行，滿行一八字。首面楷書「慧公禪師之塔」二行六字，下有紋飾。東川圓讓撰，信聰書丹并題額，德順立石。

《北京元代史迹圖志》（北京燕山出版社，二〇〇九年）、《潭柘寺碑記》（中國文史出版社，二〇一〇年）、《北京遼金元拓片集》（北京燕山出版社，二〇一三年）、《新日下訪碑録·房山卷》（北京燕山出版社，二〇一三年）著録。今據北京考古遺址博物館（金中都水關遺址）藏拓片録文。

塔記記道慧禪師之生平事迹。

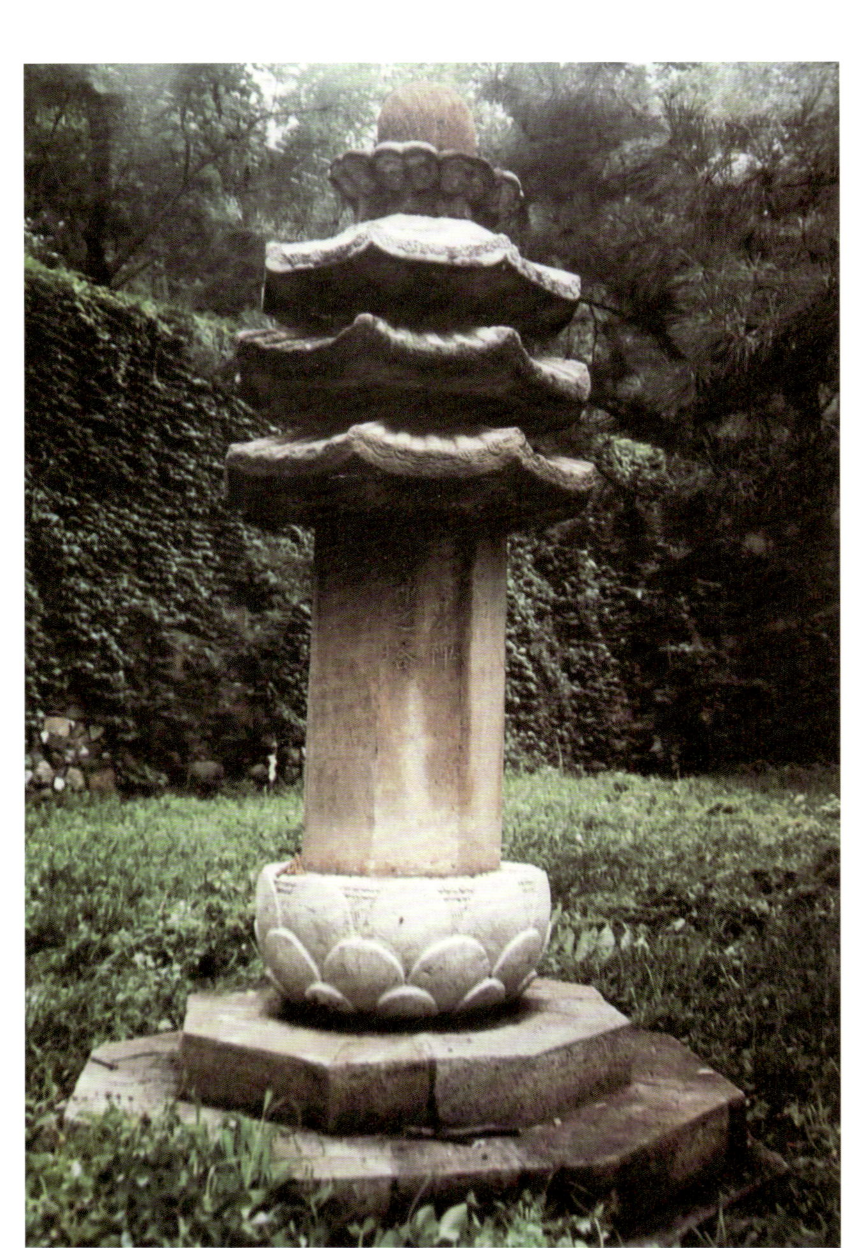

大都竹林禪寺弟二十三代慧公禪師塔記（至元二十九年）實景照片

大都竹林禪寺弟二十三代慧公禪師塔記（至元二十九年）刻石拓片

## 録文

慧公禪ㄴ師之塔（額）ㄴ

大都竹林禪寺弟二十三代慧公禪師塔記ㄴ

大萬壽寺住持東川圓讓銘，信聰書丹額。ㄴ

夫出家大體唯參禪而聽教，明乎一者，爲人天ㄴ師而能事畢矣。慧公長老，其兼人也。貫宣德府ㄴ之坊市，姓史氏。父母知其不羣，許爲釋子。五歲，ㄴ師本府龍華寺達公講主，訓名道慧，謹弟子禮。ㄴ既而且長，丰質偉然，從親教業，唯識大論，洞明ㄴ玄奧。方是時，伯達倫公大宗師尸奉聖州之龍ㄴ巖，走謁依之，遂求入室，發明心要。倫退席之燕，ㄴ自以妙齡逸俊，畏及京師，與公作別，遂以徧參。ㄴ後聞燕山潭柘懶牧歸公法席之盛，挑囊奔扣。ㄴ懶牧勤於寺政，雖日以公務，未嘗以法喜怠人，ㄴ師無難色。值公寂逝竹林，雲居□公，以偈語招ㄴ之，爲入室領袖，鉗鎚日久，重膺子印親教，聞之ㄴ喜甚。明年，遣伊法弟道海賫疏致請就竹林開ㄴ堂，緣及本寺革律住持，佛宇聖像，丈室廊廡，奐ㄴ然一新，因以龍華，自号竹林。雲居以年耄自稱，ㄴ命師接武，值年穀不登，難於時事，而守道自固，ㄴ未嘗以紀綱見廢。見壽七十，夏蠟可知也。一日，ㄴ潭柘順公乘間謂余曰：「竹林慧公自以年邁，如ㄴ其不諱，塔吾骨於潭柘祖塋，吾願足矣。順以叔ㄴ姪之敬，忻爲力辦。」出師行實，乞記於余，報曰：「師之顯德，行人口誦，豈余記然後聞哉。」再辭，再弗ㄴ果，遂書之。ㄴ

至元二十九年前六月　日，ㄴ潭柘山弟二十六代法姪德順立石。ㄴ

落髮小師：宣授上都路闍梨崇贇　ㄴ福光寺住持長老崇賢　ㄴ通化寺住持講主崇慶ㄴ

# 三一　佛頂尊勝陀羅尼經幢　至元二十□年

《佛頂尊勝陀羅尼經幢》，至元二十□年（一二八四至一二九二）四月建。出土時間和地點不詳。《北京石刻藝術博物館藏石刻拓片編目提要》疑該經幢爲北京市文物研究所移交的明城墻填充物之一。現存於北京石刻藝術博物館。僅存幢身，上下邊框飾綫刻花紋。幢身殘存三棱（原或六棱或八棱），高一三二釐米，棱寬一九釐米，經改制成長方形，長一四〇釐米，寬二八釐米，厚三六釐米。一面平滑刻字，其餘三面均殘留斧鑿痕迹，凹凸不平。上下均有紋飾。正面楷書「佛頂尊勝陁羅尼」一行七字，梵文經文四行。兩側棱面各殘存文字一行，一爲一行梵文經文，一爲漢文楷書刊刻年月與建幢人題名。

《北京石刻藝術博物館藏石刻拓片編目提要》（學苑出版社，二〇一四年）著録。今據北京石刻藝術博物館藏拓片録文。張雲燕初録。

佛頂尊勝陀羅尼經幢（至元二十□年）照片

佛頂尊勝陀羅尼經幢（至元二十□年）刻石正面拓片

佛頂尊勝陀羅尼經幢（至元二十□年）刻石側面拓片

## 録文

至元二十□年四月十七日，□師善朗、善定等建」佛頂尊勝陁羅尼。」

# 三二 訥庵謙公禪師塔銘 至元二十九年後

《訥庵謙公禪師塔銘》，至元二十九年（一二九二）後立石。塔銘於二〇世紀七〇年代北京環綫地鐵工地出土，爲明城墻填充物。現藏於北京石刻藝術博物館。塔銘爲幢式，僅存三棱面，上部刻卷草紋，下部刻雲紋。幢高一一〇釐米，寬四七釐米，厚四二釐米。中部棱面楷書「薦福訥庵謙公禪師之塔」二行十字，下部刻蓮花及雕花門扇一對。右側棱面的右半面已殘缺，無字。左側棱面左邊殘缺，涉及文字三行。塔銘文字楷書，中間棱面大字二行，滿行五字。左側棱面小字正文九行，滿行四八字。徒單公履撰文，葛詢書丹。

《新中國出土墓誌·北京（壹）》（文物出版社，二〇〇三年）、《書法叢刊》（二〇〇七年第四期）、《北京石刻藝術博物館館藏石刻目》（今日中國出版社，一九九六年）、《北京石刻藝術博物館藏石刻拓片編目提要》（學苑出版社，二〇一四年）均有著録。劉曉《李承休〈賓王録〉筆下的燕京薦福寺——兼及木庵性英與訥庵道謙》有研究。今據北京石刻藝術博物館藏拓片録文。張雲燕初録。

塔銘殘存文字記訥庵禪師（俗名劉道謙）的生平及求法經歷。

訥庵謙公禪師塔銘（至元二十九年後）刻石照片

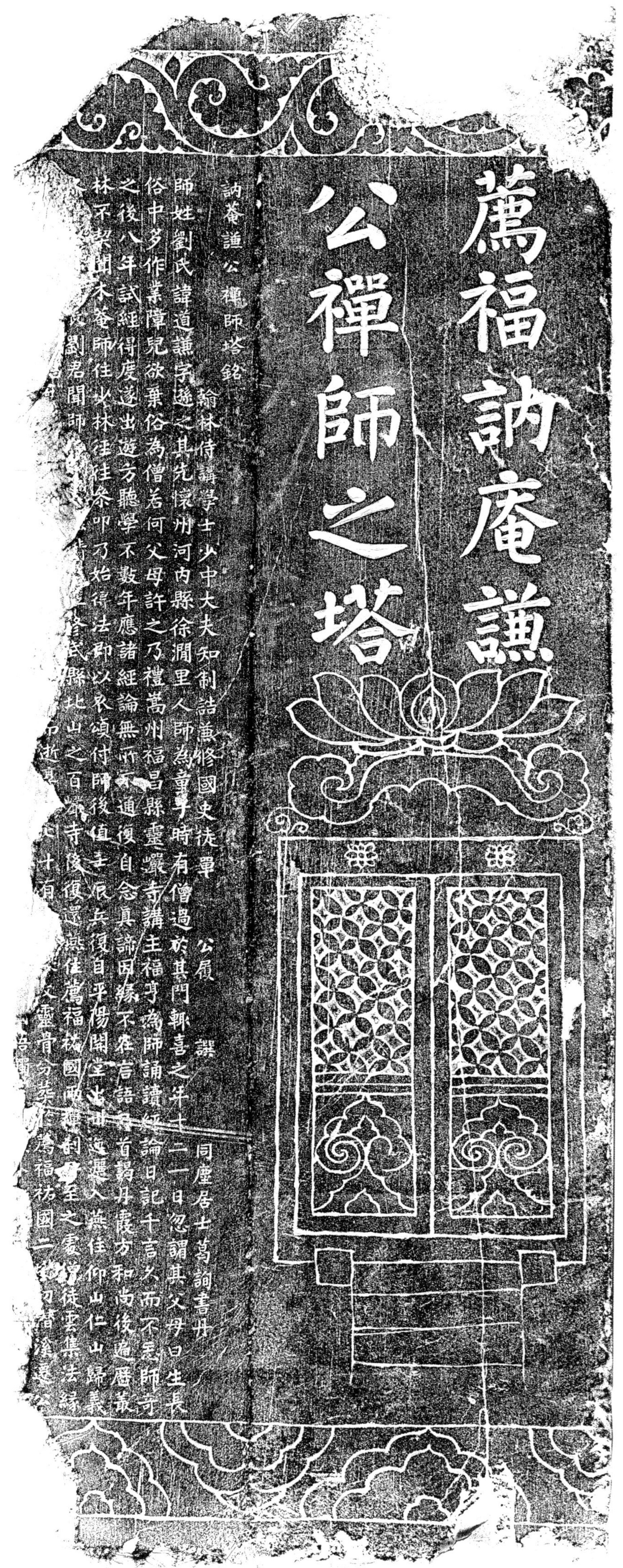

訥庵謙公禪師塔銘（至元二十九年後）刻石拓片

薦福訥庵謙ㄴ公禪師之塔（額）ㄴ

訥菴謙公禪師塔銘ㄴ

翰林侍講學士、少中大夫、知制誥兼修國史徒單公履譔，同塵居士葛詢書丹。ㄴ

師姓劉氏，諱道謙，字遜之。其先懷州河内縣徐澗里人。師爲童子時，有僧過於其門，輒喜之。年十二，一日，忽謂其父母曰：「生長ㄴ俗中，多作業障，兒欲棄俗爲僧，若何？」父母許之。乃禮嵩州福昌縣靈巖寺講主福亨爲師。誦讀經論，日記千言，久而不忘，師奇ㄴ之。後八年，試經得度，遂出遊方聽學。不數年，應諸經論無所不通。復自念真諦因緣不在言語，乃首謁丹霞方和尚。後遍歷叢ㄴ林，不契。聞木菴師住少林，徑往參叩，乃始得法，即以衣頌付師。後值壬辰兵，復自平陽開堂出世，迤邐入燕，住仰山仁山歸義ㄴ□□□□□長劉君聞師□□□□□□修武縣北山之百巖寺。後復還燕，住薦福、祐國兩禪刹。□至之處，僧徒雲集，法緣ㄴ□□□□□□□□□□□□□□□□□□□□□□而逝，享□七十有□□□收靈骨，分葬於薦福、祐國二寺。□潛溪遷公ㄴ▯吾獨▯ㄴ後闕

## 三三　重修靈岳寺記　至元三十年

《重修靈岳寺記》，至元三十年（一二九三）五月立。現存於北京市門頭溝區靈岳寺内。碑爲漢白玉石質。碑左下部殘，殘高一三〇釐米，寬八五釐米，厚一七釐米。碑陽楷書，二七行，滿行四七字。碑陰楷書題名，二七行，字數不等。居實撰，朱秀刊石。

《北京元代史迹圖志》（北京燕山出版社，二〇〇九年）、《門頭溝文物志》（北京燕山出版社，二〇〇一年）、《北京遼金元拓片集》（北京燕山出版社，二〇一二年）著録。今據北京考古遺址博物館（金中都水關遺址）藏拓片録文。

碑陽記至元間重修靈岳寺事迹，碑陰記奉聖旨改正此寺時知見耆老人員題名、雲庵禪師遺誡和靈岳寺田産地段四至。

重修靈岳寺記（至元三十年）碑陽照片

重修靈岳寺記（至元三十年）碑陰照片

重修靈岳寺記（至元三十年）碑陽拓片

重修靈岳寺記（至元三十年）碑陰拓片

録文

## 碑陽

### 重修靈岳寺記∟

特賜通玄廣照大禪師、大都奉福禪寺退堂南溪老衲居實▯∟

佛教來震旦，肇自東漢。永平年，明帝夢金人，遣使西迎三藏，摩騰、竺法蘭二大士，白馬駝經▯∟楮善信等，力破佛經，羣僚莫之辨。齎表奏聞，旨置二臺，釋道二經，各安其上，以火驗之，不焚▯∟經光耀無損。帝駭然歎異，啓諦誠心，生大敬信，仍遽頒詔，刱寺度僧，繇是靈圖寶坊，星分碁布。▯∟堂，有山曰白鐵，突然秀出，勢壓羣峰。中有精藍曰靈岳寺，唐貞觀年中刱建。五代烽起，稍廢。逮▯∟方棲心進道之所。環寺長松蔽日，拔山喬木參空，壯氣象之光輝，盡峰巒之雄美，真梵王之宅。釋子▯∟僧去寺空。有逢蒙黄冠祭先者占住之，毁佛像，殺風景，恣行頑弊，若梟雀塊艾之説，久不還舊。微力莫▯∟大元世主∟今上皇帝乘乾握紀，敬天愛民，威震萬邦，恩霑四海，除姦削僞，樹正摧邪。是梵刹敕遍修營，有僧徒蠲除徭役▯∟至化，自古未之有也。丙辰春，遇∟上頒詔，勘當先生占住寺院，有無多寡，諸路通籍見數，計四百八十二處。是時僧緣恩者，詣官告爭本寺。至戊午歲，∟聖旨改正，將先生所占寺内二百三十七處斷付僧人，餘皆迴免。尚有道士甘、蔡等輩，肆行兇暴，抗拒∟詔命，不易迴付，以致斬首、劓鼻、遞流遠方。正典刑訖，始付安定。恩公自是爲宗主住持本寺，勠力興修，以真實▯∟故得信心傾嚮，因緣順行。數十年間，日修月葺，漸成巨刹，歸依有殿，齋會有堂，造饍有廚，儲積有庫，主有丈室，僧▯∟殿盡八十四龕像，燦然金碧，寺門所宜有者，莫不完具。而又置恒産，開田圃馬欄口水碾壹所，宋祐村皮鞋峪口白▯∟洞港、栗園等處，所收之物，以供清衆，使居者不苦營求，貴安心修道爲優耳。其田産之畝步，人物之名目具在碑陰矣。□□∟堂寶峰寺，迺靈岳寺之下院也。恩公又重修佛殿、鐘樓、僧舍，亦革故鼎新而已。恩公謂門人曰：「余自住山，勤於修造，今頗成∟趣，欲鑱石以紀之，使後之來者有所考焉。孰爲我文？」故託本縣都綱聯公大師、小師顯敬丐文于余，辭不獲免，因掇其實而∟記之，仍爲辭曰：∟

三藏西來，玄言東被。像教興隆，應五法記。黄冠祭酒，□佛不回。二經火驗，道經灰飛。∟明帝頒詔，刱寺度僧。普遍天下，靡所不興。天兵南捕，僧去寺空。倀狂道士，占作琳宮。∟宗主恩公，衛圍犯難。力破邪徒，曾無忌憚。丙辰之春，抄數寺竟。戊午年間，奉∟旨改正。

祖父田園，承恩作主。勠力興修，超今邁古。棟宇新完，增置田圃。産積資粮，⌊以供雲侶。豐碑擬樹，昭著其原。辭刻貞石，千古常存。

事有隆替，法無廢興。鐵山岌岌，⌊玉河淩淩。⌊

大元至元三十年歲次癸巳五月十九日立石，燕山朱秀刊。⌊

## 碑陰

大元歲次戊午春，欽奉∟聖旨改正，此寺時知見耆老人員：∟東齋堂：∟王昇　王運興　賈禄　∟王辛　王堅　李仲元　∟劉資秀　劉文義　□提領　∟西齋堂：∟聶元帥　韓甫元　史仁信　∟李資秀　杜琳　齊整　∟杜玉　祖榮　杜資禄　∟曹用∟落髮小師：顯福　顯從　顯孝　∟顯遇　顯鄉　顯敬　∟顯令　顯淨　顯來　∟顯利　顯就　顯柔　∟顯真　顯元　顯相　∟顯如　顯志　顯正　∟顯妙　顯安　顯勤　∟顯覺　顯順　智興∟

住持宗主雲庵禪師遺囑：小師輩并十方僧衆，勿論年甲大小，戒蠟前後，非禮謀奪甲乙主持，儻無□∟舉有道心、向常住、能幹辦之人，縱年卑戒近，衆當禮請主持之。伏望寺門興盛，法道流行，幸各遵依□∟之人，當聚衆燒衣出寺，各處官司請依遺誡，毋得受禮。∟

大元至元三十年　月　日，遺誡∟靈岳寺住持宗主雲庵禪師緣恩（押）∟

靈岳寺田産地段四至開立于后：∟

本寺并贍寺地土四至：東至秋林塔，南至歇場安，西至釆家背∟後嶺，北至三重嶺。本寺栗園在内。∟寺東劉賓澗山坡地壹段：東至獨山尖，南至崖門子，西至秋林∟塔，北至銀洞港。∟村東皮鞋峪口山坡地壹段：東至軍劉二，南至人行小道，西至∟流水澗，北至賈禄。∟□□□壹段：□□□□□□□□□□□□∟村南馬欄口水碾壹所，碾房大小七間，出水游渠，東至河心，南∟至河心，西至張順，北至宋興祖、宋祐。∟

右件地段四至、山林園果迺常住之恒産，仰覬∟後代主持并執事衆不可不知也。∟

## 三四　天開寺白話聖旨碑　至元三十一年

《天開寺白話聖旨碑》，至元三十一年（一二九四）四月建。碑原在北京市房山區韓村河鎮孤山口村北塔前，一九七六年十月二日移至雲居寺。現藏北京市房山區雲居寺北塔院東廊。碑首身一體，圓首無額，素面無紋飾。碑高二〇二釐米，寬七七釐米，厚一七釐米。拓高一九七釐米，寬七七釐米。碑上半部和下半部各鎸刻一部聖旨。碑文楷書，上半部文字二三行，滿行二一字。下半部文字二一行，滿行二〇字。碑末貫通上下鎸刻立石年月及立石人、刊石人。住持普□立石，李文秀刊石。

《北京石刻藝術博物館藏石刻拓片編目提要》（學苑出版社，二〇一四年）、楊亦武《房山碑刻通志》卷六（學苑出版社，二〇二二年）著録。今據北京石刻藝術博物館藏拓片録文。張雲燕初録。

碑刻記虎兒年、兔兒年兩件聖旨，均爲减免寺觀賦税差役、保護寺觀財産之内容。

天開寺白話聖旨碑（至元三十一年）實景照片

天開寺白話聖旨碑（至元三十一年）碑文拓片

# 録文

上部

□□□□□□∟□□□□□□裏∟皇帝聖旨▯∟▯俺□底，軍官每根底、軍人每根底、管城子的達∟▯花赤每根底、來往使臣每根底省諭的∟聖旨：∟▯皇帝的∟▯和尚每、也里可温、先生每，不揀甚麽差∟▯休差者。∟▯底祝▯∟禱□□□與這。麽道有來。如今有呵，依着在先∟聖旨體例裏，不揀甚麽差發，休教着者。∟□天根底□告祝▯∟□□□□麽道，□□□□的天開上方寺住的趙長老∟▯底，管着行有。執把的∟聖旨□□□□的□寺□□□裏，他每的根底，使臣∟▯馬祇應休與者。□税、地税休着∟□□□者。▯的□地水土、栗園□林、水碾，不∟▯寺□的休奪要者。這的每□和尚每依∟▯者，無體例勾當，休勾當□□□□他每不怕∟那甚麽！∟▯俺每的。

虎兒年春二月二十日榆河有時分。∟

下部

長生天的氣力裏，∟大福蔭護助裏，∟皇帝聖旨裏，∟軍官每根底、軍人每根底、管州城達魯花赤∟官人每根底、來往的使臣每根底省諭的∟□旨：∟成吉思皇帝聖旨裏、∟皇帝聖旨裏，和尚、也里可温、先生揀麽甚麽差發，休∟出者，告∟天祝壽。麽道。如今依着在先∟聖旨體例，揀麽甚麽差發、科差休要者，告∟天祝壽者。麽道。□□大師、天開寺裏有的趙長老，∟趙監寺爲頭兒和尚每根底，執把者行的∟聖旨與來。這的每寺院裏房子裏使臣休安下者，鋪∟馬祇應休要者，税粮休與者，屬天開寺的碑∟文上寫□的栗園水土、園林水碾，揀麽甚麽∟休爭者。麽道。這的又和尚每有∟聖旨麽道，不屬他每田地占者，没體例勾當做呵，他∟每不怕那甚麽！∟聖旨俺每底。∟

兔兒年七月初三日上都有的時分寫來。∟

末行

大元至元三十一年四月□□日，住持嗣祖沙門普□立石，燕山李文秀刊。∟

# 三五　石景山元代摩崖石匠題記　至元間

《石景山元代摩崖石匠題記》，位於北京市石景山區石景山半山腰處孔雀洞東側上方崖壁。共四處，分别爲至元三年（一二六六）、至元二十年（一二八三）和至元某年石刻，楷書。至元三年「汾州石匠」處高五〇釐米，寬八七釐米。北京藝術博物館藏拓片高五八釐米，寬六三釐米。

《北京元代史迹圖志》（北京燕山出版社，二〇〇九年）、《北京地區摩崖石刻》（學苑出版社，二〇一〇年）、《北京石刻藝術博物館藏石刻拓片編目提要》（學苑出版社，二〇一四年）均有著録。今據北京考古遺址博物館（金中都水關遺址）藏拓片録文。

摩崖題記分别記至元三年、至元二十年，來自汾州、河南府、南京路、濟南路石匠之題記。

石景山元代摩崖石匠題記（至元間）刻石照片（一）

石景山元代摩崖石匠題記（至元間）刻石照片（二）

石景山元代摩崖石匠題記（至元間）刻石照片（四）

石景山元代摩崖石匠題記（至元間）刻石照片（三）

石景山元代摩崖石匠題記（至元間）刻石拓片（一）

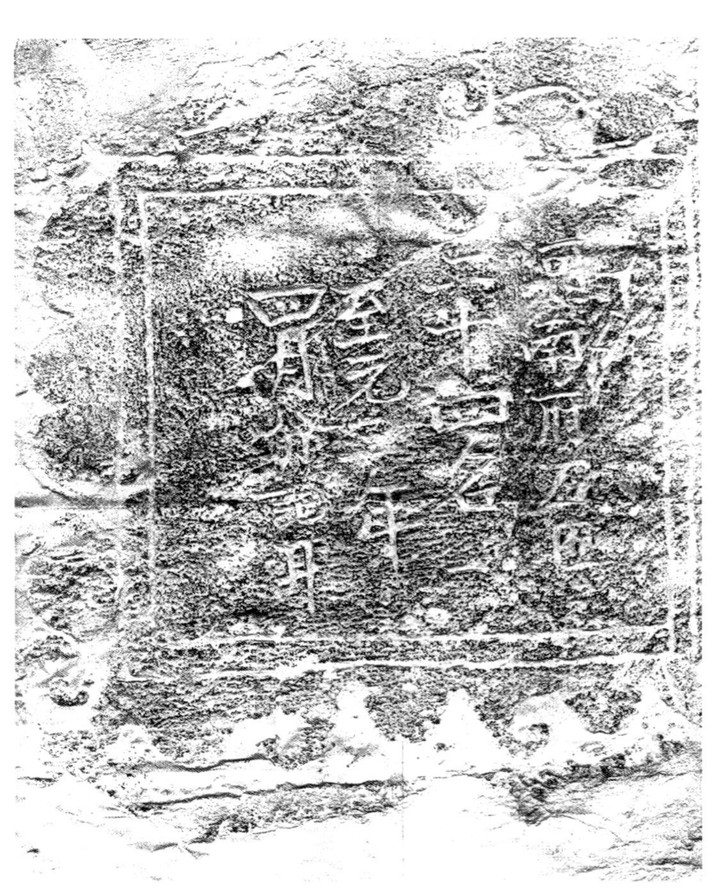

石景山元代摩崖石匠題記（至元間）刻石拓片（二）

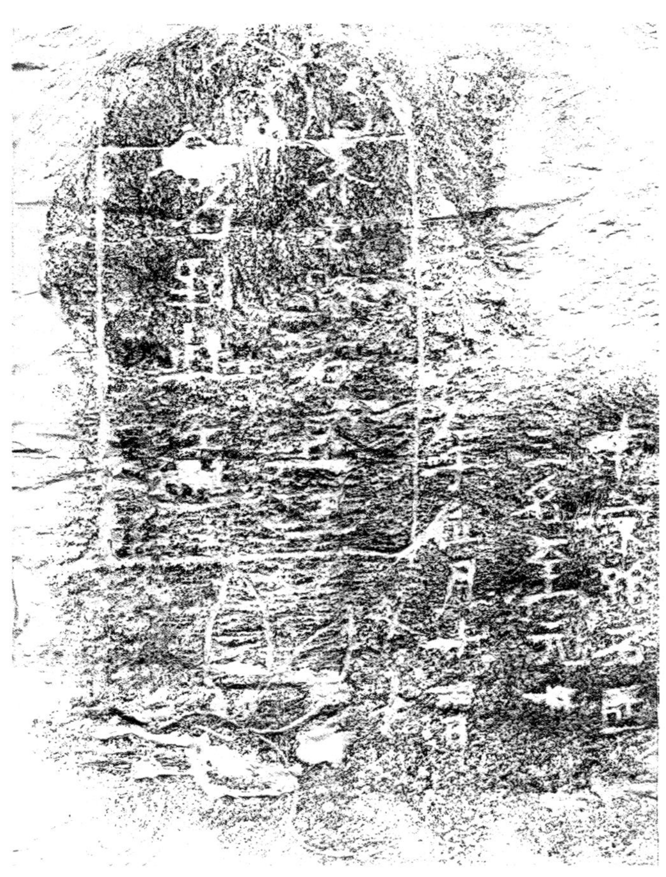

石景山元代摩崖石匠題記（至元間）刻石拓片（三）

# 録文

其一

汾州∟石匠，∟至元三年。∟

其二

丁□∟河南府石匠∟二十四名，∟至元三年∟四月八日記耳。∟

其三

南京路石匠∟三名，至元廿∟年伍月廿六日。∟

其四

濟南路石匠□∟名到此造。∟

## 三六　白瀑壽峰禪寺産業之記　元貞二年

《白瀑壽峰禪寺産業之記》，元貞二年（一二九六）七月刻。原立於北京市門頭溝區雁翅鎮白瀑寺，現存於門頭溝區博物館。碑方首抹角，碑高一四〇釐米，殘寬七〇釐米，厚一五釐米。額題楷書「白瀑壽峰禪寺産業之記」五行一〇字。碑文行書，二六行，滿行四六字。西雲子安撰文，李衎書丹并題額。

《新中國出土墓誌·北京（壹）》（文物出版社，二〇〇三年）、《北京石刻藝術博物館藏石刻拓片編目提要》（學苑出版社，二〇一四年）著録。今據北京石刻藝術博物館藏拓片録文。賈瑞宏初録。

碑刻記載本寺及所屬下院新舊置到莊田園地産業總計十六處，以告知後人創業之艱難。

白瀑壽峰禪寺産業之記（元貞二年）碑體照片

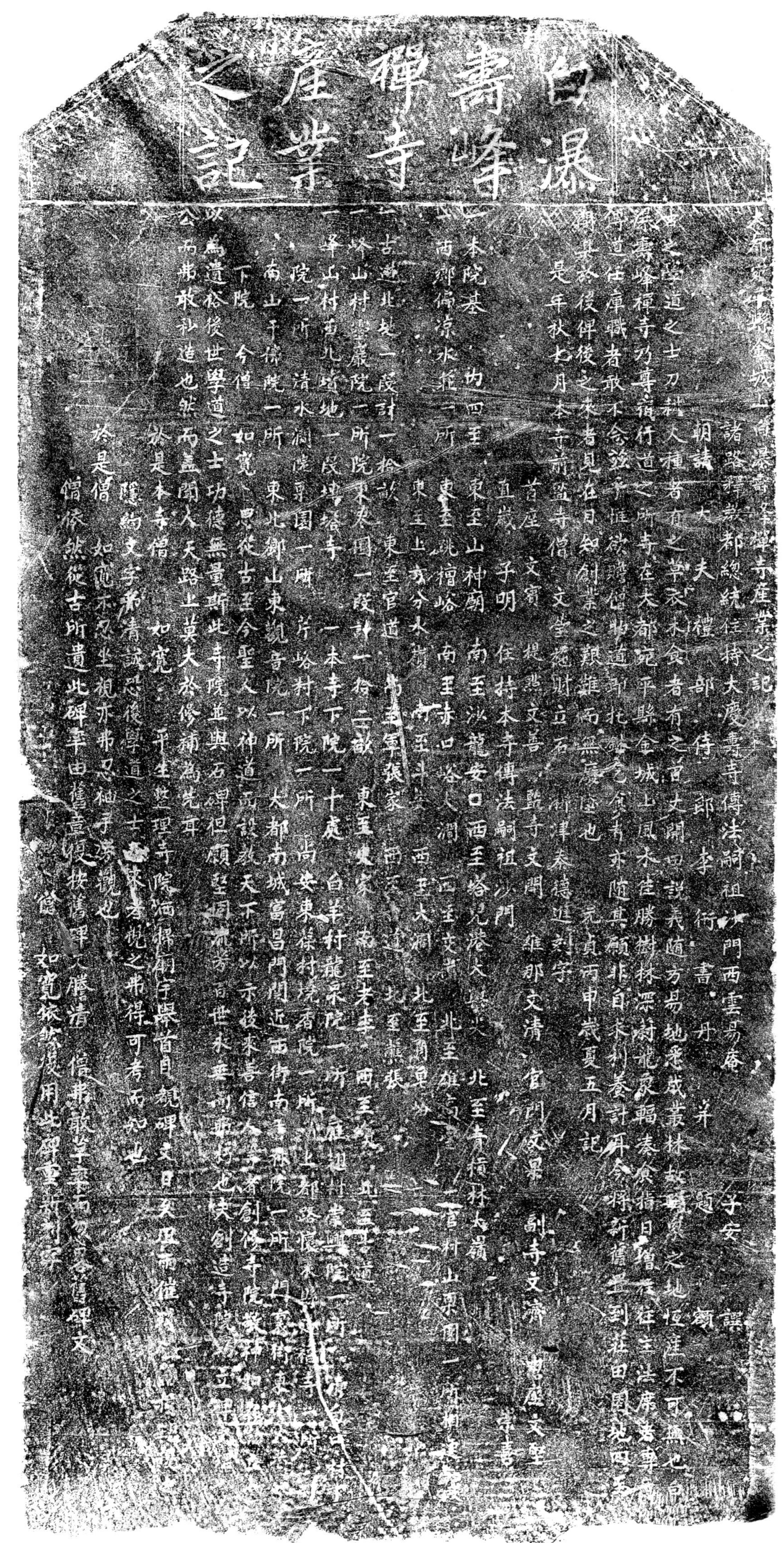

白瀑壽峰禪寺産業之記（元貞二年）碑文拓片

## 録文

白瀑⌊壽峰⌊禪寺⌊産業⌊之記（額）⌊

大都宛平縣金城山白瀑壽峰禪寺産業之記⌊

諸路釋教都總統、住持大慶壽寺傳法嗣祖沙門西雲易庵子安譔。⌊

朝請大夫、禮部侍郎李衎書丹并題額。⌊

古之學道之士，刀耕火種者有之，草衣木食者有之。百丈開田説義，隨方易地，悉成叢林，故贍象之地，恒産不可無也。白⌊瀑壽峰禪寺，乃尊宿行道之所。寺在大都宛平縣金城山，風水佳勝，樹林深蔚，龍象輻凑，食指日增。往往主法席者，專意⌊傳道，任庫職者敢不念兹乎！惟欲贍僧助道，即托鉢乞食者，亦隨其願，非自求利養計耳。今將新舊置到莊田園地四至⌊開具於後，俾後之來者見在目，知創業之艱難而無廢墜也。

元貞丙申歲夏五月記。⌊是年秋七月，本寺前監寺僧文瑩施財立石，淛津秦德進刻字。⌊

首座文賓　提點文善　監寺文開　維那文清　官門文果　副寺文濟　典座文堅　⌊直歲子明　住持本寺傳法嗣祖沙門崇喜⌊

一本院基内四至：東至山神廟，南至沙龍安口，西至塔兒港大□尖，北至青楨林大嶺。⌊一西鄉偏凉水莊一所：東至跳槽峪，南至赤口峪大澗，西至交嶺，北至雄高臺。一官村山栗園一所，相連兩段：⌊東至上方分水嶺，南至斗安，西至大澗，北至角皂峪。⌊一古道北地一段，計一拾畝：東至官道，南至軍張家，西至古道，北至醮張。⌊一峰山村靈巖院一所，院東棗園一段，計一拾二畝：東至史家，南至老李，西至嶺，北至古道。⌊一峰山村西北墳地一段，塼塔寺。一本寺下院一十處：白羊村龍泉院一所、雁翅村崇興院一所、清白口村下⌊院一所、清水澗院栗園一所、芹峪村下院一所、尚安東葆村燒香院一所、上都路懷來縣延福寺一所、⌊南山千佛院一所、東北鄉山東觀音院一所、大都南城富昌門關近西街南香林院一所、門裏街東小火巷□⌊下院。今僧如寬思從古至今聖人以神道而設教天下，所以示後來善信人等者，創修寺院，敬神如□，□立□⌊以爲遺裕後世學道之士，功德無量。斯此寺院並與石碑，但願堅固，流芳百世，永垂而弗朽也。夫創造寺院，勒立碑之銘□，⌊公而弗敢私造也，然而蓋聞人天路上莫大於修補爲先耳。⌊於是本寺僧如寬，平生整理寺院，洒掃廟宇，舉首目覩碑文，日久風雨催殘，□□亦銘□之。⌊隱約文字弗清，誠恐後學道之士□來者視之，弗得可考而知也。⌊於是僧如寬不忍坐視，亦弗忍袖手旁觀也。⌊僧依然從古所遺此碑，率由舊章，復按舊碑文謄清，僧弗敢草率而忽略舊碑文，⌊僧如寬依然復用此碑重新刻字。⌊

# 三七　大興隆禪寺創建經藏記　大德元年

《大興隆禪寺創建經藏記》，大德元年（一二九七）十二月立。現存北京市平谷區王辛莊鎮太后村肖家院興隆寺。碑漢白玉石質，螭首。碑通高二二〇釐米，寬七五釐米，厚一七釐米。碑陽額拓高五〇釐米，寬二八釐米。碑陽身拓高一三三釐米，寬七〇釐米。碑陰身拓高一二九釐米，寬六八釐米。碑陽額題篆書「大興隆禪寺剏建經藏記」二行，行一〇字。碑文楷書，二一行，滿行四二字。碑陰楷書，二五行，行字不等。喬達撰并書，滿聰篆額，大興隆禪寺第五代住持龍泉長老行泰立石。碑陰下部記清康熙二十五年事。

《平谷文物志》（民族出版社，二〇〇五年）、《補訂版北京地區現存元朝石刻目録稿》（[日]森田憲司《一三、一四世紀東アジア諸言語史料の総合的研究——元朝史料學の構築のために》，二〇〇七年）、《北京元代史迹圖志》（北京燕山出版社，二〇〇九年）、《北京石刻博物館藏石刻拓片編目提要》（學苑出版社，二〇一四年）、《新日下訪碑録·平谷卷》（北京燕山出版社，二〇二二年）均有著録。今據中國國家圖書館提供拓片（北京一〇五六五）録文。

該碑記世祖末成宗初大興隆禪寺住持行泰受代國太夫人李氏等捐助而創建經藏之事迹。

大興隆禪寺創建經藏記（大德元年）碑體照片

大興隆禪寺創建經藏記（大德元年）碑陽拓片

大興隆禪寺創建經藏記（大德元年）碑陰拓片

## 録文

### 碑陽

大興隆禪寺∟剏建經藏記（額）∟

薊州平谷縣大興隆禪寺創建經藏記∟

翰林直學士、奉訓大夫喬達撰并書。∟

桂陽路僧録、鎮國退堂佛光大禪師滿聰篆額。∟

至元二十七載，歲在庚寅，秋八月，泰公禪師復住薊之瑞屏山大興隆禪寺。駐錫而後，殿廡齋寮日加興葺，捐∟衣鉢貨易産給淨供，所歉於心者，惟經藏未備耳。適有大檀越、中書省平章政事怗哥光禄之母代國太夫人∟李氏夙植善根，崇信大覺，聞師將建是緣，起布施心，遂遣人於餘杭迎大藏金文五千餘軸，安奉於寺，令恒河∟衆生轉誦祈福，仍施白金二千兩，構殿以置之。於是同聲相應，富輸其貲，壯庸其力，工技畢獻其能。師乃以無∟量衆寶、黄金、丹砂、瑠璃、栴檀爲之莊嚴，復函以琳琅，襲以黼繡，覆以寶字，重簷麗栱，上切霄漢，勢欲飛動，恍如∟珠宫貝闕，自香嚴海中浮出也。綵繪焕然，交輝互耀，觀者靡不讚嘆。至大德改元之七月，厥功告成。屬禪伯月∟溪請銘于余。余既善泰公之建緣立事，又喜代國太夫人之好善樂施，而同是心者又克助成焉。其利益福田，∟超脱苦海，可知已，銘其何辭。輒東嚮稽首而祝曰：∟

稽首無上尊，哀愍衆生故。大開方便門，廣説人天法。法音遍十方，一切普供養。∟甚深微妙義，覺悟見聞者。隨順諸根性，各令有所得。譬彼衆飢人，獲覩太倉米。∟雖口未曾食，其意自厭飽。復遇香積供，充食儘無礙。又如彼病人，身遊衆藥市。∟聞香病已瘳，矧得餌靈藥。衆病除已盡，而藥何窮極。能以是因緣，拯救衆生苦。∟信捨諸淨財，共成弘勝事。種種妙莊嚴，剎那悉圓滿。願千万億劫，寶藏永堅固。∟凡所歸依者，同享無量福。∟

大德元年歲次丁酉十二月　日，本寺第五代住持龍泉長老行泰立石。圓明大師行聰同∟

功德主贈光禄大夫、代國忠遂公　代國太夫人李氏緣遇　∟光禄大夫、平章政事、大司農、同知宣徽院事怗哥　夫人冉氏緣明　大兒婦劉氏　∟特賜夫人張氏　朝列大夫、泉府少卿述古察∟

## 碑陰

平章門下：∟

奉訓大夫、知省舍人平安奴　□嫂李氏　∟三舍人伯哥　三嫂鴨忽　三嫂鳳哥　∟四舍人呼璘臺　四嫂倪氏　∟五舍人定安奴　五嫂賈氏　∟六舍人重喜　宣使蒙興宣　∟女壻高舍人九住　女孩兒玉哥　∟太夫人女壻塔必大師　女孩兒竹□　∟

檀越：∟宣差寶連　妻□□氏　董明祖　楊氏　∟大哥教化的　二哥忻都善大師　三哥重喜　四哥□　∟五哥省郎中元喜　七哥阿哈剌　∟六哥嘉議大夫、∟正宮位下宣授提點潘興福　∟東安州大明寺住持講主大師行悟　∟義州花嚴退堂□法□師儒釋兼濟禪師興宗　∟桃峰庵住持山主行淨嚴寺前宗主行進　見住持宗主行闊　∟本寺見監寺興施　前錢帛興□　見錢帛興□　胡家務廣勝院監寺興恭　∟花嚴寺監寺興□　慈氏院監寺興慈　獨樂河觀音院監寺興引　∟順州□奉伯崇教寺住持提點興辯　∟三河縣北□□□光院宗主興成　∟大寧路和衆縣四峰山萬松禪寺提點興□　遼陽路懿州西盤龍山□□禪寺宗主興□　∟大都路平谷縣尉石瑞　典史王瑀珪　司吏胡得信　∟登仕佐郎、大都路平谷縣主簿兼諸軍奧魯張恕　∟從侍郎、大都路平谷縣達魯花赤兼諸軍奧魯兼勸農事禿忽赤∟

## 三八　金城山白瀑壽峰禪寺第十一代勤公禪師塔銘　大德二年

《金城山白瀑壽峰禪寺第十一代勤公禪師塔銘》，大德二年（一二九八）五月建，一九八一年北京市門頭溝區白瀑寺外出土。現存永定河文化博物館（原門頭溝區博物館）。幢爲八角直棱幢，銘高八七釐米，寬五六釐米。八面中寬面一八釐米，窄面一〇釐米。銘文楷書，三〇行，滿行二八字。另有楷書塔題「勤公禪師之塔」二行六字。西雲子安撰，文善書丹并題額，文昌、文秉、子瑞、子貴等立石，住持崇喜豎塔。

《新中國出土墓誌·北京（壹）》（文物出版社，二〇〇三年）、《北京元代史迹圖志》（北京燕山出版社，二〇〇九年）、《北京石刻藝術博物館藏石刻拓片編目提要》（學苑出版社，二〇一四年）等均有著録。《新中國出土墓誌·北京（壹）》、《北京石刻藝術博物館藏石刻拓片編目提要》因拓片不完整，將塔銘立石時間繫於至元二十七年，誤。今據北京考古遺址博物館（金中都水關遺址）藏拓片録文。

塔銘記本勤禪師之生平和道行。

金城山白瀑壽峰禪寺第十一代勤公禪師塔銘（大德二年）刻石照片

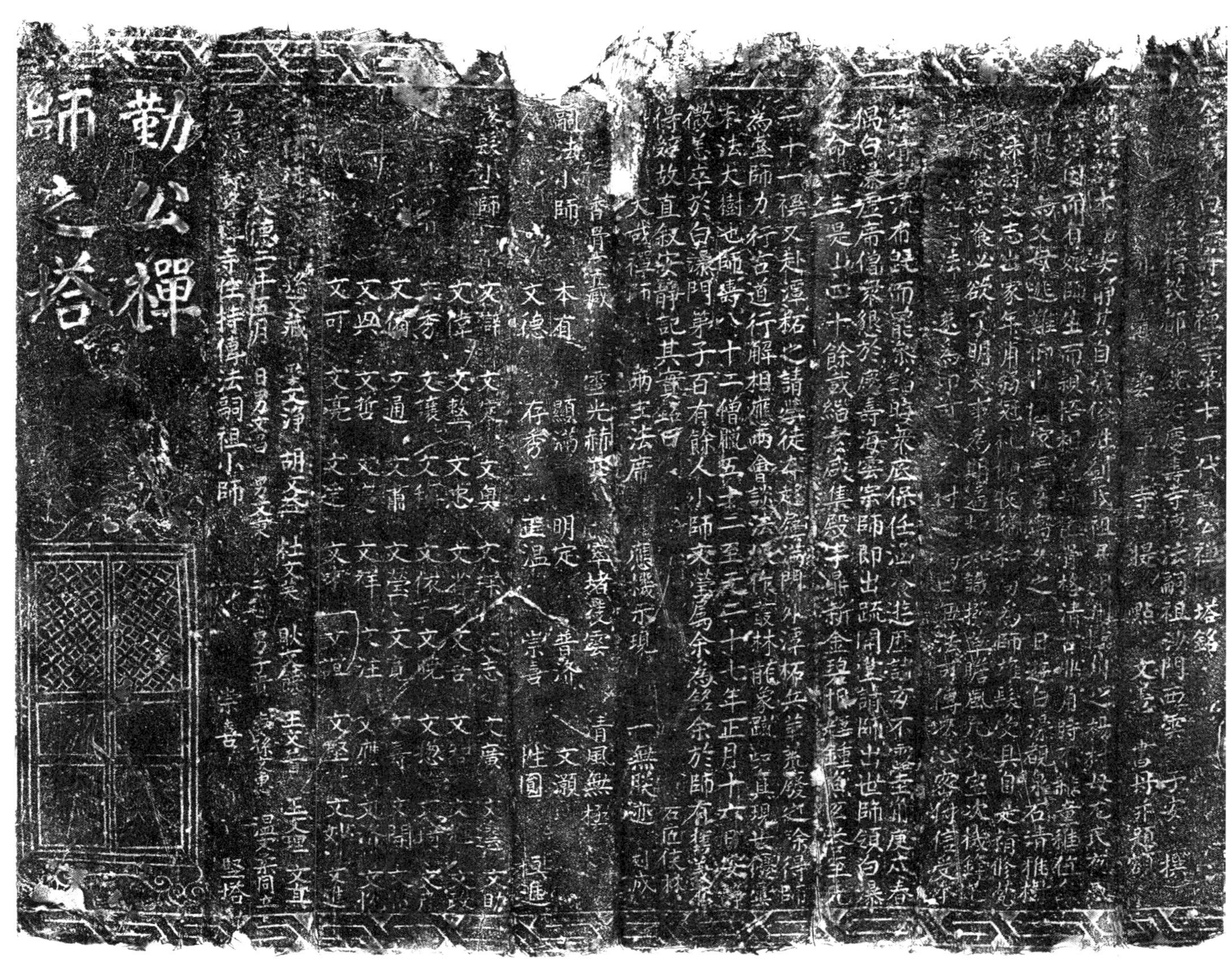

金城山白瀑壽峰禪寺第十一代勤公禪師塔銘（大德二年）刻石拓片

勤公禪ㄴ師之塔（額）ㄴ

金城山白瀑壽峰禪寺第十一代勤公禪師塔銘ㄴ

諸路釋教都總統、大慶壽寺傳法嗣祖沙門西雲子安撰。ㄴ

大都海雲禪寺提點文善書丹并題額。ㄴ

師法諱本勤，安靜，其自號。俗姓劉氏，祖居相州臨川之楊村。母尤氏夜感ㄴ異夢，因而有娠。師生而穎悟，相皃奇恠，骨格清古。丱角時，不雜童稚。值金ㄴ國提攘，與父母逃難仰山，因家焉。留寓久之，一日遊白瀑，覩泉石清雅，樹ㄴ林深蔚，決志出家。年甫弱冠，禮懶牧歸和尚爲師，薙髪受具。自是精修梵ㄴ行，廢寢忘飡，必欲了明大事爲期。遍扣知識，撥草瞻風，凡入室次，機鋒迅ㄴ捷。歸公知其法器，遂爲印可，以衣付之。偈曰：無法可傳，以心密付；信受奉ㄴ德（一），清香流布。既而罷參，韜晦衆底，保任涵養，遊歷諸方，不露圭角。庚戌春，ㄴ偶白瀑虛席，僧衆懇於慶壽海雲宗師，即出疏開堂，請師出世。師領白瀑ㄴ之命，一主是山四十餘載。緇素咸集，殿宇鼎新，金碧相輝，鍾魚玄塔。至元ㄴ二十一禩，又赴潭柘之請，學徒奔趍，屨滿門外。潭柘兵革荒廢之餘，得師ㄴ爲盛。師力行古道，行解相應，兩會談法，振作叢林，龍象蹴踏，真現世優曇、末法大樹也。師壽八十二，僧臘五十二。至元二十七年正月十六日，安靜ㄴ微恙，卒於白瀑。門第子百有餘人。小師文瑩屬余爲銘。余於師有舊，義不ㄴ得辭。故直敍安靜記其實。銘曰：ㄴ

大哉禪師，兩主法席。應機示現，一無朕迹。ㄴ香谷空藏，靈光赫奕。窣堵凌雲，清風無極。ㄴ

嗣法小師：本有　顯滿　明定　普濟　文灝ㄴ文德　存秀　正温　崇喜　性圓　恒進ㄴ

落髪小師：文辯　文定　文奥　文琛　文志　文廣　文選　文助ㄴ文偉　文整　文忠　文省　文善　文智　文輝　文政　ㄴ文秀　文讓　文稱　文依　文曉　文惣　文琦　文彦　ㄴ文備　文通　文肅　文瑩　文寬　文壽　文開　文常　ㄴ文興　文哲　文慶　文祥　文注　文應　文濟　文悦　ㄴ文可　文亮　文達　文才　文誼　文堅　文妙　文進（二）ㄴ

門徒：孫文藏　畢文淨　胡文益　杜文英　耿文饒　王文普　王文理　文真ㄴ

大德二年五月　日，男文昌、男文秉、男子瑞、男子貴、妻孫文惠、温文柔同立。∟白瀑壽峰禪寺住持傳法嗣祖小師崇喜竪塔。∟石匠侯林、劉成。∟

校勘記

〔一〕信受奉德　《北京元代史迹圖志》録作「信受奉持」。兹據拓改。

〔二〕輝文政文秀文讓文稱文依文曉文惣文琦文彦文備文通文肅文瑩文寬文壽文開文常文興文哲文慶文祥文注文應文濟文悦文可文亮文達文才文誼文堅文妙文進　《北京元代史迹圖志》脱以上六七字，兹據拓補齊。

## 三九　元皇恩特賜聖旨譯本碑　大德三年

《元皇恩特賜聖旨譯本碑》，大德三年（一二九九）七月立。碑漢白玉質，螭首，碑陽四框飾以波浪紋。碑通高二四〇釐米，寬八二釐米，厚二二釐米。碑陽額、正文皆爲八思巴文字，字口清晰，額題「qa・an jo-ri-r ji- -eo-gu-sun jar-liq」（義爲：皇帝宸命公告聖旨）。碑陰額篆書，題「皇恩特賜聖旨譯本」二行八字。正文二二行，滿行四六字。現位於北京市平谷區王辛莊鎮太后村。妙光等立石。

《北京元代史迹圖志》（北京燕山出版社，二〇〇九年）、《新日下訪碑録・平谷卷》（北京燕山出版社，二〇二二年）著録。蔡美彪《平谷元興隆寺聖旨碑譯釋》（《考古學報》二〇〇六年第三期）有八思巴文、漢文録文及研究。今據原碑和北京考古遺址博物館（金中都水關遺址）藏拓片録文。

碑陽刻馬兒年（至元三十一年）六月十二日八思巴文聖旨，碑陰刻有聖旨漢譯本以及立石時間、立石人、開讀使臣題名。

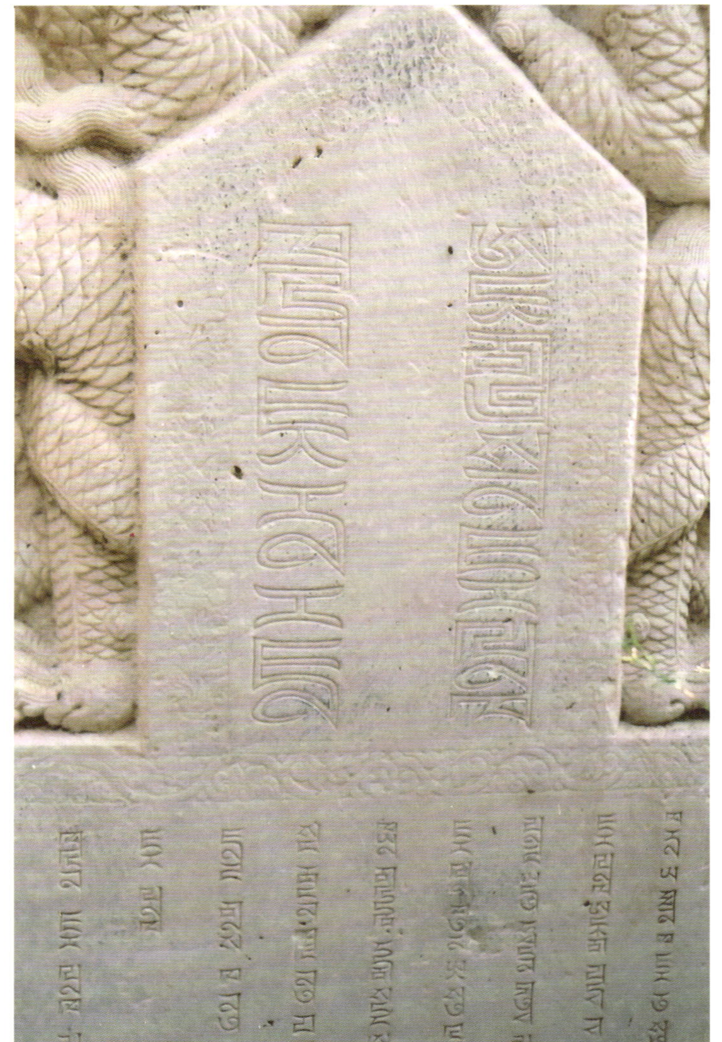

元皇恩特賜聖旨譯本碑（大德三年）碑體照片

元皇恩特賜聖旨譯本碑（大德三年）碑陽拓片

元皇恩特賜聖旨譯本碑（大德三年）碑陰拓片

# 録文

## 碑陽

（八思巴字蒙古語）

Moŋ-k'a dėŋ-ri-yin k'u-č'un dur ⅃ yė-ke su ja-li-yin ・i-he・en dur ⅃ qa・anjar-liq ma-nu ⅃

č'e-ri-・u-dun no-yad da č'e-rig ha-ra-na ⅃ ba-la-qa-dun da-ru-qas da yor-č'i -qun ya-bu-qun ėl- č'i-ne d・ul-qa-quė ⅃ jar-liq ⅃

jiŋ-gis qa-nu ba 'eo-k'eo-deė qa・a-nu ba ⅃ se-č'en qa・a-nu jar-liq・dur do-yid ėr-k'e-・ud sen-šhi-ŋud 'a-li-ba 'al-ba qub-č'i-ri 'eu-lu 'eu-je(m)[n] dėŋ-ri-yi jal-ba-ri-ju hi-ru-・er 'eo-gun 'a-t'u- ⅃ -qayi ke・eg-deg-sed 'a-ju-・uėė-du-・e ber beo-・e-su u-ri-da-nu ⅃ jar-li-qun yo-su-・ar 'a-li-ba 'al-ba qub-č'i-ri 'eu-lu 'eu-je(m)[n] dėŋ-ri-yi jal-ba-ri-ju hi-ru-・er 'eo-gun'a-t'u-qayi ge・en ta-du-lu da qa-ri-ya-t'u gei-jiw ⅃ piŋ-yeu-hṳen šuė-piŋ-šan dur bu-k'un heiŋ-leuŋ-zhi dziŋ-ŋem ⅃ du-law hua-ŋėm-zhi seu-mes dur 'a-qun t'ay-jaŋ-law heiŋ-jiaw qo-ya-r ba-ri-ju ya-bu-・ayi ⅃ jar-liq 'eog-beė ・ė-de-nu seu-mes dur ge-yid dur 'a-nu ėl-č'in bu ba・u-t'u-qayi u-la・a ši-・u-su bu ba-ri-t'u-qayi ts'aŋ t'am-qa bu 'eog-t'u-beė seu-mes de 'a-la ⅃ qari-ya-t'an qa-jar u-sun bag t'e-gir-med gey-dėn-k'u dėm ge-bid qa-la-・un ・u-sun ya-・ud k'e-di 'a-nu bu-li-ju t'a-t'a-ju bu 'ab-t'u-qayi ė-ne ba-sa t'ay-jaŋ-law heiŋ-jiaw qo-ya-r ⅃ jar-liq-t'an ge・e-ju yo-su 'eu-ge-・uė 'euė-les bu 'euė-led-t'u-geė 'euė-le-du ・e-su 'eu-lu-・u 'a-yu-qun mun ⅃ jar-liq ma-nu ma-rin jil ju-nu he-č'us ja-ra yin har-ban qo-ya-ra šaŋ-du da bu-guė dur bi-č'i-beė ⅃

## 碑陰

皇恩特賜∟聖旨譯本（額）∟

長生天氣力裏，∟大福廕護助裏，∟皇帝聖旨：管軍的官人每根底、軍人每根底、管城子每的達魯花赤根底、官人每根底、經過的使臣每根底宣諭通知∟聖旨：∟成吉思皇帝的，月闊歹皇帝的，∟薛禪皇帝的聖旨裏，和尚每、也里可温每、先生每，不揀甚麽差發科配休出者，告∟天祝壽者道有來。如今依在先的∟聖旨的體例裏，不揀甚麽差發科配休出者。∟天根底禱告，祝壽與者。麽道。屬大都路的薊州平谷縣瑞屏山□□□興隆寺、淨嚴、獨樂、華嚴寺□每住的□寺□□∟兩箇根底（一），將着行的∟聖旨與了也。這的每的寺裏每的他每的房子裏每，使臣□□□□□思休要者（二），丁□地稅休□□□□□□∟的田園地土（三）、水碾水磨、鋪席店舍、熱水堂子不揀□□□□□□□□□□（四），又這泰長老與□□□□□∟聖旨麽道（五），無體例的每當休行者。無體例的每當行呵□（六）∟聖旨俺的。馬兒年六月十二日上（七）。∟

大德三年七月　日住持妙光寂照、淨嚴寺宗□、瑞屏庵山主∟華嚴寺住持講經沙門□□□（八）∟獨樂寺監寺□□□（九）∟□寺

□∟

開讀使臣總管郭天禪　□□□使臣□□義　∟管鷹坊相公哈剌赤　∟通議大夫山北遼東道提刑按察使劉公□□　∟銀青榮禄大夫平章軍國重事　宣政院使領泉府卿荅失蠻。∟

## 校勘記

〔一〕屬大都路的薊州平谷縣瑞屏山□□□興隆寺淨嚴獨樂華嚴寺□每住的□寺□□兩箇根底　蔡美彪《平谷元興隆寺聖旨碑譯釋》作「屬大都路的薊州平谷縣瑞屏山裏興隆寺淨嚴獨樂華嚴寺每有的泰長老興覺兩箇根底」。

〔二〕使臣□□□□思休要者　蔡美彪《平谷元興隆寺聖旨碑譯釋》作「使臣休安〔下〕者〔鋪馬祗應〕休要者」。

〔三〕丁□地稅休□□□□□的田園地土　蔡美彪《平谷元興隆寺聖旨碑譯釋》作「商稅地稅休當者。但是屬寺家的田園土地」。

〔四〕熱水堂子不揀□□□□□□□□　蔡美彪《平谷元興隆寺聖旨碑譯釋》作「熱水堂子不揀〔甚麼物件他每的〕，休奪要者」。

〔五〕又這泰長老與□□□□聖旨麼道　蔡美彪《平谷元興隆寺聖旨碑譯釋》作「更這泰長老興覺兩個有聖旨麼道」。

〔六〕無體例的每當行呵□　蔡美彪《平谷元興隆寺聖旨碑譯釋》作「無體例的勾當行呵，他〔不怕那〕」。

〔七〕馬兒年六月十二日上　蔡美彪《平谷元興隆寺聖旨碑譯釋》作「馬兒年六月十二日上〔都有時分寫來〕」。

〔八〕華嚴寺住持講經沙門□□□　蔡美彪《平谷元興隆寺聖旨碑譯釋》作「華嚴寺住持講經沙門興思」。

〔九〕獨樂寺監寺□□□　蔡美彪《平谷元興隆寺聖旨碑譯釋》作「獨樂寺監寺興如　知客」。

# 四〇　狄梁公祠堂記　大德四年

《狄梁公祠堂記》，大德四年（一三〇〇）八月立。碑原址在北京市昌平區舊縣村北，現存於昌平公園石刻文物園。漢白玉質，圭額螭首已殘。碑殘高一四九釐米，寬八七釐米，厚二三釐米。中國國家圖書館藏碑拓陽高一五三釐米，寬八二釐米，陰高一三八釐米，寬八一釐米。額題篆書三行，僅存「縣」「公」「記」三字。碑陽行書，二二行，滿行三八字。碑陰楷書，二五行，滿行四三字。宋渤撰并書，楊文郁題額，木忽里、王敬、阿思蘭不花等立石。

明劉侗、于奕正《帝京景物略》、清孫承澤《天府廣記》、清孫星衍《京畿金石考》、清繆荃孫《藝風堂金石文字目》、清吴式芬《金石彙目》、《北京圖書館藏中國歷代石刻拓本匯編》（中州古籍出版社，一九八九年）等均有著録。今據中國國家圖書館提供拓片（北京八八六一）録文。

碑陽記重建狄梁公祠堂之始末。碑陰書具助緣立石人等題名。

狄梁公祠堂記（大德四年）碑陰照片

狄梁公祠堂記（大德四年）碑陽照片

狄梁公祠堂記（大德四年）碑陽拓片

狄梁公祠堂記（大德四年）碑陰拓片

录文

碑陽

□□縣∟□□公∟□□記（額）∟

□□縣狄梁公祠堂記∟

集賢學士、太中大夫宋渤文并書∟

翰林學士、中順大夫、知制誥同修國史楊文郁題額∟

□輿歲幸二京。昌平，故邑也。縣治在燕山南麓，當句陳豹尾之衝，公卿貴人頓宿伍，庶人舍邑。北門∟外舊有唐梁國狄公廢祠，不知始建何代。大德三年，縣尹遼陽王君敬率同事葺新之。今∟中書左丞呂公天麟見之，曰：「古賢宰輔也。是祠自出雖無從考，然景行先哲，脩廢興善，良民吏事也。∟葺而祭之宜哉！需作記。吾佐汝輩一碑材，工人有未具者，吾亦佐之。」未幾就緒，凡再閱月，祠之内外∟皆完好。具其事來謁予於圖史府，曰：祠成當識。竊謂傳有之能捍大患，能禦大菑者，咸載祀典。按狄∟公於唐社稷，□具名節，蓋房、魏、姚、宋等。如忠格悍后力爭廢主，究之四公之遭世遇合，能以孤身當∟横流中，毅然不易一言，極難事耳。史稱寧州爲勒石頌德，彭澤爲立生祠，魏州復有生祠，皆其所嘗∟臨治，恩信及人，既去，而猶思之者也。今昌平於傳未嘗作邑，而祀之何邪？按萬歲通天中，罷魏州。時∟嘗轉幽州都督。中宗反正，自右肅政御史大夫改河北道行軍元帥。其罷修城守具，論發兵戍疏勒∟非是，請曲赦河北脅從民人，蓋獲免者數千萬計，皆當時施行。其有大恩德於燕趙間甚昭。夫豈∟直昌平哉。吾嘗往來上谷、漁陽，古鎮戍中往往有公祠宇，蓋敦實之精、惠義之著，其被覆冒之境，感∟而不忘，相率祠之無疑也。以公平生議之，祭典雖乏，而天下通祀之，無不可者。昔人謂聖人設祭事，∟非必神之也，亦附之教焉。其於天地示有尊也，其於宗廟示廣孝也，其於功烈示報德也。凡是者□∟按文於典，以故事率而從之爾。至於百代而下，使人念其明德，象而祭之，非以忠貫天地，義在人心也，∟故能然邪？且梁公奚俟辨，記輿築事偶及之云。大德四年閏八月朔記。∟

進義副尉、昌平縣達魯花赤木忽里，∟從仕郎、昌平縣尹王敬，∟昌平縣主簿阿思蘭不花，∟昌平縣尉郭温，典史陳彦禮同立石。∟

## 碑陰

今具助緣立石人等于后：∟

提控司吏：∟郝禄　吳天澤　張文政　李孝義　張仲熙　∟崔仲璋　吳仲錫　高貞亨　張仁　馬肅　∟李進賢　孟文翼　于渊　王温　齊仲

温∟趙彬　陳仲良　李均　高鵬翼　∟李楨　何恭　路英　∟昌平站：∟提領趙郁　胡伯義　李得用　馮璋　盧務本　路伯通　孟雲　李天祐　尹

得用劉珍　∟總把王信　王□　高元　梁英　宋得禄　高惟良　崔庭珪　楊琛　高文焕　張文顯　∟商税務提領白思恭　大使暗都剌　副使吳得禄

攢典盧榮祖　耿遂良　辛店　黎忠友　∟大都：∟都總管府令史崔汝翼　肖古　何琪　魯春　∟右巡院典史趙仲實　永豐庫王副使　洞主李得山

艾得温常樂　哈歹　∟宛平縣典史穆均　段子鋪王政　∟南口上百户哈散　忽魯伯顔　吳居祥　段榮嗣　五十户邢讓　高鵬舉　丁仲實　∟

舊祠主范永堅者祠淨氏　∟里正：尉司總把常得進　劉得義　張榮　∟惠義鄉劉進　張進　霍得堅　張孝禮　∟仁和鄉李得信　郭懷玉

鄭祥　魏忠　蘭慶甫　∟信德鄉馬進　李彦弼　宫進　吳得堅　劉永昌　∟潤□鄉張順　彭得良　蔣世榮　李仲信　王思義　∟首領：∟

葛信義　劉得泉　劉順　李進　王聚　白成∟

提領程榮　提控李▯∟典吏：∟王德榮　韓禮　葛仲禮　∟辛社　邢政　丁敬祖　∟魏仲平　朱榮　總把耿▯∟面前：∟范義

尹進　王仲良　毛得榮　∟潤濟鄉：∟邵家莊杜懷玉　張得山　副使▯∟石家莊曹堅　鄭堅　崔家莊囊▯∟竜門莊辛仲錫　王用　黄

山　葛▯∟芹城寺趙山主　西柳馬仁恕　∟興壽典史孟文秉　提控馬良　∟麻峪趙大明　張仁信　崔村郝▯∟曹房　鄉老張松　張郁

于得▯∟典史鄭惟良　李仲璧　郝簡　∟辛峰　郝明　桃茵　陳仲祥　蓬山▯∟

本縣鄉老：∟坊市：郝仲秀　李成義　李全　提領郝甫用　劉玉　張諒　提領侯子玉　陳用　∟李仁義　李甫　王信道　李仁義　王守

信翟讓　李得叢　王得禄　何彦澤　喬全實　李從政　蘭仲榮　于甫進　馬▯∟惠義鄉：辛莊霍鎮　茶務翟守信　劉渊　班戒師　郭仲得

北側典史何仲諒　辛城李舉師　桃峪口楊總領▯∟花木兒　劉義　黄花鎮徐得春　辛城崔得順　桃林孫山主　崔秀　周泉　張禄　喬子

王法師　蘇家口潘知觀　北側社▯∟□和鄉：白浮提領張得信　宋玉　務副使崔堅　王朵羅歹　常樂張信　李仁信　王得信　豐善韓澤

□仙　□義　余▯∟西郭范公元　范公全　豐善楊進　王得成　王茂之　□雙塔儒士成昶　穆得秀　謝仲彬　尹秀　羅國寶　周瑞　張

仲▯∟信德鄉：辛店李忠信　完顔守信　王仁義　張甫　劉成　魏得良　陳良　劉天澤　李讓　豐得春　王庭瑞　康成　楊得興　趙▯

∟張大明　王伯成　李信　段秀　蘇成　常得海　賀仲明　南口崔成　姚店魏寬　榆河羅瑪　雙塔史信　張興進▯∟

# 四一　元故醫隱賈君（道弘）阡表　大德八年

《元故醫隱賈君（道弘）阡表》，大德八年（一三〇四）二月立，碑原在北京市房山區張坊鎮北白岱村，現存房山區雲居寺北塔院東塔廊。漢白玉石質，方首抹角，座佚，今座後配。通高一七〇釐米，寬八五釐米，厚一七釐米。額題篆書「醫隱賈君阡表」六字。碑陽楷書，一七行，滿行三八字。碑拓下部闕一字。楊昇撰，汪希中書并篆額，賈璞、賈壤立石，楊甫進刊。碑陰賈壤述并書。

清繆荃孫《藝風堂金石文字目》、清黄立猷《石刻名彙》、《房山墓誌》（北京市房山區文物管理所，二〇〇六年）、《北京元代史迹圖志》（北京燕山出版社，二〇〇九年）、《新日下訪碑録·房山卷》（北京燕山出版社，二〇一三年）、楊亦武《房山碑刻通志》卷五（學苑出版社，二〇二一年）著録。今據北京考古遺址博物館（金中都水關遺址）藏拓片録文。

碑陽記賈德全家世及其生平事迹，碑陰刻賈氏宗派之圖。

元故醫隱賈君（道弘）阡表（大德八年）實景照片

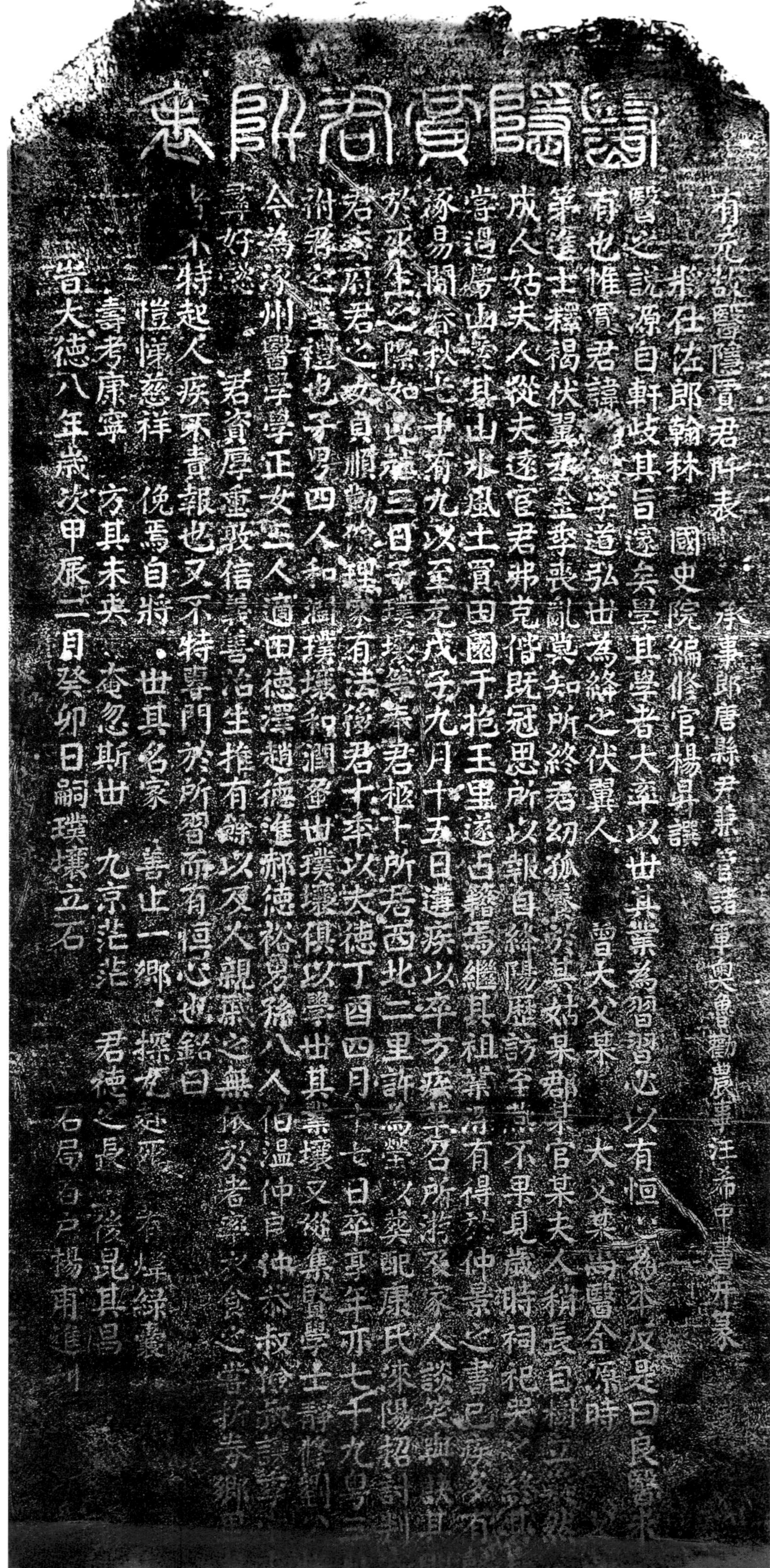

元故醫隱賈君（道弘）阡表（大德八年）碑陽拓片

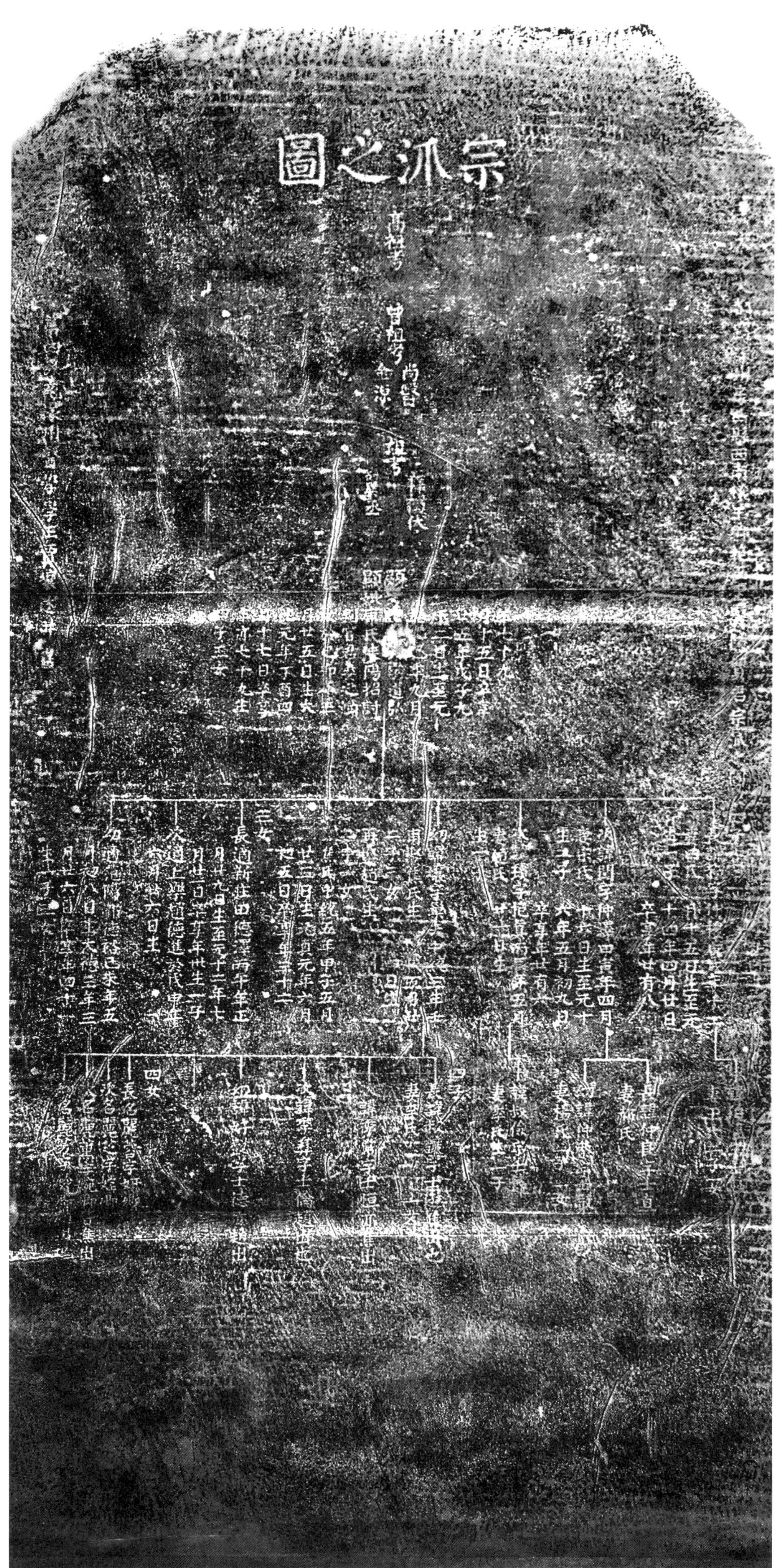

元故醫隱賈君（道弘）阡表（大德八年）碑陰拓片

録文

碑陽

醫隱賈君阡表（額）∟

有元故醫隱賈君阡表　承事郎、唐縣尹兼管諸軍奥魯勸農事汪希中書并篆∟

將仕佐郎、翰林國史院編修官楊昇譔。∟

醫之説源自軒歧，其旨邃矣。學其學者，大率以世其業爲習，習必以有恒心爲本。反是曰良醫，未之∟有也。惟賈君諱□□，字道弘，世爲絳之伏翼人。曾大父某，大父某尚醫，金源時，父某∟第進士，釋褐伏翼丞。金季喪亂，莫知所終。君幼孤，養於其姑某郡某官某夫人。稍長，自樹立，嶷然如∟成人。姑夫人從夫遠宦，君弗克偕。既冠，思所以報，自絳陽歷訪至燕，不果見。歲時祠祀，哭之終其身。∟嘗過房山，愛其山水風土，買田園于抱玉里，遂占籍焉。繼其祖業，深有得於仲景之書，已疾多有聲∟涿、易間。春秋七十有九，以至元戊子九月十五日遘疾以卒。方疾革，召所游及家人談笑與訣。其明∟於死生之際如此。越三日，子璞、壤等奉君柩卜所居西北二里許爲塋以葬。配康氏，淶陽招討判官∟君委府君之女，貞順勤儉，理家有法，後君十季，以大德丁酉四月十七日卒，享年亦七十九。粤三日，∟祔君之塋，禮也。子男四人，和、潤、璞、壤。和、潤蚤世，璞、壤俱以學世其業。壤又從集賢學士靜修劉公學，∟今爲涿州醫學學正。女三人，適田德澤、趙德進、郝德裕。男孫八人，伯温、仲良、仲恭、叔儉、叔讓、季常、季∟彝、好懿。君資厚重，敦信義，善治生，推有餘以及人，親戚之無依於者率衣食之。嘗折券鄉里，貧∟者不特起人疾，不責報也。又不特專門於所習而有恒心也。銘曰：∟

愷悌慈祥，俛焉自將。世其名家，善止一鄉。探丸起死，有煒緑囊。∟壽考康寧，方其未央。奄忽斯世，九京茫茫。君德之長，後昆其昌。∟

旹大德八年歲次甲辰二月癸卯日，嗣璞、壤立石，石局百户楊甫進刊。∟

## 碑陰

大元大都路涿州房山縣西南懷玉鄉抱玉里醫隱賈君宗派之圖

### 宗派之圖

高祖考

曾祖考　尚醫　金源

祖考　釋謁伏　翼丞

顯考諱□□，字道弘，於己巳季九月十二日生，至元廿五年戊子九月十五日卒，享年七十九。

顯妣康氏，淶陽招討判官君委之嫡女，於乙卯年三月廿五日生，大德元年丁酉四月十七日卒，享年亦七十九，生四子三女。

四子

長諱和，字仲禮，庚戌年十二月十五日生，至元十四年四月廿日卒，享年廿有八。妻田氏，生一子。

- 諱伯温，字士融，妻王氏，二子一女。

次諱閏，字仲澤，甲寅年四月十六日生，至元十六年五月初九日卒，享年廿有六。妻宋氏，生二子。

- 長諱仲良，字士直，妻郝氏。
- 幼諱仲恭，字士敬，妻楊氏，一子一女。

次諱璞，字抱真，丙辰年五月廿一日生。妻趙氏，生一子。

- 諱叔儉，字士節，妻李氏，生一子。

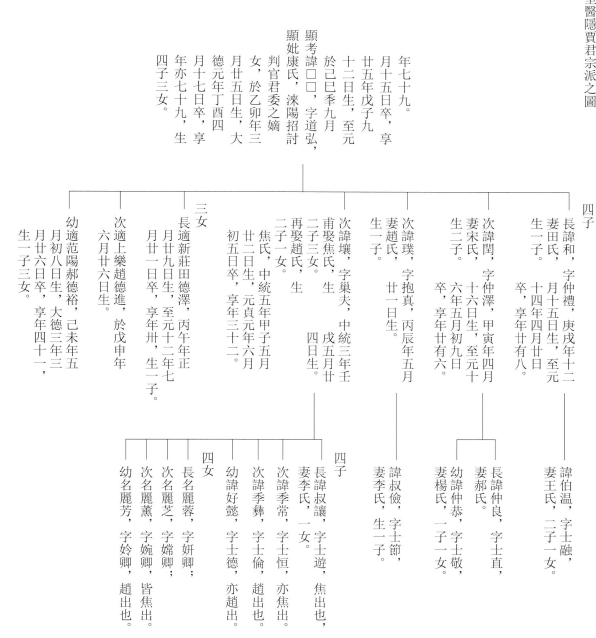

次諱壤，字巢夫，中統三年壬戌五月廿四日生。甫娶焦氏，生二子三女。再娶趙氏，生二子一女。焦氏，中統五年甲子五月廿二日生，元貞元年六月初五日卒，享年三十二。

- 四子
  - 長諱叔讓，字士遊，焦出也，妻李氏，一女。
  - 次諱季常，字士恒，亦焦出。
  - 次諱季彝，字士倫，趙出也。
  - 幼諱好懿，字士德，亦趙出。
- 四女
  - 長名麗蓉，字妍卿；
  - 次名麗芝，字媏卿；
  - 次名麗蕙，字婉卿，皆焦出。
  - 幼名麗芳，字姈卿，趙出也。

三女

長適新莊田德澤，丙午年正月廿九日生，至元十二年七月廿一日卒，享年卅，生一子。

次適上樂趙德進，於戊申年六月廿六日生。

幼適范陽郝德裕，己未年五月初八日生，大德三年三月廿六日卒，享年四十一，生一子三女。

第四男充涿州醫學學正賈壤述并書

## 四二　特賜佛性圓融崇教大師壽塔記　大德八年

《特賜佛性圓融崇教大師壽塔記》，大德八年（一三〇四）四月建。現存地不詳。中國國家圖書館藏拓片碑身高一二三釐米，寬七五釐米，額高四五釐米，寬三三釐米。額題「特賜佛性圓融崇教傳戒華嚴大師壽塔」四行一六字。碑文楷書，三三行，滿行五〇字。西雲撰、崇萬書，通玄圓照大師義敬等建，王用正刊石。

清顧燮光《古誌新目初編》、《北京圖書館藏北京石刻拓片目録》（書目文獻出版社，一九九四年）、《北京圖書館藏中國歷代石刻拓本匯編》（中州古籍出版社，一九八九年）著録。今據中國國家圖書館提供拓片（北京二五四二）録文。

塔記記定演大師之生平與道行。

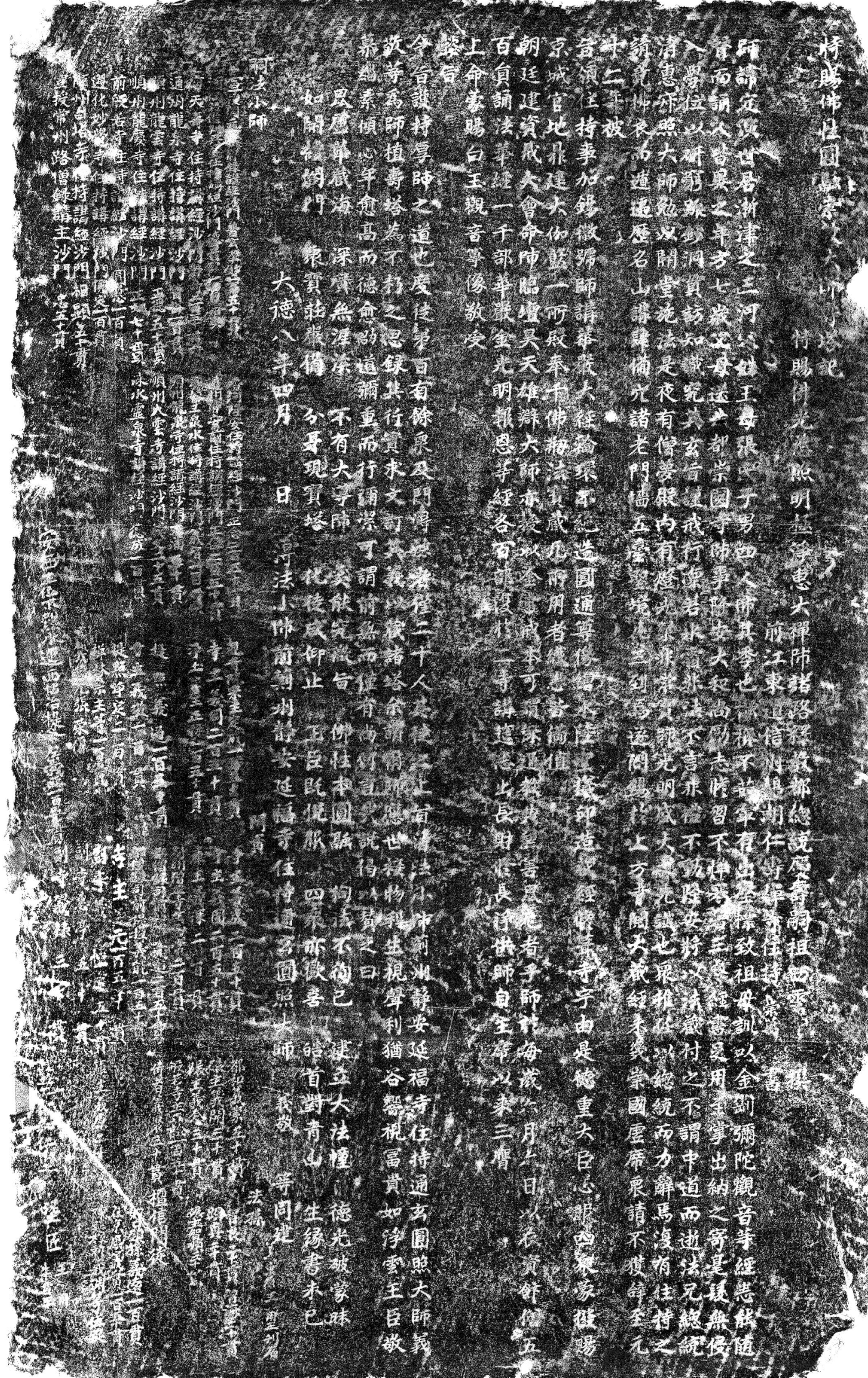

特賜佛性圓融崇教大師壽塔記（大德八年）碑文拓片

## 録文

特賜佛性⌊圓融崇教⌊傳戒華嚴⌊大師壽塔（額）⌊

特賜佛性圓融崇教大師壽塔記⌊

特賜佛光慈照明極淨惠大禪師、諸路釋教都總統、慶壽嗣祖西雲撰。⌊

前江東道信州鵝湖仁壽禪寺住持崇萬書。⌊

師諱定演，世居淅津之三河。父姓王，母張氏，子男四人，師其季也。襁褓不茹葷，有出塵標致。祖母訓以《金剛》《彌陀》《觀音》等經，悉能隨⌊聲而誦，人皆異之。年方七歲，父母送大都崇國寺，師事隆安大和尚，勵志修習，不憚寒暑，三□經書足用。至掌出納之寄，毫髮無侵。⌊入學位以研窮，疏鈔洞貫。訪知識，究其玄旨，謹戒行，凛若冰霜，非法不言，非禮不動。隆安將以法藏付之，不謂中道而逝。法兄總統⌊清惠寂照大師勉以開堂施法。是夜，有僧夢殿内有燈，光粲非常，實師光明盛大之先讖也。衆推任以總統，而力辭焉。復有住持之⌊請，竟拂衣而遁。徧歷名山講肆，備穴諸老門墻。五臺聖境，凡三到焉。遂問錫於上方寺，閲大藏經。未幾，崇國虚席，衆請，不獲辭。至元⌊十二年，被⌊旨領住持事，加錫徽號。師講華嚴大經，輪環不絶，造圓通尊像，繪水陸聖儀，印造藏經，修葺寺宇。由是德重大臣，心服四衆，蒙撥賜⌊京城官地，鼎建大伽藍一所，殿奉千佛，刱法寶藏，凡所用者纖悉皆備。值⌊朝廷建資戒大會，命師臨壇，昊天雄辯大師亦授以金書戒本，可謂永通教典兼善□无者乎。師於每歲六月六日以衣資飰僧五⌊百員，誦《法華經》一千部，《華嚴》《金光明》《報恩》等經各百部，復於二寺講筵悉出長財，修長淨供。師自主席以來，三膺⌊上命，蒙賜白玉觀音尊像，敬受⌊懿旨、⌊令旨護持，厚師之道也。度徒弟百有餘衆，及門得法者僅二十人。其徒之上首得法小師，薊州靜安延福寺住持通玄圓照大師義⌊敬等，爲師植壽塔，爲不朽之思，録其行實，求文訂其義，以藏諸塔。余謂爾師應世，接物利生，視聲利猶谷響，視富貴如浮雲，王臣敬⌊慕，緇素傾心，年愈高而德愈劭，道彌重而行彌潔，可謂前無而僅有，尚何言哉。説偈以贊之，曰：⌊

毗盧華藏海，深廣無涯涘。不有大導師，奚能究微旨。佛性本圓融，徇法不徇己。建立大法幢，德光破蒙昧。⌊如開樓閣門，衆寶莊嚴備。分身現寶塔，化徒咸仰止。王臣既悦服，四衆亦歡喜。皓首對青山，生緣書未已。⌊

大德八年四月　日，得法小師、前薊州靜安延福寺住持通玄圓照大師義敬等同建。王用正刊石。⌞

嗣法小師：⌞宣授開元□僧録講經沙門普玄□鈔一百五十貫　香河隆安住持講經沙門正念二百五十貫　觀音院宗主定成一百五十貫　⌞河間路僧判興慶住持講經沙門德貴一百貫　通州淨安前住持講經沙門正偉二百五十貫　寺主義周二百五十貫　⌞前天壽寺住持講經沙門靜壽二百五十貫　平谷玉泉水住持講經沙門義智一百貫　淨土宗主正禄一百五十貫　⌞通州龍泉寺住持講經沙門普裕一百貫　順州龍泉寺住持講經沙門道滿五十貫　⌞順州龍雲寺住持講經沙門正德五十貫　順州大雲寺講經沙門義文二十五貫　提點義通一百五十貫　⌞順州龍慶寺住持講經沙門正如七十貫　淶水靈泉寺講經沙門德成一百貫　寺主義敬一百貫　⌞前般若寺住持講經沙門圓德一百貫　提點淨定二百貫　⌞遵化妙覺寺住持講經沙門圓定一百貫　禪林宗主等一百貫　⌞順州白塔寺住持講經沙門相顯五十貫　義□□張榮僧　⌞宣授常州路僧録講主沙門□忠五十貫⌞

門資：寺主義成二百五十貫　寺主義固二百五十貫　庫主義深二百貫　薊州僧正寺主義常二百貫　都僧録司前知事義道二百五十貫　都僧録司前提控義能一百五十貫　寺主義元一百五十貫　副寺義悟五十貫　副寺惠亭五十貫　副寺義禄三十貫　⌞都和義崇五十貫　碾主義開三十貫　碾主義念三十貫　般若寺主正詮一百五十貫　侍者義聚三十貫　庫主義原二十貫⌞

法孫：智良二十貫　顯真二十貫　碾主智順三十貫　智海二十貫⌞

檀信門徒：⌞如□孫義遠一百貫　在京□義□一百五十貫　⌞陳延□、劉義淵等伍錠⌞

安西王位下熱水迤西□冶提舉左義正一百五十貫　□匠□仁堅　塑匠王□、牛□□⌞

## 四三　新修白雲觀碑銘　大德八年

《新修白雲觀碑銘》，大德八年（一三〇四）五月建。現存北京市順義博物館（順義區文管所）。白色大理石質，首、座俱佚，碑陽左上角殘。碑陰右上部大片剥落，漫漶較爲嚴重。碑通高二二五釐米，寬一〇〇釐米，厚二五釐米。碑陽楷書，二〇行，滿行五一字。碑陰楷書，三二行，滿行五五字。宋渤撰文，馬道真書丹并篆額，劉德忠刊，劉道定、何德興、李道元等立石。

清孫星衍《京畿金石考》、清吴式芬《金石彙目》、清周家楣等《（光緒）順天府志》、《北京元代史迹圖志》（北京燕山出版社，二〇〇九年）、《新日下訪碑録·大興卷、通州卷、順義卷》（北京燕山出版社，二〇一六年）等皆有著録。今據北京考古遺址博物館（金中都水關遺址）藏拓片録文。

碑陽記張道寬之生平事迹以及新修白雲觀之始末，碑陰書具緣立石人等題記。

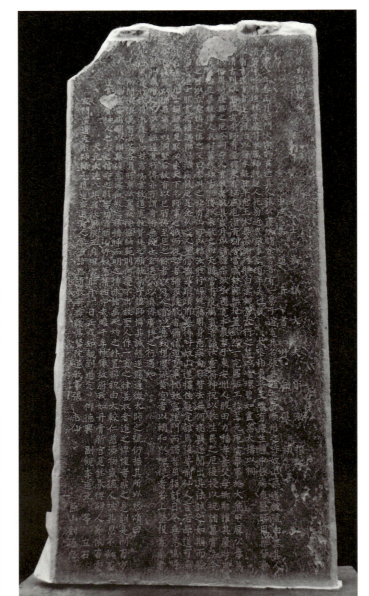

新修白雲觀碑銘（大德八年）碑陰照片

新修白雲觀碑銘（大德八年）碑陽照片

新修白雲觀碑銘（大德八年）碑陽拓片

新修白雲觀碑銘（大德八年）碑陰拓片

## 碑陽

### 新修白雲觀碑銘ㄴ

集賢學士、嘉議大夫宋渤撰。ㄴ

雲中馬道真書丹并篆額。ㄴ

大德八年春正月，玄門大宗師玄逸真人張公霞卿謂余言：「吾有一弟子，道寬其名，張其姓者，居順州之呼奴山，築道館，號白雲。其人能ㄴ清苦煉形，精進肄業，嚴符水，厲神祝，起人死，旁近民敬事之有年矣。」往歲，大丞相東平王嘗有瘍生體中，極病，衆醫師用藥皆無效。ㄴ人有言道寬者，遂召往，治以符水，數日平愈。王大異，勞謝殊腆。白雲觀當太行之麓，四峰環碧如畫。爲大構以祠ㄴ□清，古列仙有位，玄中師有堂，羽衆有栖廡，庖湢有別舍，當雲林勝概地，蓊鬱然一完區。始工於至元庚寅，畢事於大德甲辰。公幸爲誌ㄴ□，以備異時廢興之厄，令嗣守人有攸考，敬具歲月以請。謹案狀云：道寬本農家子，東安州人，服田力穡，孝養父母，鄉鄰推其廑。壯歲□ㄴ□□□始夜夢數偉人，衣冠蕭然如古列僊狀。來教之，曰：「天時當有疫癘氣，吾語汝靈符，神祝以救生民之厄。」復授以祝諸菓實法，令□ㄴ者食之，可以立愈。慎之慎之。」又曰：「去此之北有山，可以結汝修行緣。」既寤，周身惡疾旬日皆去。無何，疫興，遂間出其法試之，如期而驗。□ㄴ去家著道士服，晝夜精進，惟以治疾救厄是念。久之，人果信。嚮尋蹤蹟，前夢得呼奴山，遂擇佳處定舘焉。復夢前仙人言：「若學道可無□ㄴ且名道寬，凡士録録無足取，必求天下名師事之。」俄而，從之者彌衆，請教者彌信。道寬畢忱致審，踵門而謁者，屈指計日，令無恙。嗚呼！□ㄴ念之誠，可以隕飛霜，可以洞堅石，故有以己所得至足之餘者以及人，有以意致想周流黄宫者以輔和，以神視者，名上醫；投毒藥者，爲ㄴ名醫，世咸用之，不以爲誣。道寬所傳，亦可謂奇術無疑也。玄逸公以真淳廣博之行，遇知ㄴ聖世風旨，所被羽流覆冒，如甘露卿雲，故道寬執贄拜之，願執弟子禮。師憐其誠慤，遂賜通微大師之號，仍摭其所以然。頌曰：ㄴ

兩間混混，萬有芸芸。各負所禀，欲奮厥神。匪納範則，何變不出。故聖人作，一寘之律。善淑者進之，悍愎者柔之。是訓是刑，百方□ㄴ之。尚慮疾疢，輔以餌藥。復虞寒飢，教之稼穡。神而明之，博求諸幽。砭灼之外，置科祝由。大較仁慈，濟物盛德。人被其恩，不知不□。∟道寬□實，神人之心。己信守之，影響相尋。順山呼奴，葱蒨紺宇。式瞻千年，神僊故府。我如丹青，新宮是銘。永俾嗣人，爰依百靈。∟

大元大德八年歲次甲辰五月甲寅朏十一日壬戌，知觀劉道定、何德興、副觀李道元等立石。∟玄門演道大宗師輔元履道玄逸真人、掌管諸路道教事、商議集賢院道教事張志仙，燕山劉德忠刊。∟

## 碑陰

前闕 ∟▯李道元　∟▯∟▯穆道春　∟▯楊道用　∟▯∟▯∟▯之　耿智　武益　沈嘉甫　∟張娘娘　∟▯尉檀州判官孟禄　∟▯同知檀州事張允中　∟▯州知州兼管□本州諸軍奥魯勸農事姜居政　∟▯州達魯花赤兼管本州諸軍奥魯勸農事賽哥　∟捕盜所司吏田得榮　∟司吏：∟馮揖　蘭居仁　李璧　趙浩　許政　∟李顯　武彦忠　張翼　王叔賢　∟吏目：□京　∟從仕郎、大都路順州判官趙天瑞　∟從仕郎、同知大都路順州事崔哈剌拔都　∟奉直大夫、大都路順州知州兼管本州諸軍奥魯勸農事段庭珪　∟武節將軍、大□路順州達魯花赤兼管本州諸軍奥魯勸農事脱歡沙　∟資德大夫、遥授中書右承大司農簽宣徽院事曹庭瑞　∟榮禄大夫、大司徒石蒙古歹　∟銀清榮禄大夫、大司徒兼領太常寺事兀都台　∟太師忠顯東平王夫人布顔忽都　∟金紫光禄大夫、太師東平□□書右承相安童　∟

主首：康智　康全　康廣　劉□家　師□□　劉文興　□□　□□進　檀州康家莊郭□□▯　∟知事魏簡　高元　高政　劉温　錢顯河□平□嘉莊□□□　李聚　□□　高□虎　同□　□□　劉宣差　▯　∟曲水李慶鮮　李慶元　李慶甫　□慶□　□仲□　馬太雷山東李仁良　劉寬　冉家莊劉信▯　∟城子焦從　何社長　王百户　奉伯□□文繡　□□　趙□□　□□　靳瑞　袁村□伯堅　□▯　∟太后務胡權府　胡祐　胡信　李百户　王存□　□□敬　王伯□　□伯祥　□成　李智　孝得村楊社長　張▯　∟張社長　賈智元　宋家莊宋社長　王伯□　劉慶　宋秀　□德興　郭秀　蘭讓　王家莊邵□□　趙伯▯　∟太保莊李肅　李義　李成　李甫　北家□□□韓開　郭得林　岳宣差　趙家莊付慶甫　王▯　∟仵伋村劉得信　劉□　□秀□　河東□仲實　李仲安　李仲賢　高家莊武副使▯　∟劉貴　肖簡　劉甫　□□　太□莊劉澤　張永堅　劉堅　望□祖　中昊史祥　王展　田慶▯　∟灘頭元温　王社長　□長官　劉□　凹里郭提領　劉成　堝頭劉順　賈三　東木林邢甫　晁慶▯　∟上碾孫秀　王□　□家□　□百户　田家莊解榮　田仁信　榮家莊班運□　晁甫　晁寬　∟

回子裏祖榮　祖和　□□　趙□　紹州□□　李遂店　劉寬甫　劉良瑞　焦百户　河南寨李福隆　蘇⊓　⌞楊彥春　王□　張百户　□領
　劉慶甫　史君玉　王淵　劉元亮　先臺董宣差　中吴⊓　⌞魯家莊高伯　范□　□榮　魯敬先　郝得用　趙義　王□　□元□　太子務
石抹宣差⊓　⌞魯仲禄　魯資義　魏甫堅　沙浮裏楊社長　□□莊孫柔　提轄莊趙大使　董副⊓　⌞曲水張寬甫　李得　太后務范大
柳家莊劉顯　韓吏目　韓義　姚家莊王伯祥　寧村田琛　賈百户　⌞郝家疃杜伯祥　袁甫　袁百户　勾北裏劉伯成　坑仲良　索得元　坊市
李伯堅　中昊李⊓　⌞大都張得遜　蘭信　國秀　崇國莊焦元　周堅　肖慶裕　張寬甫　西木林劉瑞　劉整⊓　⌞蘭甫　劉伯川　李
秀　張淵　胡家莊胡進　楊仲澤　胡伯成　劉端　劉世元　王⊓　⌞本州坊市張仙成　武仁德　史良壽　法信李百户　肖四　九王莊蘇閏
王百户　倉頭肖讓　宋家莊張⊓　⌞石林　繼柔　喬成　毛秀　張琚　史忠賢　葛堝張松　郝文政　河北村馮得進　遠西莊張社長⊓　⌞
夏得全　米恕　崔嵓　張仲明　塔河馬忠信　楊寬　杜家莊藺元　小務東郭社長⊓　⌞楊士稷　七哥宣差　夏仲珪　馬家泊王提領　李胤
務劉成　焦祥　張朴　統軍莊馮提領⊓　⌞馮温甫　梁瑛　張忠　李深　姚家莊王伯禎　李海　河北村張文得　邵渠裏宋義⊓　⌞玉璘
撒里　紀德榮　□□彧　王榮　杏樂王□　臺上李實　張伯堅　燕樂寨康仲良　劉⊓　⌞北關趙得柔　王世賢　張青　范家莊田閏　董信
　太后務張國瑞　張乂　乾杏石秀才　張祥⊓　⌞東安州坊市楊典史　楊安　郭提領　牛蘭務成玉　成國寶　張文質　孝得馬伯堅　唐東
⊓　⌞豐閏韓城鎮□副使　宋家莊張大夫　年豐　侯得林　侯瑞　張通甫　何得全　唐東宋社長　崔□⊓　⌞三河軍下顔總管　省務惠
曹用　魏伯玉　于秀　齊大使　何青甫　三河儒口郭四　郭⊓　⌞馬家莊杜甫　德勝店姚秉　大師務邵讓　堰頭王道真　奉伯朱君昞　李
文秀　下信務劉全⊓　⌞四侯莊李順　李社□　□蘭山賈慶禄　賈慶良　德勝店趙社長　平峪王付司⊓　⌞八作務蔡甫　郭家莊思提領
　陳杏□　王□　向陽張得進　□小李□　李⊓⌞

# 四四　昭勇大將軍萬户張公（弘綱）墓誌銘

大德九年

《昭勇大將軍萬户張公（弘綱）墓誌銘》，大德九年（一三〇五）建。一九七二年北京市朝陽區永定門外小紅門張弘綱墓出土，後存於北京市文物研究所，現存首都博物館。墓誌青石質，蓋覆斗形，素面。墓誌長九六點五釐米，寬九〇點五釐米，厚一二釐米。墓誌蓋楷書四行，滿行四字。誌蓋額題篆書「昭勇大將軍萬户張公墓誌銘」六行一二字。墓誌銘楷書，四六行，滿行四四字。梅宗説撰，趙孟頫書，方回篆額，鄔德榮刊。

《元鐵可父子墓和張弘綱墓》（《考古學報》一九八六年第一期）、《北京文物研究所藏墓誌拓片》（北京燕山出版社，二〇〇三年）、《北京元代史迹圖志》（北京燕山出版社，二〇〇九年）、《北京考古史・元代卷》（上海古籍出版社，二〇一二年）等均有著録。今據首都博物館藏拓片録文。

墓誌記張弘綱家世及生平事迹。可與吴澄《大元昭勇將軍河南諸翼征行萬户贈宣忠秉義功臣資善大夫湖廣等處行中書省左丞上護軍齊國張武定公墓表》、許有壬《萬户張公廟堂詩并序》相參照。

昭勇大將軍萬户張公（弘綱）墓誌銘（大德九年）誌蓋拓片

昭勇大將軍萬户張公（弘綱）墓誌銘（大德九年）誌蓋額拓片

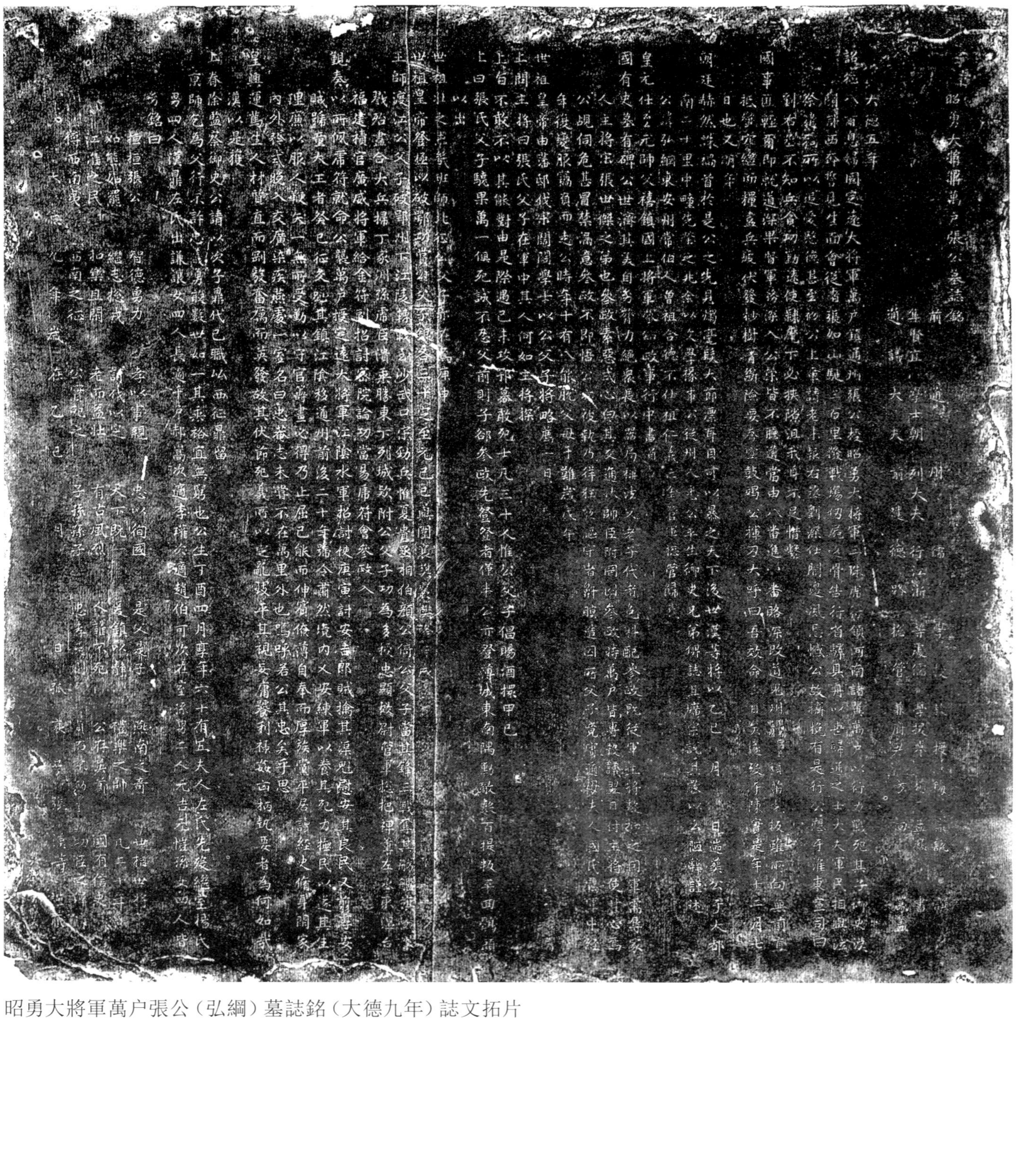

昭勇大將軍萬户張公（弘綱）墓誌銘（大德九年）誌文拓片

大元故昭㇄勇大將軍㇄萬户張公㇄墓誌銘蓋（誌蓋）㇄

昭勇㇄大將㇄軍萬㇄户張㇄公墓㇄誌銘（額）㇄

昭勇大將軍萬户張公墓誌銘㇄

前通州儒學校教授梅宗説譔。㇄

集賢直學士、朝列大夫、行江浙等處儒學提舉趙孟頫書。㇄

通議大夫、前建德路總管兼府尹方回篆蓋。㇄

大德五年，㇄詔征八百息婦國。定遠大將軍、萬户鎮通州張公授昭勇大將軍、三珠虎符、領河南諸翼萬户以行，力戰死。其子御史漢㇄聞訃西奔，誓見生面。會從者張如山馳三百里，撥戰塲仭屍返骨，告行省驛具舟以喪歸。通之士大夫、軍民相與泣㇄祭，建祠所以追愛慇德甚至。初，公上章請老，未報。右丞劉深任開邊，夙忌憾公，故擠挽有是行。公愬于淮東宣司曰：㇄「劉右丞不知兵，貪功勤遠，使隸麾下，必挾隙沮我，身不足惜，繫㇄國事匪輕爾。」即就道，深果督軍務深入，公策皆不聽。道當由八番進，八番賂深，改道鬼州（舊名羅氏鬼國）。頑苗先叛，雖所向無前，㇄直抵蠻穴，繼而糧盡兵疲，伏發杪樹箐，斷險要，拳空鼓竭。公揮刃大呼曰：「吾效命今日矣！」遂殁于陳，實是年十二月七㇄日也。又明年，㇄朝廷赫然誅禍首，於是公之先見燭毫髮，大節凛耳目，可以暴之天下後世。漢等將以乙巳　月　日，耑葬公于大都㇄南二十里中疃先塋之兆。余以文學掾事公，從州人悉公平生。御史兄弟俾誌其壙，宗説其敢以公陋辭。謹述：㇄公諱弘綱，東安州常伯人。曾祖合德，不仕。祖仁義，亡金管軍總管，歸我㇄皇元，仕至元帥。父禧，鎮國上將軍、參知政事、行中書省事，㇄國有史，墓有碑。公世濟其美，自幼膂力絶衆，長以器局稱。法，父老子代者免科配，參政既從軍，主將數抑之，因軍需辱家㇄人。主將，宋張世傑之弟也。參政素惡式心，白其交通狀，帥臣附罔，囚參政。時萬户皆專殺，議翌日付主將，使甘心焉。㇄公覘伺危甚，冒禁漏意，參政不即悟，公亦被執。乃佯狂夜謳，守者鼾瞑，造囚所，父子竟宵遁。母夫人國氏羈軍中，經㇄年復變服竊負而走。公時年十有八，能脱父母于難。歲戊午，㇄世祖皇帝由藩邸伐宋，闔闊學士以公父子將略薦。一日，㇄上問主將曰：「張氏父子在軍中，其人何如？」主將探㇄上旨，不敢不以其能對，由是際遇。己未，攻鄂，募敢死士凡三十人，惟公父子倡。賜酒擐甲已，└上曰：「張氏父子驍果，萬一俱死，誠不忍，父前則子卻。」參政先登，登者僅半，公亦登，薄城東南隅，勦敵數百，提叛卒回鶻頭└以出，└世祖壯之。未幾，班師北征，公父子亦在焉。庚申，└世祖皇帝登極，以破鄂功，賞公父子銀各三十定。至元己巳，與圍襄樊，襄樊降。甲戌，└王師渡江，公父子破郢州，下江陵，轉戰至沙武口。宋勁兵惟夏貴，丞相伯顔公倚公父子當其鋒，三戰奪其舫艦旗幟，□└戮殆盡。合大兵掃丁家洲，孫虎臣潰，乘勝東下，列城款附。公父子功爲多，授忠顯校尉、管軍總把。裨董左丞取温、台、└福建，積官廣威將軍、給金符、副招討。密院論功，當易虎符。會參政入└覲，奏以所佩虎符就命公襲萬户，授定遠大將軍、江陰水軍招討使。庚寅，討安吉郎賊，擒其渠魁，慰安其良民。又翦淳安└賊號童大王者。癸巳，征交趾，其鎮江陰，移通州，前後二十年，號令肅然，境内乂安。練軍以養其死力，撫民以遂其生└理。廉以服人，鞭矢一無所受；勤以守官，籌畫必得乃止。屈己能而伸賓僚，薄自奉而厚族黨。平居讀經史，脩身閑家，└内外矜式。晚入交廣，染疾。燕處一室，名曰忠菴，志未嘗不在萬里外也。嗚呼！若公其忠矣乎！思└皇興運篤，生人材，質直而剛毅，奮厲而英發，故其伏節死義，所以定亂致平。其視安庸饕利禄、姦凶柄執要者爲何如哉！└漢以是獲└上眷，除監察御史。公請以次子鼎代己職，从西征。鼎留└京師，乞爲父行，不許。忠義勇敢，數世如一，其乘裕宜無窮也。公生丁酉四月，享年六十有五。夫人左氏，先殁，繼室楊氏。└男四人，漢、鼎，左氏出；謙、讓。女四人，長適千户郝嵩，次適李瓘，次適趙伯可，次在室。孫男二人，元吉、元愷。孫女四人，皆└幼。銘曰：└

桓桓張公，智德勇力。孝以事親，忠以徇國。是父是子，燕南之奇。世相世將，└如熊如羆。繼志總戎，討伐以定。天下既一，爰鎮以靜。禮樂之帥，凡二十年。└江淮之民，和樂且閑。老而益壯，有古風烈。人誰不死，公存英節。國有信史，└傳西南夷。西南之征，公實死之。子孫孫子，忠孝是則。貞石不泐，功臣之澤。└

大德九年，歲在乙巳，　月　日，孤哀子張漢等謹藏，└吴郡鄔德榮刊。└

# 四五　崇國寺退隱僧塔銘　大德九年

《崇國寺退隱僧塔銘》，文中稱退隱僧人大德九年（一三〇五）三月三日病逝，其立塔時間當距此不遠。該塔銘爲明城墻填充物，二〇世紀七〇年代北京環綫地鐵工地出土。現存於北京石刻藝術博物館。塔幢式，銘高一〇〇釐米，殘寬二七釐米，厚三一釐米。幢僅存兩面，一面較爲完整，另一面殘損嚴重。上部及右部、左部均有殘闕。銘文楷書，殘存七行，滿行三〇字。

《新中國出土墓誌·北京（壹）》（文物出版社，二〇〇三年）、《書法叢刊》（二〇〇七年第四期）、《北京石刻藝術博物館藏石刻拓片編目提要》（學苑出版社，二〇一四年）著録。以上均將此碑繫於大德九年，今暫從。今據北京石刻藝術博物館藏拓片録文。

塔銘記崇國寺退隱僧之生平事迹以及道行。

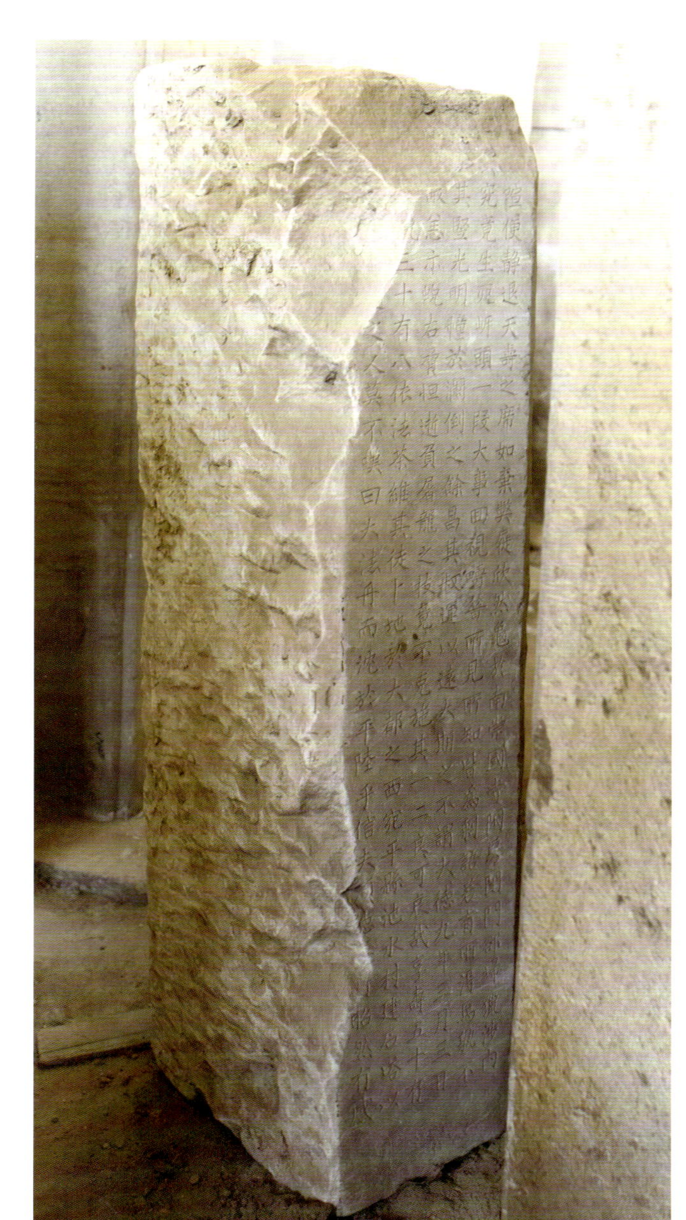

崇國寺退隱僧塔銘（大德九年）照片

崇國寺退隱僧塔銘（大德九年）銘文拓片

## 録文

前闕

□□不可闕□□□□般若、天壽二斗□應機接物，緇素咸服。迨夫晚年，□喧便靜，退天壽之席，如棄弊屣。欣然龜於南崇國寺閑房，閉門却埽，獵涉内□，究竟生死岸頭一段大事。回視疇昔，所見所知，皆爲剩語，若有所得焉。孰不□其竪光明幢於瀾倒之餘，昌其叔運，以遠大期之。不謂大德九年三月三日，□微恙示蜕，右脅怛逝。負屠龍之技，竟不克施其一二，良可哀哉！享壽五十有□，□臘三十有八。依法荼維，其徒卜地於大都之西宛平縣池水村，建石塔以□之人，莫不嘆曰：大法丹而沈於平陸乎！信夫願德善行，昭然有感。

後闕

## 四六　轉長生藏經記　至大三年

《轉長生藏經記》，至大三年（一三一〇）十一月立石。現存於首都博物館。碑保存基本完整，高八五釐米，寬五五釐米。碑額圭形，上部有纏枝紋，額横題行書「轉長生藏經記」一行六字。碑正文楷書，一九行，滿行二八字，下半部磨泐較多。性覺妙明通辯大師刊石。

清于敏中《日下舊聞考》、清孫星衍《京畿金石考》、清周家楣等《（光緒）順天府志》著録是碑。今據首都博物館藏拓片録文。

碑記宣政院使忻都捨庫本閱藏經之事迹。

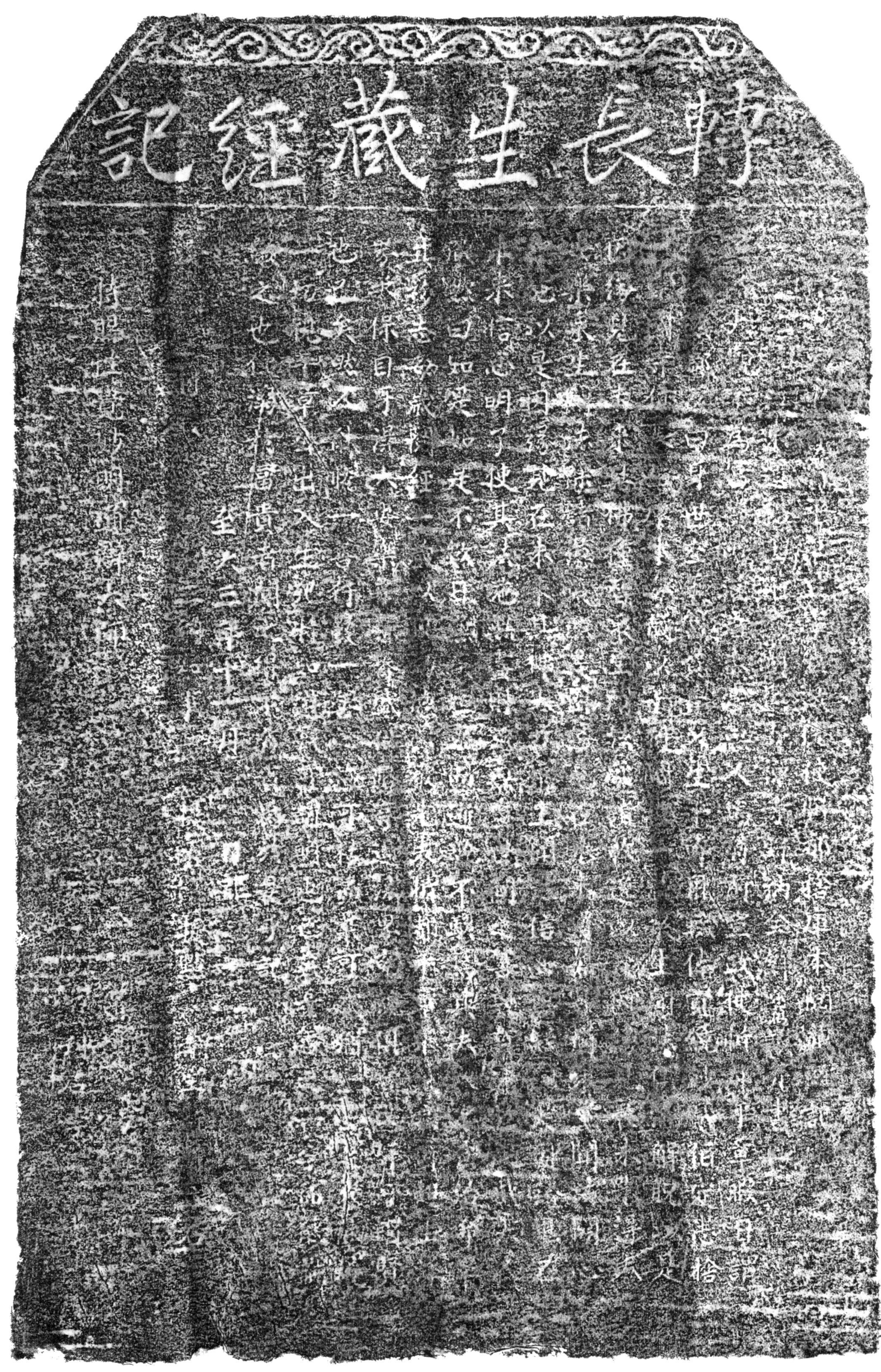

轉長生藏經記（至大三年）碑文拓片

## 録文

轉長生藏經記（額）∟

▯□□□□宣政院使忻都捨庫本閱藏經記∟

□遺□□□□□□禪寺□納全□□□□書∟

□□大□□爲宣政□□□□□□□人焉。有□宣政使忻都平章暇日謂：∟□□□□□曰身世空□□□□□生□□用□□□繞沙□佰定悉捨∟□□國寺□長□□□□歲以□□□□□一□發生□□□□解脱，以是∟因緣，見在未來諸佛□替衆生，同□佛諸□□以□因緣□□未□得法∟安樂，衆生得法能諸□□□□□□□□□□□□□□聞法明心∟□也。以是因緣，見在未來，其佛□□□上聞□信心□□□□□□□見在∟未來信心明了，使其法施與盡用□□□間之善□□□□□□□∟成然曰：「如是，如是。」不數日無□□而逝，無不□□其法□□□□命□∟其移志，幼歲閱經一藏，以其幼德□□先表，忻都□□□□□□□□∟界□保自身，得大安樂子□□盛以□□□□界□□俱□□□□□賢∟也已矣。然人能□一善行，發一善心□可□□□，可□猶□□□□□□∟一切視平章公出入生死，將知遊□□賢明也，已無□善□□□祐□□∟□之也。化溺於富貴者閱之，得□□□□，於是乎記。∟

至大三年十一月　日記。∟▯知事▯提點□生立石∟特賜性覺妙明通辯大師▯∟▯刊石。∟

# 四七　崇國寺□□禪師塔銘　至大四年

《崇國寺□□禪師塔銘》，至大四年（一三一一）建，北京市西城區新街口外城墻出土。塔爲幢式。中國國家圖書館藏拓片擬題爲「崇國寺□□禪師幢」，今據相類塔銘擬題。該拓片高九六釐米，寬四三釐米。塔銘楷書，存一〇行，滿行二五字，疑行首脱一字。智成、智亨、智用等立石。今據中國國家圖書館提供拓片（北京九九二四）録文。

塔銘記孫義之子、智成之師之生平事迹，以及建塔之始末。

崇國寺□□禪師塔銘（至大四年）碑文拓片

前闕

□月▢︎∟□道善事。其父孫義知其器宇不凡，遂詣通玄關興聖寺潭山棲溪∟□公長老所，請禮爲師。及受具，學解超羣，熏陶德性皆法兄淨寬扶∟□之力。禪林講肆遍歷名刹，而於崇國精舍効力尤多，推爲提點之∟□。至大二年捐己衣盂於都城麗正門外街右建天寧寺，俾佛道綿∟□而僧衆有居。無何，天不假年，于至大三年四月十日示疾而終，俗∟□五十有六，僧臘二十。度門弟子三人，曰智成、智亨、智用，勠力同心，∟□□迺師之風，於末法中且不多見，復能勉力起建靈塔，豈非∟□經所謂孝名爲戒者耶？可以爲季代釋子之警，是以摭其實而論∟□之。

至大四年春暮鄉人雲▢︎∟

## 四八　大元大崇國寺佛性圓融崇教大師演公碑銘　皇慶元年

《大元大崇國寺佛性圓融崇教大師演公碑銘》，皇慶元年（一三一二）三月刻。現存北京市西城區。中國國家圖書館藏碑陽拓片高二〇六釐米，寬一〇二釐米，額高四二釐米，寬三六釐米；碑陰拓片身高一七八釐米，寬一〇二釐米，額高四七釐米，寬三〇釐米。碑陽楷書，二七行，滿行五二字。碑陽額題篆書「特賜佛性圓融崇教大師華嚴傳戒演公道行之碑」四行二〇字，碑陰額題楷書「崇國北寺開山第一代宗派圖」二行一二字。趙孟頫撰并書丹、篆額，雲彥龍、王洪、王珪刊。

元趙孟頫《松雪齋文集》、明于奕正《天下金石志》、清孫星衍《京畿金石考》、清繆荃孫《藝風堂金石文字目》、清周家楣等《（光緒）順天府志》、《北京圖書館藏中國歷代石刻拓本匯編》（中州古籍出版社，一九八九年）等皆有著録。今據中國國家圖書館提供拓片（北京三三八）録文。

碑記定演公之生平事迹。碑陰刻嗣法小師、門徒以及功德主等題名。

大元大崇國寺佛性圓融崇教大師演公碑銘（皇慶元年）碑陽拓片

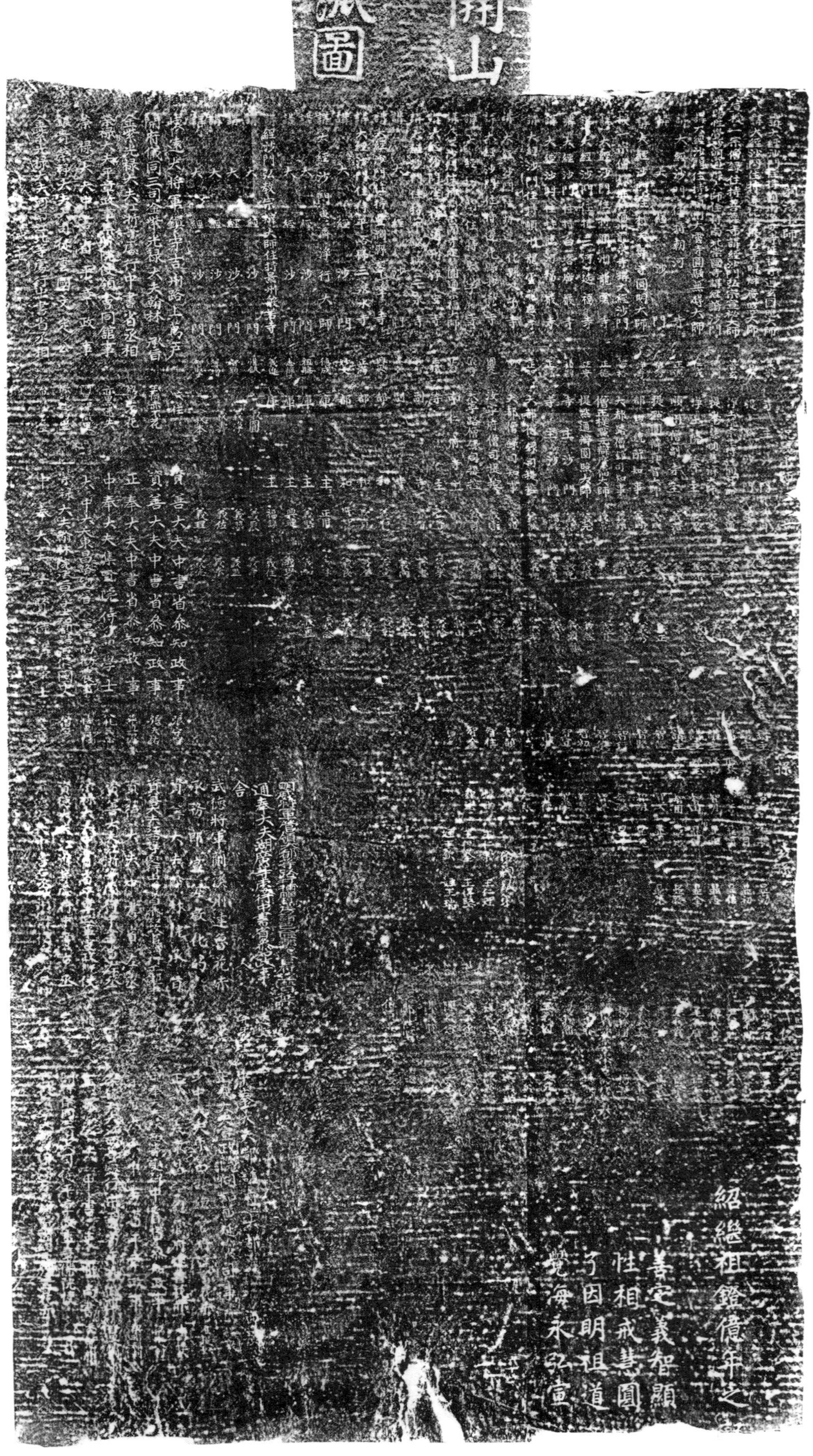

大元大崇國寺佛性圓融崇教大師演公碑銘（皇慶元年）碑陰拓片

碑陽

特賜佛性圓∟融崇教大師∟華嚴傳戒演∟公道行之碑（額）∟

大元大崇國寺佛性圓融崇教大師演公碑銘并序〔一〕∟

集賢侍講學士、中奉大夫臣趙孟頫奉勑譔并書丹篆額。∟

至大二年九月廿九日〔二〕，大都大崇國寺住持沙門佛性圓融崇教大師演公卒〔三〕。越二年，其大弟子告于∟天子曰：「先師入般涅槃，浮圖氏法，遺骨舍利必奉之以塔。先師以道行承∟列聖寵遇甚厚，非著之文字無以示永久〔四〕。在廷之臣孰宜爲之銘，惟∟陛下擇焉。」∟天子以命臣孟頫。臣孟頫謹奉∟詔，按其行事而敍之。曰：師名定演，俗姓王氏，世爲燕三河人。在孕，母便絶葷肉。能言，祖母教之佛經，應聲成誦〔五〕。七歲入大崇國寺，事隆安和∟尚爲弟子，徧習五部大經，服勤左右，朝夕不懈。隆安亟稱之，遂使之研精圓、頓教理，求第一義〔六〕。及隆安順世，遺命必以師補其處。法兄總∟統清慧寂照大師志公探其道熟，付之麈尾，囑以傳明之任〔七〕。是夕，有僧夢淨室中一燈煒然〔八〕。旦爲師言。志公勗師〔九〕，曰：「正法不可以無傳人，∟天眷眷望有所歸。」師計不得已，遁去。三遊五臺山，還居上方寺，博觀海藏，兼習毗尼〔一〇〕。屬崇國〔一一〕，復虛席，衆泣而告之。師始從其請，日講《華嚴∟經》，訓釋孜孜，曾無厭斁。∟世祖皇帝聞而嘉之，賜號佛性圓融崇教大師。至元廿四年，別賜地大都。乃與門人叶力興建，化塊礫爲寶坊，幻蒿萊爲金界，作大∟殿以像三聖，樹高閣以庋藏經，丈室、廊廡、齋厨、僧舍，悉皆完美。故崇國有南北寺焉。時昊天宿德雄辯大師授以道宗刺血金書戒本〔一二〕，於∟是祝髮之徒以萬計，咸稽首座下，尊禮師爲羯磨首。歲以六月十九日用所得布施資飯僧五百〔一三〕。衆誦諸大經及於兩寺〔一四〕，捨長財以脩珍∟供。師自涖講席，數蒙∟聖恩賞賜白玉觀音菩薩像以彰殊渥。∟皇太后聞師道行，亦降∟旨以護其法。臨終之日中夜，具湯沐，淨髮，與門人别，怡然長往。舊制：近郭禁火化。師卒以聞，時∟上在春宮，特旨有司賻喪，令於城西南淨土院荼毗，異常人也。道俗哀慕，執紼者千衆。既舉火，靈光四達，獲舍利數百粒。翌日，葬魯郭之野，起∟支提焉。壽七十四，臘僅五十。度弟子百餘人，嗣法者幾三十人。惟師戒行嚴潔，如淨琉璃。生死之際，究竟解脱，凡爾四衆，亦又何悲〔一五〕。銘曰：∟

維天渾然，理以充塞。人異於物，以全有德。欲勝而爭，爰失厥性。聖人憂之，以藥療病。爲道無形，易流而蕩。立之範防，寔毗尼藏。不肆而構，ㄴ曷既厥能。非説所説，演最上乘。歷年二千，旁行是宣。不顯而晦，其義則玄。維此聖諦，如海無際。不有先覺，孰覺一世。ㄴ皇元聿興，爰有異人。食避有知，其性已仁。高道厚德，涖此講席。人以允迪，不塞而闢。復登戎壇，爲羯磨首。如大將誓，衆惕然受。仰承ㄴ列聖，被之休光。盛爲建宮，厚不可量。生滅滅已，傳大弟子。正法不壞，利及生齒。ㄴ帝念不忘，ㄴ勑臣孟頫。著銘于石，以告萬古。

皇慶元年三月吉日建，住持講主小師德富則等立，石局提領雲彦龍、王洪、王珪鐫。ㄴ

## 校勘記

（一）大元大崇國寺佛性圖融崇教大師演公碑銘并序　《松雪齋文集》（四部叢刊本，下同）卷九作「大元大崇國寺佛性圓明大師演公塔銘」。

（二）至大二年九月廿九日　「廿九日」，《松雪齋文集》卷九作「廿二日」。

（三）大都大崇國寺住持沙門佛性圓融崇教大師演公卒　「佛性圓融」，《松雪齋文集》卷九作「佛性圓明」。

（四）非著之文字無以示永久　「無以示永久」，《松雪齋文集》卷九作「燕以下久永」。

（五）在孕母便絶葷肉能言祖母教之佛經應聲成誦　「在孕母便絶葷肉能言」，《松雪齋文集》卷九作「自幼性不厭肉食」。

（六）隆安亟稱之遂使之研精圓頓教理求第一義　「遂使之研精圓頓教理」，《松雪齋文集》卷九作「於是遂使之研精抄疏」。

（七）法兄總統清慧寂照大師志公探其道熟付之麈尾囑以傳明之任　《松雪齋文集》卷九作「法兄總統清慧寂照大師亦退而讓之師固辭是」。

（八）是夕有僧夢淨室中一燈煒然　「有僧」，《松雪齋文集》卷九作「有徒有」。

（九）志公勗師　《松雪齋文集》卷九作「且勗師」。

（一〇）兼習毗尼　《松雪齋文集》卷九「毗尼」後有「三昧」二字。

（一一）屬崇國　《松雪齋文集》卷九「崇國」後有「寺」字。

（一二）「至元廿四年」至「金書戒本」　《松雪齋文集》卷九作「至成宗時，別賜地於大都，建大崇國寺，復受詔主昊天寺戒壇。宿德號雄辯大師授之以金書戒經」。

（一三）歲以六月十九日用所得布施資飯僧五百　「十九日」，《松雪齋文集》卷九作「六日」。

〔一四〕衆誦諸大經及於兩寺　《松雪齋文集》卷九「兩寺」後有「講筵」二字。

〔一五〕「師自涖講席」至「亦又何悲」　《松雪齋文集》卷九作「弟子百餘人，得法者二十人。師未卒時，其大弟子薊州延福寺住持義敬等先爲師建塔。至是，奉之以葬焉。壽七十三，臘三十有五。師自蒞講席，數蒙聖恩，嘗賜白玉觀世音像。皇太后聞師道行，亦降懿旨以護其法」。

## 碑陰

嗣法小師

講大經沙門住持薊州淨安寺延福寺通玄圓照大師　義敬
講大經沙門住持遵化縣般若寺明辯廣照大師　智□
宣授一宗僧録住持菩薩寺講經沙門弘宗宣祕大師　普玄
特賜性覺妙明通辯大師住持南北崇國寺講經論沙門　德□
講大經沙門住持順州大雲寺圓融無礙大師　仁成
講大經沙門住持朝河寺　正遇
講大經沙門　信秀
講大經沙門住持天壽寺圓明大師　淨壽
宣授一宗僧録住持通州龍泉寺講大經沙門　善裕
講大經沙門住持順州龍雲寺　正德
講大經沙門住持三河延福寺　正安
講大經沙門住持白塔廣嚴寺　相顯
講大經沙門住持臨河福嚴寺　正□
講大經沙門住持順州龍雲龍慶寺　正如
講大經沙門住持遵化縣太子寺　圓恩
講大經沙門住持遵化縣妙覺寺　圓定
講大經沙門住持太子寺　義祥
講大經沙門住持□崇國寺定慧圓通崇福大師　正念
講大經沙門住持涿州淨安寺　正□
講大經沙門住持平峪縣三泉寺　□智
講大經沙門　□□
講大經沙門住持豐潤縣翠峰寺　興□
講大經沙門住持平峪縣三泉水寺　正滿
講大經沙門　妙文
講大經沙門惠濟淨行大師　德成
講大經沙門　祖聰
講大經沙門　志辯
講經沙門弘教宗辯大師住持景州般若寺　義進
講大經沙門　惟□
講大經沙門　智顯
講大經沙門　善增
講大經沙門　智堅

### 崇國北寺開山第一代宗派圖

懷遠大將軍、鎮守吉州路上萬户　咬住
開府儀同三司、金紫光禄大夫、翰林承旨　玉憐赤不花
金紫光禄大夫、江浙等處行中書省丞相　銘里不花
榮禄大夫、平章政事集賢院使領會同舘事　亦黑迷失
榮禄大夫、中書省平章政事　阿魯渾撒里
銀青榮禄大夫、大司徒雲國文定公　撒的迷的里
金紫光禄大夫、河南江北等處行中書省丞相　布憐吉臺

祝髮小師

寺主沙門　□□　□□　義如
提點沙門　義□　義因　義純
淨土院宗住持□則智大師　義通　義□　義□
提舉慧明慈濟大師　義教　義仁　義信
淨土院宗主　義忍　義□　義遠
順州僧副寺主　義□　義□　義順
提點圓辯真智大師　義成　義□　義正
都總統所知事　義因　義太　義秀
大都路僧録司知事　義□　義□　義章
僧正提點元辯廣福大師　義常　義□　義實
提點通辯圓照大師　義元　義讓　義然
寺主沙門　義悟　義免　義順
寺主沙門　□□　義順　義貞
大都僧録司提控　義□　義明　義瑞
大都僧録司知事　義道　義春　義□
汝寧府僧司提控　義□　義真　義賢
大寧路僧録司提控　義□　義滿　□□
南仁府寺主　義□　義□　義山
寺主　□□　義來　義□
副寺　義智　義忠　義亮
副寺　□□　義向　義辛
都和　義和　義□　義乾
都和　義寬　義□　義堅
都和　廣如　義良　義添
庫主　正用　義殊　義念
庫主　義堅　義知　義直
庫主　興璉　義勇
庫主　福諒　義住
義圓　義聚　義壽
義淨　義照　義顯
義壽　義佐　義素
義本　義理　義德

資善大夫、中書省參知政事　張守智
資善大夫、中書省參知政事　張天祐
正奉大夫、中書省參知政事　燕真忽□
中奉大夫、集賢院侍讀學士　八札義忠
太中大夫、東昌路總管兼管内勸農事　怯里□
榮禄大夫、翰林院承旨學士知制誥監修國史　僧家奴
中奉大夫、集賢侍講學士　□□

法孫

講主智覺　智□
講主福秀　智□
講主勝欽　智□
講主□初　智明
講主智玉　智山
講主智□　智用
智德　智大
智□　智朝
智行　智聰
智□　智□
智初　智□
智□　智□
智□　智□
智□　智□
智願　智應
智住　智□
智全　智□

玄孫

顯□　顯勤
顯月　顯初
顯□　顯信
顯和　顯忠
顯□　顯全
顯□　顯□
顯□　顯□
顯□
顯□

俗□□弟

王仁□　王仁理
王得全　王得堅
姪王欽　姪王瑞

俗家弟子

高□□　□□□
關義□　張義□
□義□　□□□
傅義喜　□義□
毛義廣　□□□
□義貴　□□□
□□□　□□□
金義真　□□□
楊□國　楊義□
□□□□　［　］
□□□　□□□
楊義□　□□□
王義□　□□□
顔義□　□□□
□□□　□□□
程義忠　□義□
□□□　□□□
陳義□　□□□
陳義□　□□□
鄭□堅　□□□
伯□提　點慶安

明威將軍管領大都等路打捕鷹房諸色人匠都總管府達魯花赤　忽□
通奉大夫、湖廣等處行中書省參知政事　迷失□
舍人　□牙□里
武德將軍、蘭溪州達魯花赤　不□□里
承務郎、宣差教化的　□□
資善大夫、翰林院承旨　□□沙
資善大夫、江西等處行中書省參知政事領行工部事　合剌□吉
資德大夫、中書省左丞　□□
資善大夫、江浙等處行中書省左丞　□□□
榮禄大夫、中書省平章政事、宣政院使　□□
資德大夫、江浙等處行中書右丞　□□
資德大夫、中書右丞□州□□□□大元帥　□□

中奉大夫、都護府大都［　］
正奉大夫、宣政院同知兼延慶司事　［　］
少中大夫、東昌路總管府達魯花赤　□提奴
正議大夫、東昌路總管府達魯花赤　□□
中奉大夫、陝西等處行中書省參知政事　梁□
□□大夫、中書省平章政事　梁暗都剌
□□大夫、江西等處行中書省參知政事　□□□□
□□大夫、中書吏部尚書　禿兒□
開府儀同三司、大司徒、平章政事宣徽院使　［　］
［　］大都［　］達魯花赤　［　］

紹繼祖鐙億年之□
善定義智顯
性相戒慧圓
了因明祖道
覺海永弘宣

## 四九　揀公舍利石函 皇慶元年

《揀公舍利石函》，皇慶元年（一三一二）七月造。二〇〇一年首鋼蘋果園宿舍施工工地出土。現存北京市石景山區文物管理所。石函長七〇釐米，寬五一釐米，高三〇釐米。函蓋青石質，盝頂式。蓋長五四釐米，寬三九釐米，高一七釐米。蓋刻楷書文字四行，滿行一二字。函蓋裏側蓋沿左右有墨書題記「廣平僧録□吉祥黄村監蓋，舍利靈塔座高六二尺」。函底有墨書「海提點記」四字。

《北京市石景山區歷代碑誌選》（同心出版社，二〇〇三年）、《北京元代史迹圖志》（北京燕山出版社，二〇〇九年）著録。今據北京考古遺址博物館（金中都水關遺址）藏照片録文。

銘文記揀公舍利靈塔刻石時間。

揀公舍利石函（皇慶元年）刻石照片

揀公舍利石函（皇慶元年）外形照片

## 録文

特賜光禄大夫大司徒領諸⌊路釋教都總統住持大聖壽萬⌊安寺都壇主揀公舍利靈塔⌊

大元皇慶元年七月　日誌。⌊

## 五〇　妙嚴大師塔銘　皇慶元年

《妙嚴大師塔銘》，皇慶元年（一三一二）十月立。塔幢爲明城墻填充物，二〇世紀七〇年代北京環綫地鐵工地出土。現存於北京石刻藝術博物館。塔銘幢式，僅殘存三棱面，其中一面完整，另兩面大部分被鑿毁，無法判斷形制爲六棱或八棱。拓片爲三面聯拓，拓高八四釐米，殘寬三〇釐米，其中完整棱面寬一二釐米。殘存文字爲塔銘的後半部分，銘文楷書，殘存一二行，滿行二九字。其兄王彦成等建，撰者不詳。

《新中國出土墓誌·北京（壹）》（文物出版社，二〇〇三年）、《北京石刻藝術博物館藏石刻拓片編目提要》（學苑出版社，二〇一四年）著録。今據北京石刻藝術博物館藏拓片録文。李巍初録。

碑文記載元代比丘尼妙嚴大師的生平。

妙嚴大師塔銘（皇慶元年）

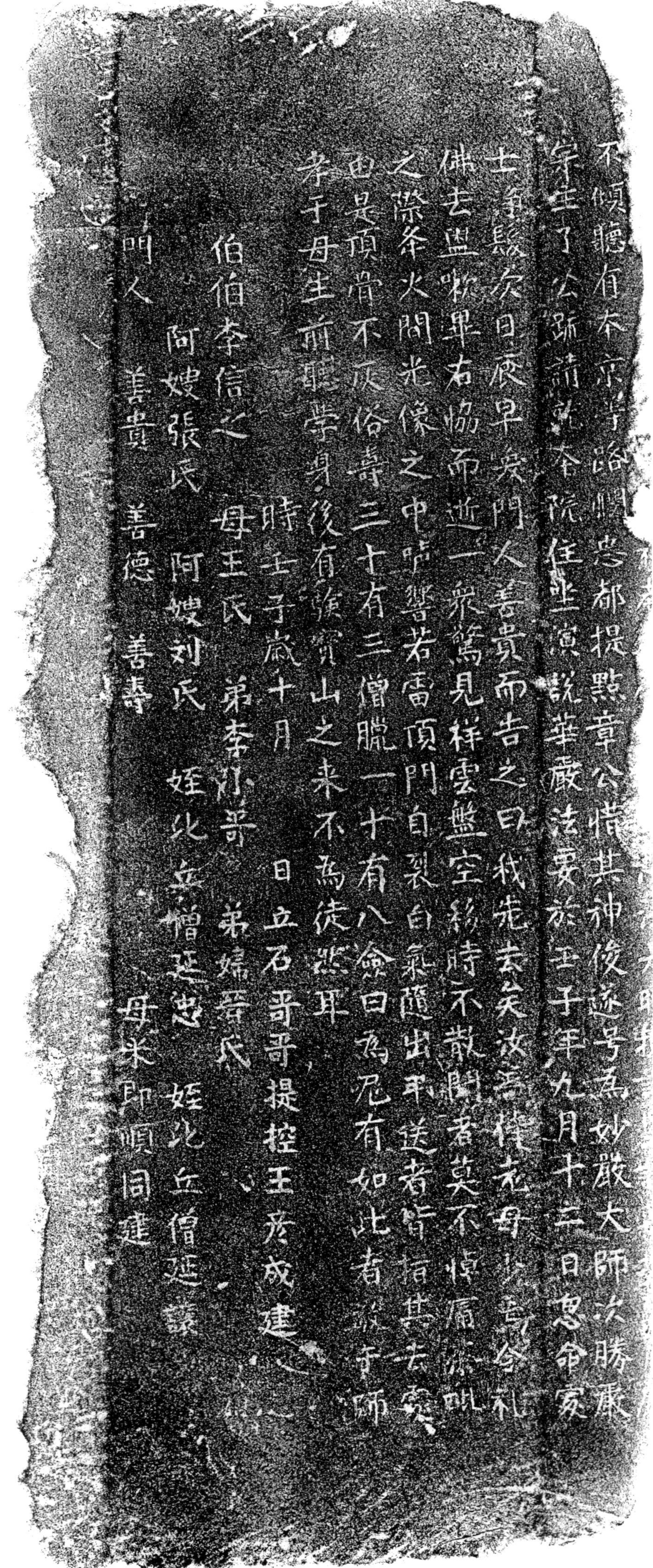

妙嚴大師塔銘（皇慶元年）碑文拓片

前闕⌊□法是時□⌊不傾聽。有本京等路憫忠都提點章公惜其神俊，遂号爲妙嚴大師。次勝嚴⌊宗主了公疏請，就本院住坐，演説《華嚴》法要。於壬子年九月十二日，忽命處⌊士淨髮。次日辰早，喚門人善貴而告之曰：「我先去矣。汝善侍老母。」少焉，令禮⌊佛去。盥嗽畢，右協而逝。一衆驚見祥雲盤空，移時不散，聞者莫不悼痛。荼毗⌊之際，夆火間光像之中，聲響若雷，頂門自裂，白氣隨出，弔送者皆指其去處，⌊由是頂骨不灰。俗壽三十有三，僧臘一十有八。僉曰：爲尼有如此者！敬于師，⌊孝于母，生前聽學，身後有驗，寶山之來，不爲徒然耳。⌊

時壬子歲十月　日立石。哥哥提控王彦成建。⌊伯伯李信之　母王氏　弟李小哥　弟婦晉氏　⌊阿嫂張氏　阿嫂劉氏　姪比丘僧延忠侄比丘僧延讓　⌊門人：善貴　善德　善壽　母米即順同建。⌊

## 五一　元鐵可公墓誌銘　皇慶二年

《元鐵可公墓誌銘》，皇慶二年（一三一三）刻。一九六二年十二月北京市崇文區法塔寺東鐵氏塋地（龍潭湖以北吕家窑村北京工藝美術研究所院内）出土。現藏於首都博物館。墓誌蓋、誌均爲青石質。蓋頂無字，無紋飾。墓誌蓋長七二釐米，寬六八釐米，厚五釐米，覆斗形。墓誌底長七二釐米，寬七一釐米，厚七釐米。墓誌楷書，二八行，滿行二八字。墓誌蓋底續刻誌文，楷書，二三行，滿行二六字。蔡文淵撰，劉賡書丹。

《元鐵可父子墓和張弘綱墓》（《考古學報》一九八六年第一期）、《北京市文物研究所藏墓誌拓片》（北京燕山出版社，二〇〇三年）、《北京市出土墓誌目録》（北京市文物工作隊，一九六四年）、《一九四九—一九八九四十年出土墓誌目録》（中華書局，一九九三年）著録。侯堮《元〈鐵可墓誌〉考釋》（《北京文物與考古》第二輯）有研究。今據首都博物館藏拓片録文。

碑刻記元故太傅録軍國重事宣徽院使領大司農司太醫院事鐵可公生平事迹。

元鐵可公墓誌銘（皇慶二年）碑文拓片（一）

元鐵可公墓誌銘（皇慶二年）碑文拓片（二）

大元故太傅録軍國重事宣徽使領大司農司太醫院事鐵可公墓誌銘∟

翰林待制、同知制誥兼國史院編修官、承直郎蔡文淵譔。∟

集賢大學士、榮禄大夫劉賡書丹。∟

公諱鐵可，乞失迷兒部人，曾祖考梭可荅失里，曾祖妣三卜德腊迭維，祖∟考沙磕納失里，祖妣臘荅納迭維，世修德檢，蔚爲右族。考斡脱赤，管領乞∟失迷兒萬户，佩金苻。∟憲宗朝，以伽葉伊彌古竺乾國未入版圖，請往招諭。其國主稔惡弗悛，遂遇∟毒而死，繼遣偏師滅之，追封代國公，謚忠遂，旌其節也。妣李氏，貞淑慈儉，∟内治有法，封代國太夫人。公生渾源，四歲而孤，性開朗，不爲稚嬉，太夫人∟撫育備至。既長，克自樹立，嘗遊香山永安寺，登佛閣，謾書其名于壁。∟世祖幸香山，見之，訪諸左右，曰：「國師羅麻兄子也。」召至，見其容止温雅，應∟對詳敏，宸心允愜，命典饔膳湯藥，統領衛士更直，恂謹沉密，朝夕匪懈。∟上察其忠愨，益加委任。庚辰，特授正議大夫、尚膳使。癸未，除中奉大夫、司∟農寺達魯花赤、同知宣徽院事、領尚饍監事，尋加正奉大夫。丙戌，陞司農∟寺爲大司農司，秩正二品。上曰：「農桑，國之大事。汝爲大司農，欽哉。」官資∟善大夫。丁亥，乃顔叛，扈從車駕東征，勞績居多。壬辰，拜榮禄大夫、中書∟平章政事、同知宣徽院事。∟成宗登極，丁酉改元大德，進光禄大夫、中書平章政事、領大司農司、同知宣∟徽院事。己亥，上章乞解機務，授平章政事，預中書省事。癸卯，朝政更新，∟復拜中書平章政事、宣徽使、領大司農司事，以疾辭。丙午，優詔趣入政∟府。未幾，懇乞養疾，從之。∟武宗踐阼，加金紫光禄大夫，遥授中書右丞相，依前宣徽使、領大司農司事。∟戊申，加開府儀同三司。時權奸竊政，朝臣往往阿附苟安。公素剛直，不∟爲俯仰，欲誣害公。上以先朝耆舊，特賜憐察。∟皇太后寵眷彌厚，卒無罣礙。己酉，立度支院，敕公兼領之。∟皇上繼統，勵精求治，圖任舊人，特授太傅、録軍國重事、領太醫院事，依前開∟府儀同三司、宣徽使、領大司農司事。皇慶癸丑春正月∟世祖忌辰，詔公詣大萬安寺莅作佛事，仍命即齋宫圖公像以進。公瞻∟拜聖容，追念疇昔，悲慟不能自已，由是感疾，敕近臣候視尚醫∟診治。∟皇太后亦數遣中使臨問。竟以夏四月辛未薨于所居正寢，享年六十∟有六。∟上聞訃震悼，賻中統鈔十萬貫，有司庀喪具儀制有加。乙酉葬大興縣∟大師莊先塋之兆次，禮也。夫人冉氏，先公卒。内出資裝，配以宫嬪∟張氏。子男六人，曰忽察，翰林學士、少中大夫；曰平安奴，中大夫，太平┗路達魯花赤；曰也失可，朝請大夫，同知山東道宣慰司事；曰忽里台，┗中順大夫，同知真定路總管府事；曰亦馬，奉議大夫，同知大都護府┗事；曰重喜，奉訓大夫、隆禧院副使。女一人，適遥授左丞相高興子久住。┗男孫七人：教化、伯顔、黑兒、同壽、善住、不花、六十三。女孫八人，幼在室。┗公天資端重，寡言笑，識慮深遠，歷事┗累朝垂五十年，小心慎畏，始終如一。┗兩宮賜賚優渥。位望崇高而謙抑自將，未始有驕貴氣，有大謀議必從┗咨決。宗室譜系，疏戚周知，頒給廪禄，隨宜裁處，皆有等差。晚年艱┗於步履。凡朝會特命乘轎至殿庭，入見，輒賜坐慰勞。其見┗禮遇如此。嗚呼！風雲際會，實千載一時也。是宜銘。銘曰：┗

繄公之先，積慶有源。篤生魁傑，相我┗皇元。入侍帷幄，出居廊廟。嘉謨嘉猷，深明治要。┗國有儲偫，民勤敷菑。衮衣赤舄，百辟是師。眷遇之隆，其孰能比。謙┗不自伐，慎終如始。吁嗟昊天，胡不憖遺。移舟夜壑，遽止乎斯。一鑑云┗亡，百身莫贖。生榮死哀，公奚不足。大師之原，馬鬣其封。埋石刻銘，永┗奠幽宫。┗

石匠┗

# 五二　敕建大都路總治碑　皇慶二年

《敕建大都路總治碑》，皇慶二年（一三一三）十月立。現存天津博物館。中國國家圖書館藏碑陽拓片高一七八釐米，寬一〇五釐米。碑陰尚有張養浩撰、趙孟頫書碑記，失拓。碑陽楷書，三八行，滿行五〇字。王構撰，劉賡書，王泰亨篆額。

清錢大昕《潛研堂金石文跋尾》、清孫星衍《寰宇訪碑録》、《（光緒）順天府志》卷一二九、《北京圖書館藏中國歷代石刻拓本匯編》（中州古籍出版社，一九八九年）等均有著録。今據中國國家圖書館提供拓片（北京八三二五）録文。

碑記大都路總治的特殊地位及其修建經過。

敕建大都路總治碑（皇慶二年）碑陽拓片

## 敕建大都路總治碑∟

翰林學士承旨、中奉大夫、知制誥兼修國史王構撰，集賢大學士、榮禄大夫劉賡書。∟

榮禄大夫、平章政事商議中書省事、行太子詹事王泰亨篆額。∟

至元初，∟聖祖革世侯，分置天下總路。丁卯春，既城大都，即以路總京畿，府曰大興，州九、縣二十、司五，民夥事叢，爲治者日凛凛焉。赴期會，閲籍∟伍，司校金穀，臨督繕作，而參理其牘。吏屬百人供承給辦，無時少休。較之常府，其勞逸萬不相侔。然自乙酉，廨爲宗正據有而徙之∟冬官者，踰二十寒暑。∟今皇上至大初元，敕中書還北省而六卿□舍悉如其舊。至假屋于民以庇事，再徙，迄無定所。監路臣平章政事莫吉奏：「臣等遷寓∟靡常，故案山積，帑庾無所於寄。民有訟者，或露處以決。」∟上諭旨：「汝京牧也，若此則何以理民？其趣還，市地建立，不可緩也。」省臣恪承∟□訓，再四申飭。監臣莫吉、兀都蠻、尹臣德明、副監臣乞失剌、阿吉達、貳倅臣乞台、安禮貞等卜所宜嚮，乃命左使孟珪市靈椿里周姓∟民居凡六，其地畝二十，不足者一，室楹五十，不足者二，券緡十四萬二千五百贏十六。倅臣貞、推臣時彦督工，規設甫定，校引斤削，∟圬鏝漆繢□畢萃，水衡之費，制之有節，而京都耆庶喜於見聞，以禮以力，莫不踴躍爲之先也。不半歲，路堂東西廡，推廳贊幕，掌故∟之司，儲偫之庫，獄囚庖湢，中屏儀門，以次訖緒，爲楹共百有六，左右院又楹各十二，脩直宏博，轇轕輪囷。敞于中者，纚然而城，殖然∟而庭，威有以揭，而令有以生。附于傍者，層櫨疊出，飛棟斜指，鱗錯其間，足以便走趨而赴音響。支離向背，各有攸趣，以爲居第則無∟藻敷霞蔚之華，無夷曠清恬之□。廓之闢之，日隨葺之，以之拱翼∟皇圖，俾之永久，四方岳牧，於是乎取象而考室焉。猶東西漢之京兆、河南，赫赫巖巖，爲五尹二君允若具瞻，所在顧不盛且偉歟？欽惟∟聖上恤臣下之勞，隆資侈秩，崇其居，肅其衛，而特示等威之别，固欲使之殫精力以集事功，峻畿節以抑邪僭。若監若尹若佐貳，居既∟安矣，盍亦念夫天府浩穰，所守者何職也？省院臺部，符章雨集，所行者何事也？能脩治學官，表孝弟有行，捄喪讓財，俾風俗漸以淳∟美，如古之教化者乎？能勵彊威，果發閭里之姦，根株窟宅主名，起居必知其纖悉，而隨發隨得乎？能公明仁恕，以甲乙第産力豪弱，∟賦均役平，私無少損而公有所益乎？能晨夕謹恪，躬瘽審讞，單辭隱情，兩得其真，罰必當罪而民無枉抑乎？是數者，皆公職當然，而∟千里之内生聚百萬，一休一戚亦所深繫。∟方今朝著清嚴，條綱具舉，中外之政蹟美惡殿最，動必有聞。況京牧位隆而地切，曩所必選而今所專責者哉？不腆之文非徒紀歲⌊月、姹弘麗而已也。

明年己酉春三月既望記。皇慶二年歲次癸丑冬十月吉日建。⌊

經歷明德　知事周信臣　朱琛　提控案牘程思恭　劉文佑　呂渙　楊茂　提控令史劉謂忠王德寧　單居良　⌊承德郎、大都路都總管府推官褚□吉　⌊承直郎、大都路都總管府推官程□昶　⌊奉訓大夫、大都路都總管府判官李□英　⌊朝列大夫、大都路都總管府判官楊□⌊朝列大夫、大都路都總管府治中王弼　⌊承德郎、大都路都總管府治中三不都　⌊中議大夫、同知大都路都總管府事馬□　⌊中順大夫、同知大都路都總管府事哈散沙　⌊中順大夫、大都路都總管府副達魯花赤□失納　⌊朝散大夫、大都路都總管府副達魯花赤闊闊出　⌊嘉議大夫、大都路總管兼大興府尹本路諸軍奧魯總管管内勸農事王桂　⌊太中大夫、大都路總管府達魯花赤兼本路諸軍奧魯總管府達魯花赤管内勸農事乞□　⌊資德大夫、武備卿、大都路都總管府達魯花赤兼本路諸軍奧魯總管府達魯花赤管内勸農事乞荅　石局提領　□彥龍　管勾常□　⌊

## 五三　故奉訓大夫高公（信）神道碑　延祐元年

《故奉訓大夫高公（信）神道碑》，延祐元年（一三一四）三月立，一九八四年大興縣榆垡鎮魏各莊西北一公里耕地内出土。現存北京市大興區文物管理所内。碑漢白玉質，碑首雕雲龍紋，座已佚。碑高二四〇釐米，寬八五釐米，厚二〇釐米。碑陽額題篆書「奉訓大夫故高公神道碑」二行一〇字。碑文楷書，二九行，滿行五四字。賈庸貴撰并書，高仲讓立石。碑陰額題楷書「祖宛平高氏綴葉聯芳圖」二行一〇字。

《北京石刻擷英》（中國書店，二〇〇二年）、《北京元代史迹圖志》（北京燕山出版社，二〇〇九年）、《北京地區基督教史迹研究》（文物出版社，二〇一〇年）、《北京遼金元拓片集》（北京燕山出版社，二〇一二年）、《新日下訪碑録·大興卷、通州卷、順義卷》（北京燕山出版社，二〇一六年）均有著録。馬曉林、求芝蓉《元代異樣局、御用織物與中外交流——以新出石刻〈高信神道碑〉爲中心》（《西域文史》第一一輯，科學出版社，二〇一七年）對此碑有研究。今據北京考古遺址博物館（金中都水關遺址）藏拓片録文。

神道碑記高信家世，以及高信生平事迹。碑陰書高氏綴葉聯芳圖和祠堂記。

故奉訓大夫高公（信）神道碑（延祐元年）碑陽照片

故奉訓大夫高公（信）神道碑（延祐元年）碑陰照片

故奉訓大夫高公（信）神道碑（延祐元年）碑陽拓片

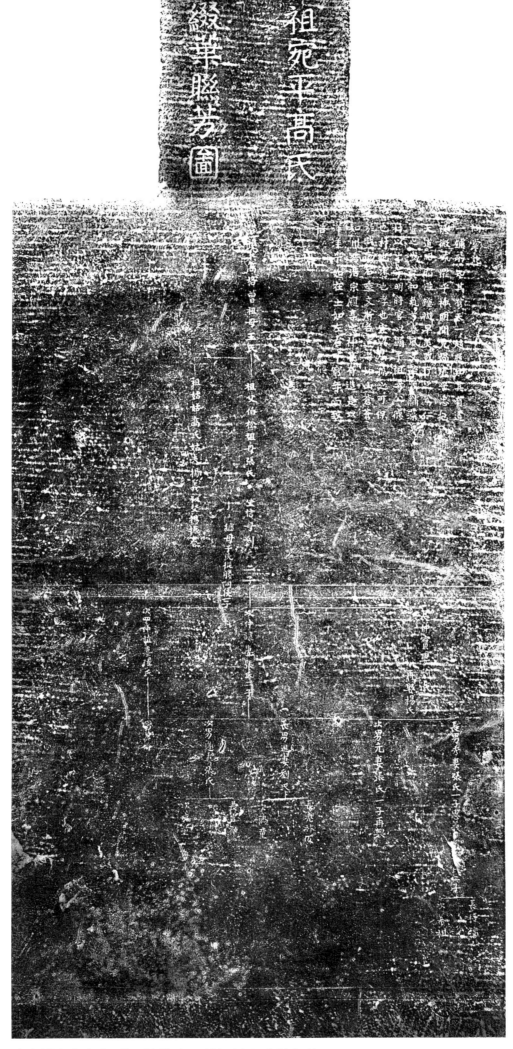

故奉訓大夫高公（信）神道碑（延祐元年）碑陰拓片

# 録文

## 碑陽

奉訓大夫故㇄高公神道碑（額）㇄

大都路宛平縣永安鄉魏家莊故奉訓大夫高公神道碑㇄

前延安路儒學正并門賈庸貴撰并書。㇄

夫聖人出則天下之治體大而能自化者也，賢人生則天下之公用美而能自具者也。聖賢際遇，非惟至治之道以及於世，而使復古之制皆㇄出于時。若非以此，如璞玉不工，焉有連城之號；龍泉無士，誰知牛斗之文。故聖人之政開物成務，必以天下之賢而爲當世之用矣。時方㇄大元世祖皇帝初定江淮，九夷八蠻悉通其道，天下一家，罔非奄有。隆平之治臻，謳泰之音作。思古制，修禮定樂，考時務，耀古著今。立異樣局，擇天㇄下之材能，任復陶官，供内外之輸給。是以高公，嵓野之士，好讀書，一旦用之，有出羣助務之奇，而蓋當世之藝者。公諱信，字誠之。中統二年，㇄聖旨選擢，呈造火浣龍鬚布仙裳、藕絲羅、畏兀《摩利支天經》、金相法神二尊、藏春居士太保書《般若心經》一卷、没縫襖、撮毛幣、西番《金字經》上有㇄御寶一十一顆，及栴檀殿鋪座四筵，十樣錦嵌妝金素仁王寺繡幡百尺，三丈闊，上下連頭，也里可温字軸《八吉祥經》複段，成其異樣，及出復古之㇄制者不可徧稱。其徒所習，皆起于門。公之材也，雖前昔之有規矩，沿革金宋，失其本旨，而人不知，公獨知之。孰不知規矩出於公輸之巧也，而㇄公輸奚在焉。孰不知音律出於師曠之聰也，而師曠奚在焉。今也至于人之形容妍媸，飛鳥之影，走獸之狀，方寸巨細之真，高公無不善于其㇄間也。抑嘗喻書歷嬴秦，傳於伏生之口；樂淪五季，出於王樸之家。是知公之所出，能助其造物之功盛於此時者，可謂倫之賢矣。是以㇄上恩勑牒二道。至元十年，忠翊校尉、異樣局使。至元十四年，忠顯校尉、異樣等局副總管。至元十八年，考其自歷歲月之遠、精勤之甚者，欽授㇄宣命奉訓大夫、同知異樣等局總管府事，累給金幣、鈔定、馬疋之物，及其宴食瓊林，簪花醉歸，足見公之所志赫然致有如是者也。誠荷之至，蓋由㇄聖人垂創。治天下者，得人爲務。高公宜其享一時之美名，而爲後裔之所規。公大都宛平縣永安鄉高家里。其先祖父高格，三舉殿試。父伯松，㇄太保相公下招收人户南宛平縣事。祖母王氏，年八十有五。母張氏，九十二化，及侍養姑姑高氏、姑夫楊義、表弟楊振春，辛亥年間，俱以亡殁，㇄於本鄉魏家莊西北置墳葬之，仍令子孫祭祀焉。

公娶劉氏，本縣梨黎園莊劉提領女。二子，長曰仲實，次曰仲讓。至元丁卯，劉氏卒，再娶大都春⌊臺坊于氏，素有淑德，事姑婉順，敬夫如賓，節儉理家，莫不法式。從媵一子，曰仲誼。夫公之爲人質直清白，在親孝友，在官忠節，臨財無污行，勞⌊人而不怨，□□之人矜而惠濟，緇黄之侶善以設施。樂天順道，春秋七十乃卒於家，在至元二十五年戊子正月七日寅時也。與劉、于二氏祖⌊塋祔葬焉。仲實承父之道，亦充異樣局勾當，娶劉氏。二子：長曰秀，蚤年而逝；次曰元，見充異樣局大使勾當。仲讓，至元二十三年十一月承奉⌊中書省劄付，充都功德使司令史，兩考，告閑事親。娶張氏。二子：曰進、曰遂。延祐元年甲寅，仲讓以先君之葬，自閟諸幽。嘗曰：「吾家奉事累⌊朝，先父行實，未有誌銘可彰，一念未嘗不泣，敢請。」余謂：「仁人孝子，《禮》曰：春露秋霜之感，悽愴怵惕之時，惻然不安，思其所自，故安其宅兆，封植潤⌊色，必極力終身而後以止。內盡爲子之心，外成□親之道。仲讓之心，皇皇於數年間，惟此是行，蓋昭先父軼倫之材，使後世不窮之望。高姓焜⌊□，超祖而昌，効振振列麟趾之公族，庇蟄蟄宜螽羽之子孫，豈不以孝思之心，示子孫有所可考而爲復起耶！」余故不辭，爲之銘，曰：⌊

公性天錫，乃生聖時。有道以□，有德以施。功用之妙，造物之奇。出乎其類，立之斯規。勤公業業，輔政孜孜。⌊以爾之藝，舍吾則誰。公世垂芳，宛平所自。永安郡云，高家里寘。累葉儒宗，三舉殿試。清白流風，英華粹地。⌊昆弟賢賢，田園利利。不□前人，述功繼志。公志既遇，當世之掄。如荆之玉，如溟之鵾。斯名益著，斯道彌存。⌊資優恩渥，光大其門。孝慈彼美，嚴訓是敦。家傳青紫，應被子孫。公享年高，福緣善得。仕則告優，退歸田植。⌊天遽殲良，銘攸昭德。神像仍存，禰堂謹飭（一）。敬祀以時，孝思維則。於萬斯年，示之罔極。⌊

延祐元年歲次甲寅三月三日丁亥，男高仲讓立石。燕山蘇秀□。⌊

校勘記

（一）禰堂謹飭　《北京元代史迹圖志》作「福□謹飭」。

## 碑陰

祠堂記

一鋪酌知其有天，一起履知其有道。
隱微成耀乎神明，聞見竭盡乎忠抱。
天道昭昭性鍾辯，早美哉行之爲仁。
垂之爲□和氣兮，春風又華□黼藻。
材以出乎明時，官以顯于祖考。公德
也，材也，忠也，孝也，宜興子孫之可保。
於戲！勒石垂文，斯名遺者，如山蒼蒼，
如川浩浩。宗廟享之，神其有造。是以
洋洋乎如在上，如左右，于窮年而致
祰。

祖宛平高氏

綴葉聯芳圖

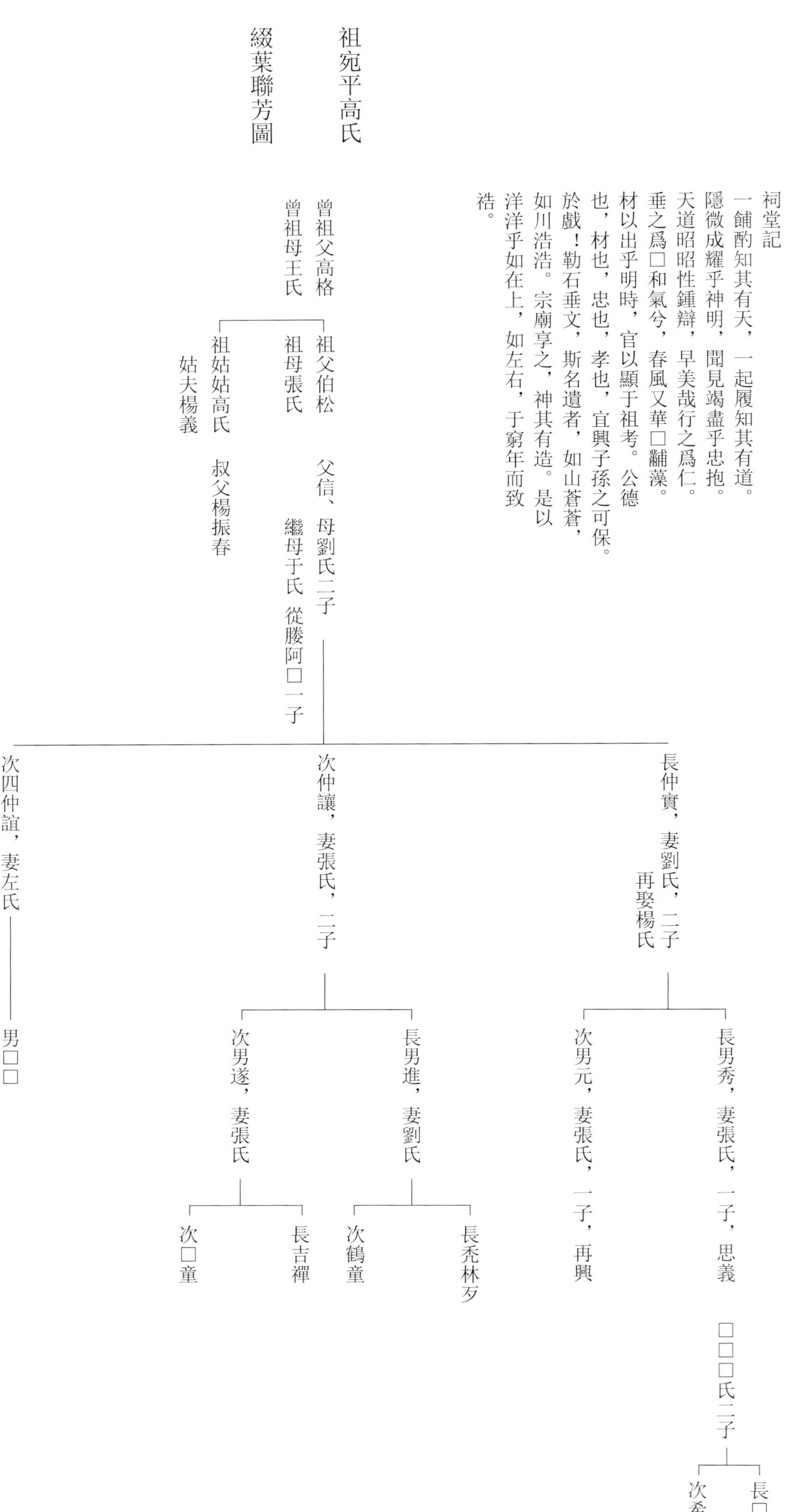

# 五四　中奉大夫曲迷失不花建塔記　延祐二年

《中奉大夫曲迷失不花建塔記》，延祐二年（一三一五）三月刻。現存北京市西城區。中國國家圖書館藏拓片通高八五釐米，寬五六釐米。額横題楷書「舍利寶塔」四字。正文楷書，二〇行，滿行二九字。僧崇萬撰并書丹，知事、提點、提舉等立石，石匠田興等刊。

《北京圖書館藏中國歷代石刻拓本匯編》（中州古籍出版社，一九八九年）著録，題爲「舍利塔記」。今據中國國家圖書館提供拓片（北京三四七）録文。

塔記述曲迷失不花建舍利寶塔之過程。

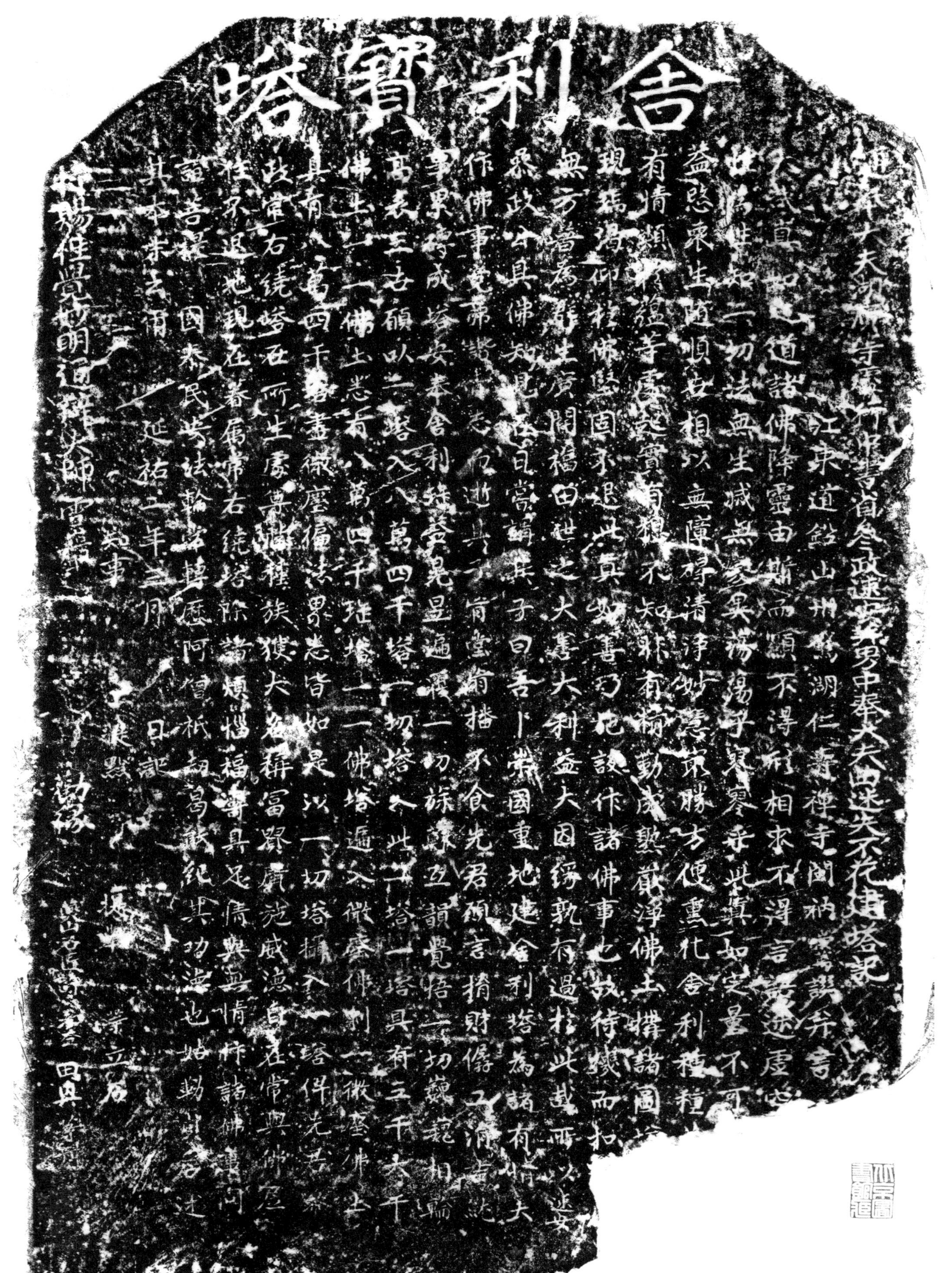

中奉大夫曲迷失不花建塔記（延祐二年）碑文拓片

舍利寶塔（額）∟

通奉大夫湖廣等處行中書省參政速安并男中奉大夫曲迷失不花建塔記∟

江東道鉛山州鵝湖仁壽禪寺閩衲崇萬譔并書。∟

大哉真如之道，諸佛降靈，由斯而顯，不得形相求，不得言語述。虚空□∟□爲性，知一切法，無生滅，無變異，蕩蕩乎，寥寥乎，此真如定量不可□∟益愍衆生。隨順世相，以無障碍，清淨妙慧，最勝方便。熏化舍利種種□∟有情類□蘊，等處起實，有想不知。非有精勤成熟，嚴淨佛土，構諸圖塔□∟現端渴仰於佛，堅固不退，此真如善巧施設，作諸佛事也。故待機而扣□∟無方普爲羣生廣開福田，世之大善、大利益、大因緣，孰有過於此哉！所以速安∟參政公具佛知見在日，嘗謂其子曰：「吾卜崇國重地建舍利塔，爲諸有情，大∟作佛事。」竟弗諧素志而逝。其子肯堂肯播不食先君願言，捐財僝工，涓吉純∟事，累磚成塔，安奉舍利。珤益晃昱，遍覆一切；族□互韻，覺悟一切。巍巍相輪，∟高表三世。願以一塔入八萬四千塔，一切塔入此一塔。一塔具有三千大千∟佛土，一一佛土悉有八萬四千珤塔，一一佛塔遍入微塵佛剎，一一微塵佛土∟具有八萬四千塔。盡微塵，徧法界，悉皆如是。以一切塔攝入一塔，俾先君參∟政常右繞塔，在所生處，尊□種族，獲大名，稱富貴，廣施威德。自在常與佛居，∟住不退地。現在眷屬常右繞塔，除諸煩惱，福壽具足，情與無情，作諸佛事，問∟諸菩提。國泰民安，法輪常轉。歷阿僧祇劫，曷能紀其功德也。姑勒貞石，述∟其本末云爾。

延祐二年三月　日記。∟知事、提點、提舉等立石。∟特賜性覺妙明通辯大師雪巖勸緣。燕山石匠許□益　田興等刊。∟

## 五五　大都房山縣新建大成至聖文宣王廟碑　延祐二年

《大都房山縣新建大成至聖文宣王廟碑》，延祐二年（一三一五）十月建，現存地不詳。中國國家圖書館藏拓片高二〇八釐米，寬九九釐米。額失拓。碑文楷書，二五行，滿行五二字。魏必復撰并書丹，王約篆額，張彬、康仲禮等立石。

清繆荃孫《藝風堂金石文字目》、《北京圖書館藏中國歷代石刻拓本匯編》（中州古籍出版社，一九八九年）、《新日下訪碑録·房山卷》（北京燕山出版社，二〇一三年）、楊亦武《房山碑刻通志》卷四（社會科學文獻出版社，二〇一八年）均有著録。今據中國國家圖書館提供拓片（北京九〇六四）録文。

碑記大都房山縣新建大成至聖文宣王廟過程。

大都房山縣新建大成至聖文宣王廟碑（延祐二年）碑文拓片

録文

大都房山縣新建大成至聖文宣王廟碑∟

集賢直學士、朝列大夫魏必復譔并書。∟

集賢大學士、榮禄大夫王約篆額。∟

皇元大一統，憲百王，尊禮孔聖，加崇大成徽稱〔一〕，亘古無有。丕作新廟，亶穆穆∟天都，樂備禮嚴。∟皇惟首善新民，以警風天下。房山奠邦畿，既載宅朔方，距都城百里。任土置縣，肇金源六葉。隸名京畿，曰奉先。∟國朝因茲山改命，距今餘百載，迄未有先聖先師祀〔二〕。至元甲午〔三〕，僉徽政院弭禮於時簉員中省幕，卜縣巽方儥隙地廣袤贏畝者〔四〕，再始潜∟心經度，禮縣人也。大德改元〔五〕，俾直學料顯詢監縣牙忽、宰宋世昌、簿楊政、尉木□□〔六〕、主吏鄭惟良，咸自誦「此則我職，敢不敬應。」于是庀工∟蒇役，禮偕縣人。知湘潭州事張汝楫輸楮幣以倡。是季，正殿成。明季，神門成。又明季，祁人劉仲勉工塑設像大成，巍南面，垂旒被衮，兖鄒∟兩公十哲序位左右，侍準古範。陶祭器，作器室，春秋釋奠，壹如監學通祀儀。大德甲辰，宰王傑、簿史忠、尉小云失隘殿地後不稱，繼償二∟畝有奇，構明倫堂。傑作治甚力，甫畢及瓜。延祐改元春，宰王元恕念惟兩廡未備，考之故事，從祀闕，今歷季所。禮謂「宜亟作治。不爾殆後∟視今，猶今愴前也。」即與捐俸，入疏平昔交同志以相厥事。合楮幣餘三千緡，屬監縣明安荅〔七〕、宰元恕、簿伯住、尉張彦澤起兩廡、庖湢、内外∟門墻未備者。先是∟詔罷不急役。議者謂方春事東作，宜弛廟繕修。令與監縣已下相勵曰：「教化，國家急務，風俗本原，奈何後？矧是役也〔八〕，斂弗及民，朽者梓者，∟悉疇傭以直，陶者斤者以賈售。茲俾遂事，則觀民以禮，悦以義，吏敢忽諸〔九〕。」于是趣胥徒隸兵咸入役，身涖之，不兩月，焕就敍〔一〇〕。繪從祀七十∟二大儒、廿四新祔、十賢儼像，攝齊東西，其冠冕服黻並取式監學，應圖合禮靡有差。廟門夾兩翼，致齋室内外按圖制，悉具登降，有度有∟數，士子頌廟事畢，掌石局事張彬亦縣人也，目擊心悦，欽萃美礲碑廟庭，請以是役前後發用之誠，作新之勤，具載金石，貽後人勿替今∟之功，其設心勸善有在矣。直學料顯督工既久，考敍始末，禮率明安荅、元恕、伯住、彦澤、新監縣哈魯丁、耆宿高榮、弭祐，執簡詣必復，合辭∟懇銘。究觀吾黨職承宣者，其勠力風俗之本，非直爲觀美，思作新一鄉之善士，思觀民以禮，思勉吏以義。京輔密邇，子數子勗哉！廿祀而∟致其誠，茲義舉有始有卒者，始卒者何，大書屢書而已。屢書者何，持敬而已。持敬，則義禮日新。義禮日新，則父父子子、兄兄弟弟，人倫明﹂于上，小民親于下。觀政官府，善俗比屋，然後三物賓興（一一），沐浴膏澤，歌詠勤苦，即事即物，而教化發見於日用，率是天下，何思何慮于一鄉﹂乎？何有必復不敏，在恂恂鄉黨，既不得以辭語淺薄，遊聖門者難爲言自解，謹齋沐作銘曰：﹂

元統天道，無外百世。以俟父子親，君臣位。有苾通祀，崇門廡，正陛戺。德禮稱是，敦化遠求。道邇邦，民所止。禮之履，義之揆，勿亟勿已。躋俗﹂美，講物軌。邑政數子，政相擬敬。相起齊栗，顗顗鄉校。倚頌聲企，文載攸始。﹂

延祐二年歲次乙卯十月　日建，採石大使張彬、康仲禮、□□、薛榮、孫賛、李堅、李進成、李智、李仲信等立石。﹂

校勘記

（一）加崇大成徽稱　「稱」，《（光緒）順天府志》卷六一作「號」。

（二）距今餘百載迄未有先聖先師祀　「今餘百」，《（光緒）順天府志》卷六一作「金百餘」；「祀」，《（光緒）順天府志》卷六一闕。

（三）至元甲午　「甲午」，《（光緒）順天府志》卷六一作「甲子」。

（四）卜縣巽方儥隙地廣袤贏畝者　「儥隙」，《（光緒）順天府志》卷六一作「舊基」；「袤贏畝」，《（光緒）順天府志》卷六一作「家贏敏」。

（五）大德改元　「元」，《（光緒）順天府志》卷六一作「造」。

（六）尉木□□　「木」後二字不能辨識，《（光緒）順天府志》卷六一作「八刺」。

（七）屬監縣明安荅　「明安荅」，《（光緒）順天府志》卷六一作「民安答」。

（八）風俗本原奈何後矧是役也　「後」，《（光緒）順天府志》卷六一作「廢弛」。

（九）悦以義吏敢忽諸　「悦」，《（光緒）順天府志》卷六一作「勉吏」；「吏」，《（光緒）順天府志》卷六一作「孰」。

（一〇）焕就敍　《（光緒）順天府志》卷六一「焕」後有「然」字。

（一一）觀政官府善俗比屋然後三物賓興　「屋」，《（光緒）順天府志》卷六一作「閭」；「然後」，《（光緒）順天府志》卷六一作「克復」。

## 五六　福壽興元觀白話聖旨碑　延祐四年

《福壽興元觀白話聖旨碑》，延祐四年（一三一七）二月刻。現存北京市西城區法源寺院内。碑螭首，二龍戲珠方座（後配）。碑通高三九三釐米，寬一〇四釐米。碑首高三五〇釐米，寬一〇四釐米，厚三〇釐米。座高七三釐米，寬一二〇釐米，厚六五釐米。北京藝術博物館藏拓片高二〇〇釐米，寬一〇三釐米。碑身文字一九行，滿行四二字。額題楷書「聖旨」二字。張子玉刻石。

《北京文物精粹大系·石刻卷》（北京出版社，二〇〇四年）、《北京石刻藝術博物館藏石刻拓片編目提要》（學苑出版社，二〇一四年）著録。今據北京石刻藝術博物館藏拓片録文。

碑文爲元仁宗聖旨保護福壽興元觀財産及免其差發，官府和軍隊等不得侵擾。

福壽興元觀白話聖旨碑（延祐四年）碑體照片

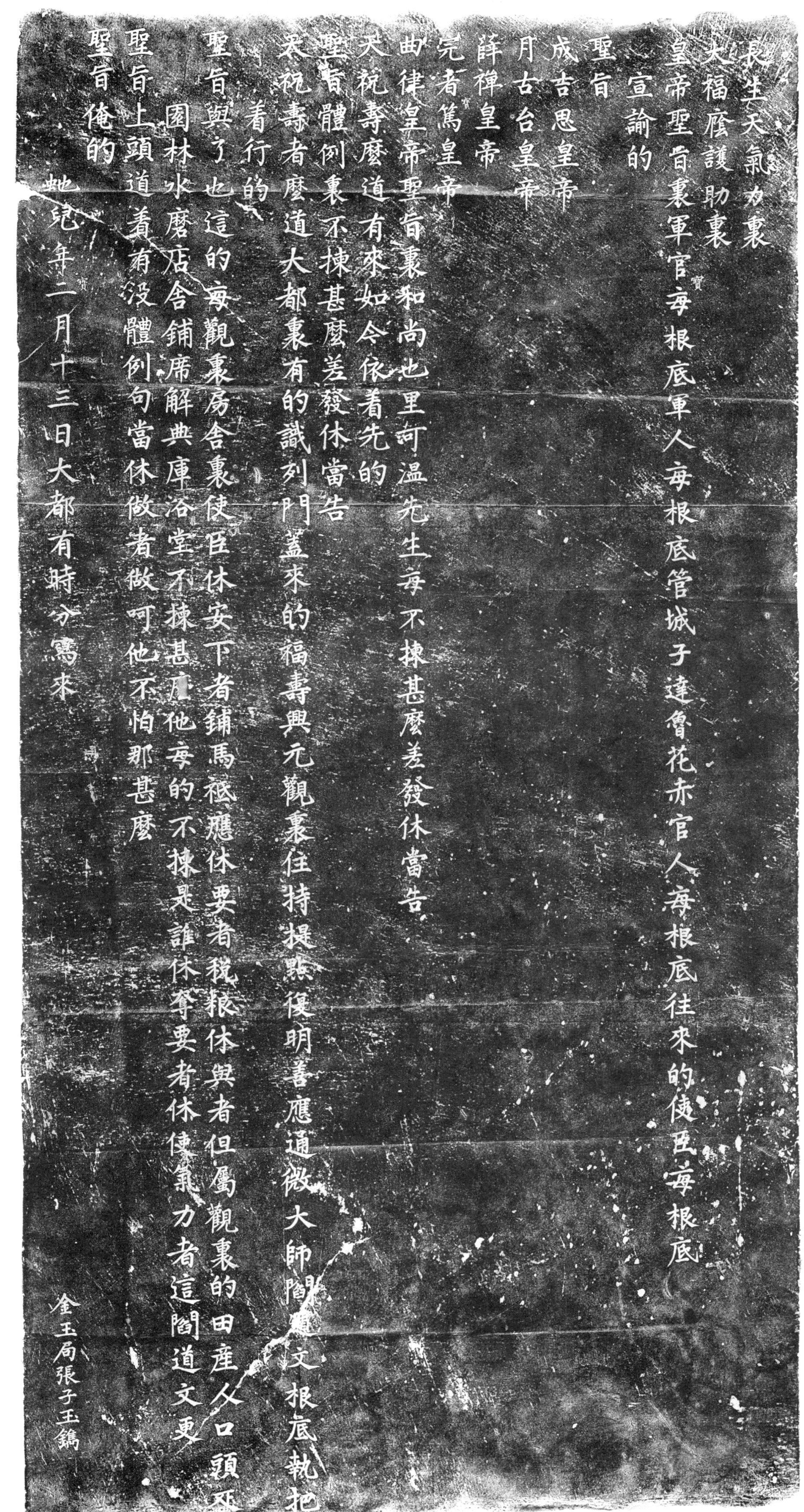

長生天氣力裏
大福蔭護助裏
皇帝聖旨裏軍官每根底軍人每根底管城子達魯花赤官人每根底往來的使臣每根底
宣諭的
聖旨
成吉思皇帝
月古台皇帝
薛禪皇帝
完者篤皇帝
曲律皇帝聖旨裏和尚也里可温先生每不揀甚麼差發休當告
天祝壽麼道有來如今依着先的
聖旨體例裏不揀甚麼差發休當告
天祝壽者麼道大都裏有的識列門蓋來的福壽興元觀裏住持提點復明善應道微大師閻道文根底執把
着行的
聖旨與了也這的每觀裏房舍裏使臣休安下者鋪馬祗應休要者稅粮休與者但屬觀裏的田產人口頭疋
園林水磨店舍鋪席解典庫浴堂不揀甚麼他每的不揀是誰休奪要者休使氣力者這閻道文更
聖旨上頭道着有没體例勾當休做者做呵他不怕那甚麼
聖旨俺的
蛇兒年二月十三日大都有時分寫來
金玉局張子玉鐫

福壽興元觀白話聖旨碑（延祐四年）碑文拓片

# 録文

聖旨（額）

長生天氣力裏，㇄大福廕護助裏，㇄

皇帝聖旨裏，軍官㊢每根底、軍人每根底、管城子達魯花赤官人每根底、往來的使臣每根底㇄宣諭的㇄聖旨：㇄成吉思皇帝、㇄月古台

皇帝、㇄薛禪皇帝、㇄完者㊢篤皇帝、㇄曲律皇帝聖旨裏，和尚、也里可温、先生每，不揀甚麼差發休當，告㇄天祝壽麼道有來。如今依着

先的㇄聖旨體例裏，不揀甚麼差發休當，告㇄天祝壽者。麼道。大都裏有的識列門蓋來的福壽興元觀裏住持提點復明善應通微大師閻道文根底，

執把㇄着行的㇄聖旨與了也。這的每觀裏、房舍裏使㊢臣休安下者，鋪馬、祗應休要者，税粮休與者，但屬觀裏的田産、人口、頭疋、㇄園林、

水磨、店舍、鋪席、解典庫、浴堂，不揀甚麼他每的，不揀是誰休奪要者，休使氣力者。這閻道文更㇄聖旨上頭道着有，没體例句當休做者。

做呵，他不怕那甚麼。㇄聖旨俺的。㇄

蛇兒年二㊢月十三日大都有時分寫來。㇄金玉局張子玉鎸。㇄

# 五七　建龍安山塔銘記　延祐四年

《建龍安山塔銘記》，延祐四年（一三一七）八月立。《（光緒）延慶州志》卷一〇云在永甯城北，《北京圖書館藏中國歷代石刻拓本匯編》云碑在房山區。碑上部有雲紋。中國國家圖書館藏拓片高八七釐米，寬六〇釐米。碑記楷書，二七行，滿行三四字。王善州書，石匠趙某刻石。

清何道增《（光緒）延慶州志》、《北京圖書館藏中國歷代石刻拓本匯編》（中州古籍出版社，一九八九年）著録。今據中國國家圖書館提供拓片（各地六四一六）録文。

塔銘記建龍安山塔之始末，後附建龍安山塔功德主題名。

建龍安山塔銘記（延祐四年）碑文拓片

元建龍安山塔銘記∟

天□來者垂化東□迷□之□僧智温果□□□□，於高山大峪造石像一尊，釋迦牟∟佛□□象也。□高□尺顯神通而自起一□一□□□龍安山頂。師子之坐從大。遼國乾∟統元年起，建浮圖一坐，至泰和年重修一通。又至至元二年又重修一遍，無以堅固。至皇∟慶二年七月初一日，□□□□風吹日炙，雨洒淋垂，無人修葢。有側近功德、維那請到四∟合冶上□頭□水□感□正國僧福果燃香三千炷，普化高貴隆□。遠近檀越，捨施財寶，∟重建琉塔浮圖堅固。□∟國寶□∟佛力加持，端爲祝延∟當今∟皇帝聖躬萬歲萬萬歲，∟皇太后千春，∟皇后千春，∟皇太子千秋。∟

文武百官□居禄位：　∟正議大夫、太常禮議院同知　∟宣授嘉議大夫、大寧路總管邢塔不□　∟宣授魯國賢淑夫人張氏　∟宣授資善大夫、典瑞院使邢山兒　∟宣授通議大夫、右侍儀使邢海住　∟宣授太中大夫、中尚太監朵兒只　∟宣授中奉大夫、副都拱衛使張世榮　∟宣授嘉議大夫、拱衛使張　∟宣授朝列大夫、拱衛□劉朵羅歹　∟宣授奉訓大夫、簽拱衛直都指揮趙　∟宣授奉訓大夫、簽拱衛司事劉　∟知□□完真貼木兒∟

衆功德維那同發虔心□所承○下馳山也功德主趙信　施女子愛花□□　∟助□僧海義正□　舊蒿甸管柏木頂子衆功德主李孝元等□□□　∟□子村功德主錢帛庫子□□　李義□□河維那玉成　∟功德主維那張甫元　南水峪功德主王□　□子村維那王申□　∟功德主秦忠信　正龍門功德主仇福志　維那王伯堅　∟功德主□甫榮　當峪村功德主孫興　維那王善□　∟功德主李榮　功德主郭妙英　□子村助延□□□　∟甸口村功德主智和卿　功德主張得榮　張法□　∟○功德主張文玉　大河頭功德主于福青　孫惠業　∟功德主張成　功德主于寺卿　劉惠□　∟功德主翟校尉　功德主閆福高　李惠□　∟功德主孟甫　上□頭維那王福周　趙甫全　岳惠□　∟四合冶功德主藺□　甸口村維那□□寶　王□左　李福秀　∟功德主□滿　維那□□甫　郭法榮　∟功德主王□□　維那□□　程妙善　郭氏　∟上關頭功德主張□維那□成　□□□兒　張梅花□□　∟鎖頭村功德主□□秀　維那王秀□　□□□　□□□　王玉□　∟下關頭功德□李順　維那何□□王氏　李□□　□□□　∟東□鋪功德主□義　維那程仲良　郭氏　王君□　郭氏∟

延祐四年八月十五日，王善州書，石匠趙□□刊。∟

# 五八　故父資貴楊公故母香魂李氏墓誌

延祐五年

《故父資貴楊公故母香魂李氏墓誌》，延祐五年（一三一八）二月立。現存北京市房山區丁家鋪。中國國家圖書館藏拓片通高八四釐米，寬五三釐米。額題楷書「故父資貴楊公故母香魂李氏墓誌」一四字。誌文楷書，九行，滿行九字。子女楊琳等立石。

《北京圖書館藏中國歷代石刻拓本匯編》（中州古籍出版社，一九八九年）、《新日下訪碑録·房山卷》（北京燕山出版社，二〇一三年）、楊亦武《房山碑刻通志》卷一（社會科學文獻出版社，二〇一八年）著録。今據中國國家圖書館提供拓片（各地八九四七）録文。

墓誌記墓主人夫婦、立碑人以及立石時間。

故父資貴楊公故母香魂李氏墓誌（延祐五年）碑文拓片

## 録文

故父資貴楊公∟故母香魂李氏∟墓誌∟（額）∟

長男楊琮，妻李氏。∟孫男山壽、∟孫女秀英。∟次男楊琳，妻賈氏。∟孫男達達。∟孝女大姐適張敬祖妻，∟孝女二姐適劉得義妻。∟

甥生宗提領刊。∟

延祐五年二月廿五日，立石人楊琮、楊琳。∟

## 五九　檀州水谷修建霞峰觀碑銘　延祐五年

《檀州水谷修建霞峰觀碑銘》，延祐五年（一三一八）七月建。現存北京市密雲碑林。碑青石質，螭首圭額，龜趺座。碑通高二八八釐米，寬九五釐米，厚二七釐米。碑陽額題篆書「修建霞峰觀碑」三行六字。碑文楷書，二三行，滿行四二字。碑陰上截爲行楷，一二行，小字滿行九字，大字滿行六字。下截楷書，二二行，每行字數不等。王道亨撰，王桂書丹，劉通篆額。曲陽田某刊，周道昌、王道明等立石。

清于敏中《日下舊聞考》、《畿輔通志》、《北京元代史迹圖志》（北京燕山出版社，二〇〇九年）、《北京遼金元拓片集》（北京燕山出版社，二〇一二年）著録。今據北京考古遺址博物館（金中都水關遺址）藏拓片録文。

碑銘記修建霞峰觀始末，又述全真教義特色。碑陰題玄逸真人詩文一首，後附本觀和大都路相關觀院道官題名，以及霞峰觀地産四至。

檀州水谷修建霞峰觀碑銘（延祐五年）碑陽照片

檀州水谷修建霞峰觀碑銘（延祐五年）碑陰照片

檀州水谷修建霞峰觀碑銘（延祐五年）碑陽拓片

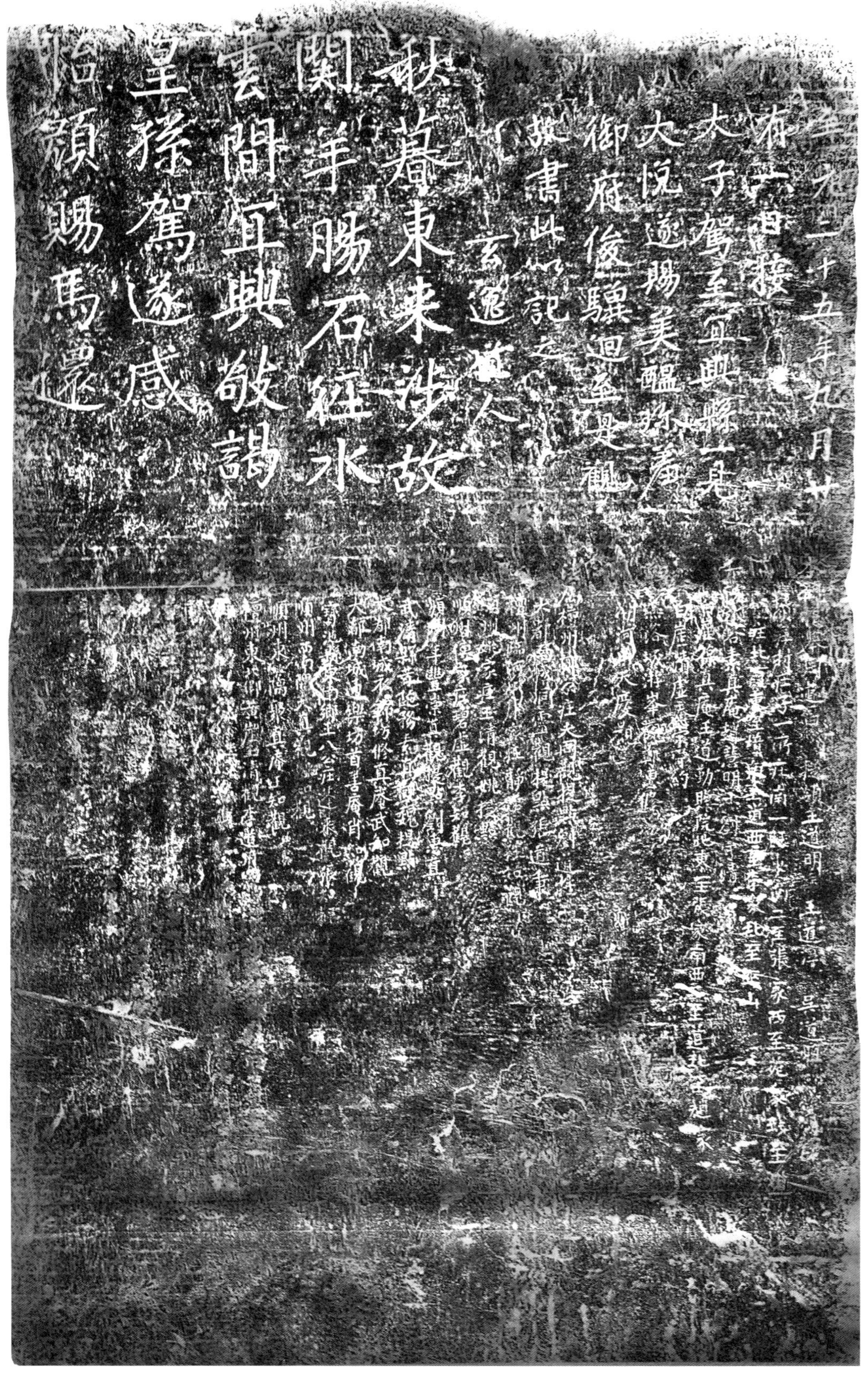

檀州水谷修建霞峰觀碑銘（延祐五年）碑陰拓片

**碑陽**

修建∟霞峰∟觀碑（額）∟

大元檀州水谷修建霞峰觀碑銘并序∟

大長春宮三□講經師王道亨撰。∟

中奉大夫、中□參知政事王桂書。∟

集賢直學士、□議大夫劉迺篆額。∟

大都東檀州，古密雲也。州之北曰水谷，其水出乾維山。□州東與白水合，山環而地迥，人蹟罕到。中有霞峰觀，∟國初李尊師結庵茲地，□十餘年，操守不變，人高其行，□信嚮之。度弟子輩甚多，散而它方者有之。唯魏志和、∟史志瑞、李道純同師居之，力事營造。已而，又得楊道勉、□道本[一]，始終一志而共成之。爲王□一殿、五真靈宮[二]、二∟堂，丈室、賓寮、爨房、散舍，以次而具，院之常産別刻之。觀額則掌教清和真人所賜。觀成以來，計其年且遠久，殿∟堂破漏，風雨不支，居者感之。竟運力用勤，起弊而新之。因狀前後修爲事來言，將載之石，爲紬其實而敷陳之。∟夫全真氏之學，以無爲爲宗，恬澹爲體，謙和爲用，清淨爲常。以曲全持後，靜養吾生；以水動鑑苔，泛應羣務。寶∟慈儉，貴自然，混一兊塵，挫解紛鋭。玄同物我，理盡天人，冥死生而住之。況是非利害，其能膠轕哉！茲誠大本大∟宗之道，豈曲學小術同年而語也。是道傳之老氏，炳乎尹、文、亢、列、莊，自東華而襲五祖，由丹陽而序七真，薪火∟相傳，古今不絶。迨長春丘神仙出，內蘊先知，將昭是道，近辭金宋，遠應∟北庭，不以跋涉爲艱，且恤中夏之命，第論其功業，不在開國勳臣之後。師恬然處無功之地，人到于今懷之。全∟寰宇之中，琳館相望，不知幾千百區；簪褐相襲，不知幾千萬人。幸世遇太平，沐∟君上優裕寬仁之德，宜謹所修，以思報效，則教祖先師之意也。賡之以辭曰：∟

至人用道，圖耀疑滑。聽搏希微，惚怳象物。言宗老聖，教演重陽。前薪克續，後火傳光。天興∟元國，∟龍飛幕北。遠聘長春，允敷∟帝德。長春爲言，天道好生。取國以慈，弗尚佳兵。人懷神仙，聞風而化。名馨霄壤，道尊夷夏。密雲之北，羽∟客深栖。素霞翠峰，

著吾觀題。作者誰何？曰隴西氏。祖長春師，宗清河子。弊觀再葺，貞珉乃鎸。載此頌言，⌞俾以永傳。⌞

延祐五年七月二十二日，重修本觀住持周道昌、王道明等立石。曲陽田□⌞

校勘記

〔一〕□道本 「□」，《日下舊聞考》卷一四一「霞峰觀」條作「劉」。

〔二〕爲王□一殿五真靈宫 《北京元代史迹圖志》作「爲王適一殿五真靈宫」。

### 碑陰

#### 上截

至元二十五年九月廿⌞有六日接⌞太子駕至宜興縣，一見⌞大悅，遂賜美醞珍羞、⌞御府俊驥。迴至是觀，⌞故書此以記之。⌞玄逸道人。⌞

秋暮東來涉故⌞關，羊腸石徑水⌞雲間。宜興敬謁⌞皇孫駕，遂感⌞怡顔賜馬還。⌞

#### 下截

本觀提舉閆道□　提領王道明　王道淳　吴道□⌞□莊村莊子一所，莊南一段，東南二至張家，西至苑家，北至道。⌞莊北一段，東至墳，南至道，西至李家，北至巫山。⌞下院水谷素真庵趙慧明　劉守清⌞白崖葆真庵王道勤贍院地，東至張家，南西二至道，北至趙家。⌞

白崖清虚庵宋守約　⌞燕落城游峰觀鄭惠修　⌞潮河山天慶觀　⌞

法屬檀州鄭家莊大同觀提點劉道胜　⌞大都南城洞靈觀提點張道秉　⌞檀州臨河□康家莊靜□觀張知觀　⌞順州姚家莊玉清觀姚提點　⌞

順州傅家莊碧虚觀李知觀　⌞順州年豐崇真觀提點劉惠真　⌞武清縣昔陁務素真觀魏提點　⌞大都南城衣錦坊修真庵武知觀　⌞大都南城通樂坊首善庵肖知觀　⌞寶池縣東南鄉王八公莊蓬萊觀張知觀　⌞順州西南隅天真觀姚知觀　⌞順州東北隅聚真庵王知觀　⌞檀州東北鄉黄崖□清觀李道明⌞

# 六〇　元故康公（信）墓誌　延祐七年

《元故康公（信）墓誌》，延祐七年（一三二〇）二月刻，北京市房山區上洛村出土，現存地不詳。中國國家圖書館藏拓片高一三〇釐米，寬七〇釐米。額横題篆書「元故康公墓誌」六字。墓誌楷書，一五行，滿行二八字。賈壤述并篆額，任亨祚書，李仲信刊，康仲禄等立石。

《房山墓誌》（北京市房山區文物管理所，二〇〇六年）、《元代石刻拓本目録》、楊亦武《房山碑刻通志》卷一（社會科學文獻出版社，二〇一八年）著録。今據中國國家圖書館提供拓片（墓誌三九二六）録文。

墓誌記康信之生平事迹及家世。

元故康公（信）墓誌（延祐七年）碑文拓片

元故康公墓誌（額）∟

元故康公墓誌∟

前涿州醫學學正表弟賈壤述并篆額，門生任亨祚書。∟

公諱信，字則闕焉。父諱伯全，爲人剛毅敢果，有謀略。當凶荒之際，□因鄉∟閭推崇爲千夫長，至今猶號康官人家。母韓氏，有婦德。昆弟四人，公次三∟也。公性沉厚有斷置，與物無忤。凡宗族故舊，內媦外戚，皆無間言。於辛卯∟季三月初六日生，不幸於至元十二年三月二十五日以疾而卒，享季四∟十有六。葬于祖塋父墓之左。鄉里人多矜悼之。甫娶胡甯尚氏，蚤世。生一∟子，未名而卒。幸存一子一女，克□其家。再娶石門著姓蘧氏，婦言容德□∟舉，無不備□，□孤嫠未嘗失所。於乙未季十二月二十九日生，延祐六年∟五月初二日□□疾卒，春秋八十有五。合祔公塋，禮也。生子男三人。長名∟仲禄，字瑞卿，妻何氏，三子一女。次名仲禮，字和卿，妻毛氏，三子二女。幼名∟仲義，字宜卿，妻梁氏，二子。俱善繼其業。女二人，長適王得禄，次適孫　。男∟仲禄、禮、義輩痛其早孤，賴母蘧氏撫育之重，報効無由，尤恐季移代革，而∟莫知所自，故勒此石，俾後世子孫有以考焉，亦庶乎報本追遠之意云。∟

旹大元延祐七季二月清明前一日，嗣康仲禄等立石，石匠李仲信刊。∟

## 六一　大元加贈真大道教始祖劉真君之碑

至治二年

《大元加贈真大道教始祖劉真君之碑》，至治二年（一三二二）二月立石。原存北京市房山區大石窩鎮辛莊北隆陽宮，現存地不詳。中國國家圖書館藏拓片額拓部分高六三釐米，寬三四釐米。碑身拓片高一八四釐米，寬九七釐米。碑額圭形，題篆書「大元加贈真大道教始祖劉真君之碑」三行一五字。碑陽楷書，一一行，滿行二五字。碑陰額刻道士像，碑身楷書，行字不等。張清志等立石，王德用等刊刻。

楊亦武《房山碑刻通志》卷一（社會科學文獻出版社，二〇一八年）著録。柳貫《柳待制文集》（《四部叢刊初編》本）卷七收録《真大道教祖師無憂普濟真人劉德仁加封真君制》。今據中國國家圖書館提供拓片（北京三九五〇）録文。

碑陽刻加贈真大道教始祖劉德仁聖旨，碑陰刻天寶宮尊宿師德名號、諸村耆老和石局官員等題名。此碑對研究元代真大道教和元代聖旨體式有重要價值。

大元加贈真大道教始祖劉使君之碑（至治二年）碑陽拓片

大元加贈真大道教始祖劉使君之碑（至治二年）碑陰拓片

### 碑陽

大元加贈真∟大道教始祖∟劉真君之碑（額）∟

上天眷命∟皇帝聖旨：大道由真一而用〔一〕，固盛治之攸資，至人以澹泊爲宗，矧前聞之足∟證。庸加寵澤，增賁玄門。無憂普濟真人劉德仁〔二〕凝神若虛，應物無∟跡，知性皆本有，混同孔老之間，然言不離詮，終始天人之際。雖深∟藏而弗售，已妙用之顯行。今熙朝充美於象元，肆∟累聖重光於巽命，是用躋爾僊階之貴，昭予帝祉之隆，以迓繁釐，以開來裔。∟於戲！騎日月而游四海，想神馭之如存；官陰陽以遂羣生，尚物情∟之咸賴。祇服茂典，益暢殊風。可加贈無憂普濟開明洞微真君。主∟者施行。∟寶

大元至治二季二月日，∟演教大宗師、凝神沖妙玄應真人、統轄諸路真大道道教事張清志立石。∟

### 碑陰

#### 第一截

大天寶宮尊宿師德名號：

賜紫錦襴靜明廣德大師諸路提點劉成濟 ∟宣授沖和常善大師本宮提點李天瑞 ∟宣授明真熙正大師本宮提點任進福 ∟賜紫錦襴□光普照大師從教門都舉正史天祥 ∟賜紫錦襴沖和明道大師玄壇提點高清義 ∟賜紫錦襴□□□照大師本宮提點□□淵 ∟賜紫錦襴洞觀普□大師本宮提點翟進仁 ∟賜紫錦襴忠善體仁大師本宮提點賈進英 ∟賜紫錦襴明善處一大師長興庫提點王進福 ∟賜紫衣真□明素大師□宮胡天義 ∟賜紫錦襴通玄明德大師從教提點党天忠 ∟賜紫錦襴觀妙清虛大師宮門提舉劉天秀 ∟賜紫錦襴凝和純素大師從教提點宋天沖 ∟太玄宮提點宣授諸路都提點劉成海 ∟通和大師宮門提點裴清仙、慶泉觀提舉王和 ∟特授太傅録軍國重事開府儀同三司金紫光禄大夫中書省右丞相怙哥、宣授秦國夫人張氏 ∟涿州賜紫錦襴明道崇德大師法師王清仙 ∟賜紫錦襴明德體真大師法師□進清 ∟賜紫錦襴中和□德大師吴天利 ∟賜紫錦襴崇正觀妙大師舉師李進德 ∟洞□觀提點劉進清、通玄觀提舉杜進春 ∟□天寶觀提點胡進明 ∟後闕

**第二截**

前闕 通州崇真觀純一凝真大師舉師劉道順　∟順州會真宮廣興全德大師周進元　∟昌平縣熙真宮守沖大師閆清元　∟易州朝元宮提點通真寶德大師劉清淵　∟蔚州萬福宮賜紫錦襴廣興大師李清福　∟奉聖州賜紫□□□一大師舉師晉進道　∟▯洞□□提點□進清　∟賜紫錦襴玄真□德大師舉師田清志　∟賜紫錦襴守素□善大師提點于進清　∟趙天良、董天義、趙天微、李天然、李天靜、∟靳天清、王天元、鄭靈童、尚運童、董顯童、∟許仁童、田玄童、董福童、郝廣童、田順童、∟鄭□童、馮興童、劉運童、白玉童、沈興童　∟新莊耆老本宮知宮郝天淨　∟勑授真定路織造提舉司提點趙德閏∟諸色人匠總管府石局直長蔡仲良　∟諸色人匠總管府石局副使孫祥　∟管人匠家屬提領田閏、史書璧、史得珍　∟大司徒宣使蔡珙、石局大使吕秀∟明□居士蔡□□、真義居士沈進福　∟處玉居士□進江、社長田琳、焦珵∟社長李文秀、張玉、蔡仲仁、陳仁義　∟金玉人匠總管府令史李彝、田國寶　∟▯張▯∟後闕

**第三截**

趙村耆老：提領□局∟忠翊校尉東安州□□趙允　∟鷹房打捕總管趙密　∟獨樹村耆老：∟勑授金玉府石局副使唐義　∟採石局大使張彬、劉得源　∟社長許孝義、張仲祥、∟賈榮甫、蘆澤、劉總領、張德良、∟王得成、李榮、李秀、李仲祥、∟房山縣尉司總把□玉□、薛榮、李智、∟抱玉村耆老：∟涿州醫學教諭賈壤　∟社長陳文苑、賈林　∟上樂村耆老：∟康仲禮、□提領、杜澤　∟楊禮、北鄭穆仲禮　∟墳莊：劉伯源、邢珍、∟史伯彧　∟高村屯：□州韓士煦、牛濟　∟進義副尉屯田百户丁世恭　∟固安州太子務楊仲禮∟新莊大□里官員：∟承事郎大同路等處寧威處蔡仲□　∟諸色人匠總管府石局副使尚榮　∟□□務王福、陳文苑、∟于進清同立石。石局大使許□、王德用、∟許□等刊。∟

校勘記

〔一〕大道由真一而用　《柳待制文集》卷七《真大道教祖師無憂普濟真人劉德仁加封真君制》作「蓋聞大道常清淨自化」。

〔二〕無憂普濟真人劉德仁　《柳待制文集》卷七《真大道教祖師無憂普濟真人劉德仁加封真君制》作空格。

# 六二一　都總金局使盧公墓碑　至治三年

《都總金局使盧公墓碑》，至治三年（一三二三）四月立。碑出土於北京市西城區西直門甕城城墻外皮的墻基中。一九八七年由北京市文物研究所移交北京石刻藝術博物館。現存於北京石刻藝術博物館。碑青石質，方首抹角，座已佚。碑高九二釐米，寬五九釐米，厚一一釐米。拓高九二釐米，寬四〇釐米。碑文楷書，三行，行字不等，共計二四字。盧仲安立石。

張寧《記元大都出土文物》（《考古》一九七二年第六期）、《北京元代史迹圖志》（北京燕山出版社，二〇〇九年）、《北京石刻藝術博物館藏石刻拓片編目提要》（學苑出版社，二〇一四年）均有著録。今據北京石刻藝術博物館藏拓片録文。史迪威初録。

碑刻記元都總金局使盧公墓碑立石時間、立石人。

都總金局使盧公墓碑（至治三年）碑體照片

都總金局使盧公墓碑（至治三年）碑文拓片

## 録文

大元國都總金」局使盧公之墓」

癸亥年孟夏吉日盧仲安立石。」

## 六三　大安山瑞雲禪寺第十二代信公禪師塔記　至治三年

《大安山瑞雲禪寺第十二代信公禪師塔記》，至治三年（一三二三）立石。現存北京市房山區史家營鄉曹家坊村瑞雲寺。中國國家圖書館藏拓片高八四釐米，寬五五釐米。塔記楷書，二三行，正文滿行三五字。克復書，高興、高玉刻石。

楊亦武《房山碑刻通志》卷七（學苑出版社，二〇二二年）著録，中國國家圖書館藏拓片定名爲《義信塔記》。今據中國國家圖書館提供拓片（北京九九四五）録文。

塔記述義信生平事迹，列立石僧衆，對研究義信生平和元代佛教歷史有重要價值。

大安山瑞雲禪寺第十二代信公禪師塔記（至治三年）碑文拓片

録文

大安山瑞雲禪寺第十二代信公禪師塔記　江西埜衲雲外子翠岭克復書∟

師諱義信，道號雲峰，宛平縣齋堂人也。俗姓祖，父諱福禄，母韓氏。師誕之後，及至齠齔，舉止∟異於童蒙。父母捨送瑞雲堂頭松巖和尚爲師，落髪受具。爾後掌職奪事，炷香入室。巖後□∟於清泰，玉谿淵公繼主是刹，後於至元二十一年香山永安之請，師亦隨之，經十寒暑，□□∟暮請，未嘗少怠。玉谿復主瑞雲，又經數載。一日，謂信曰：「吾已秊邁，汝輩少，當努力。」遂以□□付之。後即退隱西堂，命師居於丈室。十有餘年，破者補之，闕者完之。又於本寺三門□□□∟刱建水碾一盤，重修藥師如來寶塔一座，復於延祐五年十一月内特受∟聖旨護持山門。師之勤勣頗多，不繁具引。後於至治元年八月十三日能事已周，示微疾，□∟然而逝，依法荼毗，所得舍利瘞於祖塋。今者小師信讓不忘先師之厚德，刱建靈塔於所□，∟以爲香燈不絶之所，遂往古燕廣濟蘭若，特命雄辨廣濟大師清公宗主，囑文於普光，退隱∟靜山。祖仁旌師之德，用刻貞珉，以傳不朽。余義辭不獲，遂謂讓曰：「師之匡持祖道，領衆焚修，∟孰不聞知。唯有潛功密行，烏可得而攷也？汝輩既爾竪塔建幢，報師恩德者，可謂孝矣。堪與∟將來龜鑑，誠可尚也。」姑書其記而爲銘曰：

師之名信，而出松巖。雲峰高聳，∟巨若淵潭。權衡掌握，率衆皆談。於家於寺，無不貪攬。隨玉溪者，入室玄泰。∟玉谿退隱，師復其職。從此瑞雲，重修重葺。刱碾蓋屋，寶塔岌岌。補營備周，∟聖恩賜勑。以護山門，安僧俱畢。偶得微疾，儼然而逝。停送荼毗，異炎鬱鬱。∟親戚傷悲，徒門嘆質。有似信讓，屬懷悽愴。罄捨衣盂，命工求匠。特建庵塔，∟以爲俯仰。廓爾聊文，久遠續廣。

本寺首座信元、提點信洪、提點信琛、尊宿義和∟教讀信才、監寺信讓、監寺智擇、維那信國、侍者信忠、典座信在、副寺信敬、直歲智用、∟直歲思常、錢帛智昌、外庫信恭、碾主信能、莊主慶才、信徒信覺、洪道、信忠。∟徒門：信興、信良、信柔、信禮、信在、信才、信湛、信廣、信山、信住、信應、信琪、信孝、信順。∟法孫：智然、智僊、智亮、智滿、智珪、智琮、智添、智璞、智處、智堅、智延、智順、智親、智悟。∟助緣施主會福院辦課銀場提舉裴得准。至治三年歲次癸亥　日立，石匠人高興、高玉刻。∟

# 六四　康氏先塋碣銘　泰定元年

《康氏先塋碣銘》，泰定元年（一三二四）二月刻。碣銘在北京市房山區大石窩鎮南尚樂村。中國國家圖書館藏拓片通高一五一釐米，寬八五釐米。額横題篆書「康氏先塋碣銘」六字。碣銘正文楷書，二〇行，滿行四〇字。賈壤述并篆額，焦叔庸書丹，蔡琮刻石，康仲元、康仁德、康恕等立石。

《北京圖書館藏中國歷代石刻拓本匯編》（中州古籍出版社，一九八九年）、《房山墓誌》（北京市房山區文物管理所，二〇〇六年）、《新日下訪碑録·房山卷》（北京燕山出版社，二〇一三年）、楊亦武《房山碑刻通志》卷一（社會科學文獻出版社，二〇一八年）著録。今據中國國家圖書館提供拓片（北京八四八四）録文。

碣銘記房山上樂康氏家世出處及發展。

康氏先塋碣銘（泰定元年）碑文拓片

康氏先塋碣銘（額）└

康氏先塋碣銘└

靜修先生劉文靚公門人賈壤述并篆，門生焦叔庸書。└

延祐七年正月一日，將仕佐郎金玉府石局大使康君惠琮方疾革，召其姪恕，屬之曰：「予家世以名族居└涞陽。自曾大父某籍於是。及大父伯全、伯成以囏苦起家，使若等保有成業，而予濫叨寸禄，非祖宗陰積└焉與於此。予生平思以報之，而莫知所爲。觀近世，立石先塋，雖未足爲仰答之極致，亦人子愛親，不容已└者。予存心有日矣，特以名微德薄爲累。而今天復有責於予，已不及行也。若肯成之，予庶敢見先人於地└下，而不含恨於九原矣。」恕應曰：「諾。」是日，惠琮卒。及今四禩，恕思不輟，乃與父仲元、叔仁德謀分所有，欲終└刻石。遂狀遺訓如右，而來請予銘。予迫於禮文謹且備，重以其先與予有緦功之親，義不可辭。按康氏世└籍涞陽之赤土里，其故塋尚可考。自曾祖某婿於上樂，遂隸房山。曾祖妣張氏，生五子，長與，次三及幼皆└蚤世，所存者祖考伯全、伯成也。伯全勁勇剛烈，所謂雖萬人吾往者。當金亂離之際，保親族鄰里，合千百└家，得守墳墓晏然無虞。苟非風節襟量有異於人，孰能與於是哉？娶王氏、韓氏、李氏，生子四：毓、用、信、寧。毓└，王出；寧，李出；餘皆韓出也。伯成篤實温善，事兄敬，待物寬，娶張氏，生子五：慶、秀、福、瑀、賾。秀，即惠琮之考也。└其行實各見於墓誌，而宗支又備列於石陰，故但著其沿革出處之大略，而以銘終之。銘八章、章四句：└

粤若康氏，世籍涞陽。葉隆根固，源深流長。誰鼓其瀾，支分東注。└迺媲既嘉，上樂是寓。慎德勵行，源知益深。載生載育，詵詵如林。└子曰全成，克蹈前軌。會金崩亂，保族存祀。槃只毓輩，各欽乃身。└室家耽耽，庭除生春。福善益謙，是曰天道。越天匪私，是曰予造。└爰至將仕，思報厥先。狀節未遂，已終其天。有姪尤良，遺訓斯守。└刻石墳阿，以示攸久。└

旹大元泰定元季歲次甲子春二月廿八日，仲元、仁德及子恕同立石。石匠堉蔡琮。└

## 六五　義勇武安王碑　泰定元年

《義勇武安王碑》，泰定元年（一三二四）五月刻，現存北京市西城區西四大街。中國國家圖書館藏拓片高六八釐米，寬五六釐米，額高二〇釐米，寬一八釐米。額題篆書「義勇武安王碑」二行六字。碑文楷書，二〇行，滿行三〇字。李用等立石。

清繆荃孫《藝風堂金石文字目》、清周家楣等《（光緒）順天府志》、《北京圖書館藏中國歷代石刻拓本匯編》（中州古籍出版社，一九八九年）著録。今據中國國家圖書館提供拓片（北京三二二一）録文。

碑文記義勇武安王關羽之信仰，以及立石經過。

義勇武安王碑（泰定元年）碑文拓片

録文

義勇武⌊安王碑（額）⌊

大元贈勑封齊天護國大將軍檢校尚書守管淮南節度使兼山東河北四⌊門關鎮都招討使兼提調遍天下諸宮神煞無地分巡案官中書門下平章⌊政事開府儀同三司金紫光禄大夫⌊駕前都統軍無佞侯壯穆義勇武安英濟王崇寧護國真君碑⌊

且神之爲德，其盛矣乎？視不見而聽不聞，祈必從而禱必應。觀其操，絶倫迈羣⌊之勇。當國勢鼎峙之時，義聲風動，威震華夏。生爲忠臣，殁爲明神，其剛大之氣，⌊浩然充塞乎天地之間，不與形而同逝，不隨世而俱變。致像之者，美髯過腹，威⌊如其容，萬目瞻覩，孰敢不敬。而英靈之德，洋洋乎如在其上，如在其左右，使疾⌊者呼，旱者禱，鮮有不副其願者。王諱羽，字雲長，出於河東關氏，而起於涿。涿⌊近於燕，而燕人禩之者亦衆。而王則不局於一所，凡爲國祐民，施利益於⌊無方，振聲光於不朽。廟貌赫奕，潔共粢盛，風雨雲車，來游來享，以義去殘，以勇⌊勝恭。威武也，剉鋭將巨卒之中；安忍也，撩矢毒劈臂之内。王之所謂勇者出⌊於義，而不在於勢力也。不爲曹公厚待而留，堅守昭烈共死之誓弗畔。所事能⌊盡其忠，可以明千萬世君臣之大義。大義所在，有國家者，實嘉賴之，所以⌊聖朝加官贈職，使天下之神明皆宗而主之。有人心者，知敬慕之，所以都城立⌊廟祀形，使遠近之人民皆得以庇之。王之廟不一，而王之靈無窮。今順承⌊宣課之南有廟年深，無碑紀德。信士李用命工作文鎸石，以表往古來今不朽⌊之名，非但儌福禦患而已。凡施工捨力，有功於廟事者，敍其姓名於碑後。俾後⌊之人知所激勸而祀香火於綿綿不絶者，神之驗也，王其鑒之。⌊

泰定元年甲子太歲五月　日，士民李用貢香立石，廟主郭德成。⌊

# 六六　皇后臺衆都創建石碣銘記　泰定二年

《皇后臺衆都創建石碣銘記》，泰定二年（一三二五）二月刻，現存北京市房山區韓村河鎮天開村。中國國家圖書館藏拓片陽、陰均通高九八釐米，寬六八釐米。碑陽額題楷書「衆邑祭祀之碣」六字。碑文楷書，二〇行，滿行二四字。王東菴撰并書丹，胡信、姚二等刊石，涿州房山縣懷玉鄉欒深五堡衆耆老人等立石。

清繆荃孫《藝風堂金石文字目》、《北京圖書館藏中國歷代石刻拓本匯編》（中州古籍出版社，一九八九年）、《新日下訪碑録·房山卷》（北京燕山出版社，二〇一三年）、楊亦武《房山碑刻通志》卷六（學苑出版社，二〇二一年）著録。今據中國國家圖書館提供拓片（北京四三五〇）録文。

碣銘記皇后臺衆耆老創建龍王祠之經過，碑陰刻立石人題名。

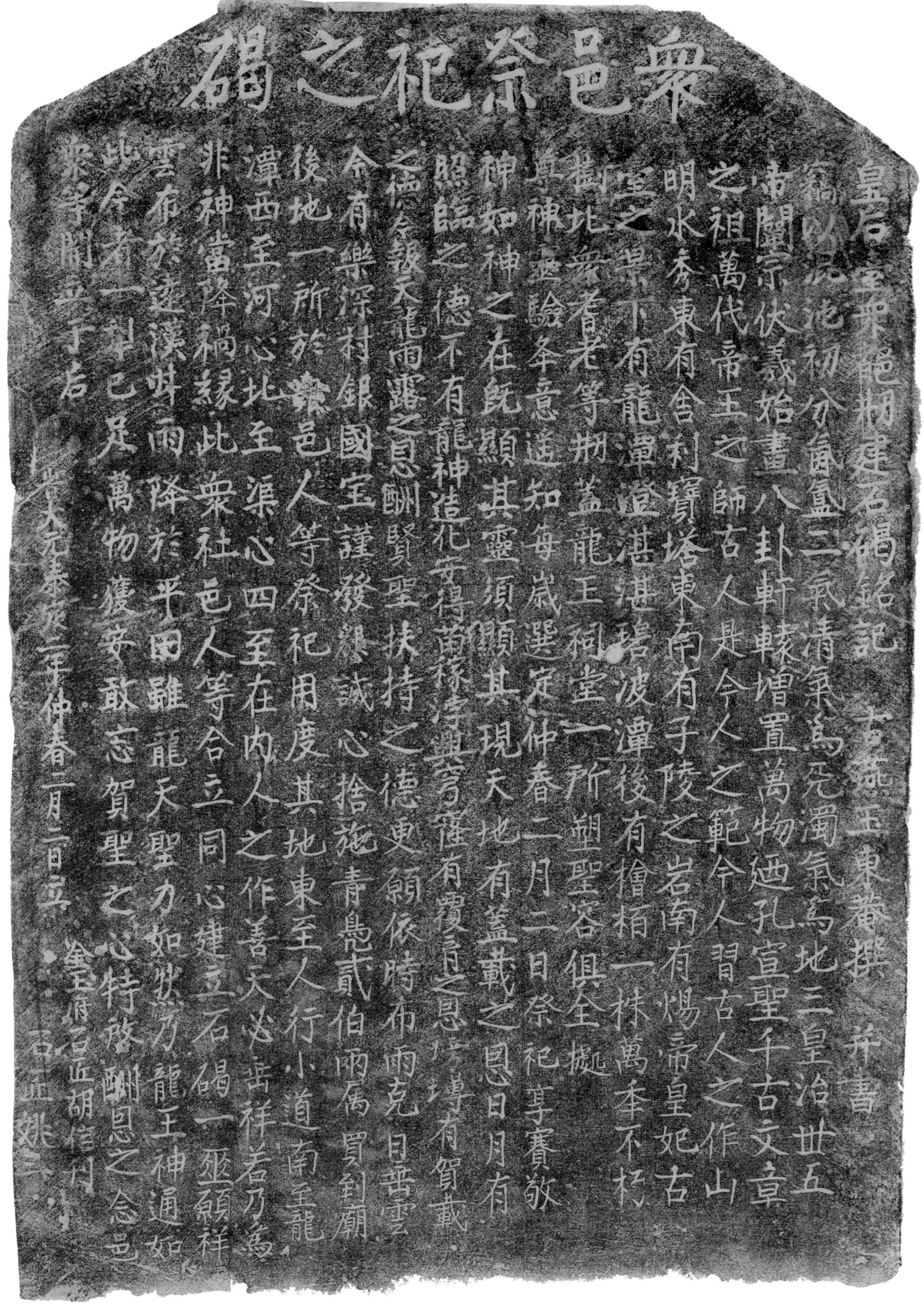

皇后臺衆都創建石碣銘記（泰定二年）碑陽拓片

皇后臺衆都創建石碣銘記（泰定二年）碑陰拓片

録文

碑陽

衆邑祭祀之碣（額）」

皇后臺衆都刱建石碣銘記　古燕王東菴撰　并書」

竊以混沌初分氤氲二氣，清氣爲天，濁氣爲地。三皇治世，五」帝闡宗。伏羲始畫八卦，軒轅增置萬物。迺孔宣聖，千古文章」之祖，萬代帝王之師。古人是今人之範，今人習古人之作。山」明水秀，東有舍利寶塔，東南有子陵之岩，南有煬帝皇妃古」臺之景，下有龍潭澄湛湛碧波。潭後有檜柏一株，萬季不朽。」樹北衆耆老等刱蓋龍王祠堂一所，塑聖容俱全，據」尊神靈驗，夆意遥知。每歲選定仲春二月二日祭祀，享賽敬」神，如神之在。既顯其靈，須顯其現。天地有蓋載之恩，日月有」照臨之德，不有龍神造化，安得苗稼浡興。穹窿有覆育之恩，塝塼有賀載」之德。今報天龍雨露之恩，酬賢聖扶持之德，更願依時布雨，克日垂雲。」今有樂深村銀國寶謹發懇誠心，捨施青蚨貳伯兩，屬買到廟」後地一所，於衆邑人等祭祀用度。其地東至人行小道，南至龍」潭，西至河心，北至渠心。四至在內，人之作善，天必垂祥。若乃爲」非，神當降禍。緣此衆社邑人等合立同心建立石碣一座，願祥」雲布於遠漢，甘雨降於平田，雖龍天聖力如然，乃龍王神通如」此。今者一犁已足，萬物獲安，敢忘賀聖之心？特啓酬恩之念。邑」衆等開立于后。」

旹大元泰定二年仲春二月二日立。金玉府石匠胡信刊。」石匠姚二。」

## 碑陰

大元大都路涿州房山縣懷玉鄉樂深五堡衆耆老人等立石。⌊

**第一截**

施主銀國寶　醫工提領高社長　趙提領　張得傛　王瓊　范春　董甫　劉清　張国用⌊

**第二截**

張資成　董珍　張忠信　劉順　楊永禄　張彦榮　董從政　王恕　張得林　謝仲仁⌊

**第三截**

謝禮　褚從仁　葛源　高進恭　岳義　董資　楊成　蔡青　李傑　馮政　劉得⌊

**第四截**

劉順　隨社衆邑人等　張忠信　劉順　董從政　董得義　趙桂　張得傛　王仲祥　邢資成　宋顯　劉清⌊

**第五截**

金通士　張彦榮　王恕　劉榮　劉嗣源　陳世英　馬世英　李潤　張山　董伯義　王進禄⌊

嚴陵洞住持大師李宗主、監寺海固施石。⌊

## 六七　故榮禄大夫司徒佛性圓覺大禪師松谿和公碑銘　泰定二年

《故榮禄大夫司徒佛性圓覺大禪師松谿和公碑銘》，泰定二年（一三二五）三月立石。原存北京市房山區周口店鎮瓦井村寶嚴寺遺址，現存地不詳。中國國家圖書館藏拓片額拓高三三釐米，寬二八釐米，碑身拓片高一三六釐米，寬一〇〇釐米。額題篆書「故榮禄大夫司徒佛性圓覺大禪師松谿和公碑銘」四行二〇字。碑文楷書，二八行，滿行五六字。魯雲行興撰并書，李泰篆額，慶山、海浩、海璨等立石，蔡琮刻石。

楊亦武《房山碑刻通志》卷四（社會科學文獻出版社，二〇一八年）著録，中國國家圖書館藏拓片定名爲《顯和碑》。今據中國國家圖書館提供拓片（北京八九八〇）録文。

碑銘記高僧松谿顯和之生平事迹，對研究元代佛教有重要價值。

故榮禄大夫司徒佛性圓覺大禪師松谿和公碑銘（泰定二年）

## 録文

故榮禄大夫ㄴ司徒佛性圓ㄴ覺大禪師松ㄴ谿和公碑銘（額）ㄴ

故昭文館大學士榮禄大夫司徒佛性圓覺大禪師領東山宗事松谿和公長老大和尚碑銘并序ㄴ

大都竹林禪寺住持、傳法嗣祖沙門、慈慧妙辯廣福圓音大禪師魯雲行興撰并書。ㄴ

應奉翰林文字、從仕郎、同知制誥、兼國史院編脩官李泰篆額。ㄴ

有大宗師出現於世，如優曇花芬馥人天，牟尼寶利濟貧苦以逆順，合時行藏守道，觀因緣而存取捨，立蘩林而定規矩，大振玄風，宏揚慈化，若訥ㄴ於巖藪之間，真隱於烟霞之表，神清貌古，望重學優。王臣崇奉，而佛祖加持，如龍如象者，愚於佛性圓覺大禪師香山永安和尚見之矣。ㄴ師諱顯和，劉姓，世爲涿郡范陽人。松溪，其自號也。母余氏，感吉夢，生而穎異。方九齡，樂出家，父母莫奪其志，命禮房山瓦井寶嚴禪寺庵主順公爲ㄴ祝髮師，侍執巾瓶凡九年，服勤不怠。誦五部大經，粗識厥旨。迤邐行脚，淘汰諸方，詣灤州開覺，依龍溪老叩啓宗乘，愛其機鋒迅捷，與受具戒，董修ㄴ素業。歷十寒暑，歸于都。時九峰老方主雙泉龍淵法席，以知見之香、曹洞之風，引接後學，師即駐錫奉之。其金鍼玉線，正偏兼列，派下宗旨，參請日ㄴ進，遂印可之。至元癸巳，囊錐穎露，衆與開發，乃出世，住寶嚴禪寺，耀里社之榮，福緣漸盛。不三數載，丈室爲之一新。元貞初元，受灤州樂亭之南千ㄴ金崇法蘭若，其績益著，餘六霜，建方丈以間計者七。大德壬寅，師道價日弘，清譽遠播。九峰走疏，命主燕西之香山永安寺，四衆咸服。至大己酉，ㄴ武宗皇帝丕膺寶曆，不忘付囑，大闢金田，幸其寺，賜金一，銀六，青蚨七千五百緡，彩幣四十，充山門供及雲侶之施。衣鉢之需，復僅万緡，致重如此。ㄴ皇慶改元仲夏，仁宗寵賚佛門，留心釋典，興弊起新，眷香山之聞刹，居燕薊之勝遊，給匠百名，賜鈔萬錠，至于殿堂廊廡、廚庫齋寮，寺所宜有ㄴ者靡不畢具，金碧璀璨，若圖畫然。上幸之，甚悦，仍賜寶券計五千緡。師以衣盂長物即昌平之栗園，剏佛殿、西堂、方丈、僧舍餘二十楹。洎宛ㄴ平門頭村之吉祥、新張里之道院、大興之淨居、城南之遵敬、房山之寶巖、永平之雲峰諸大刹，舊者新之，缺者完之，危者抶之。與夫堂殿、齋廚、庫廄，ㄴ輪奂可觀。越明年，勇退永安，僉議弗從，復爲續産置業，如崇智之店、咸寧之庫、苜蓿之房，功力甚夥，未易殫紀。延祐丙辰，上以師德粹行淳，ㄴ加昭文館大學士、榮禄大夫、司徒、領東山宗佛性圓覺大禪師，授銀章白麻，恩至渥而氣不驕盈，豈淺淺之智所能及哉！泰定元年秋七月十有九ㄴ日，示疾于不二軒右脇，而化時晴空雨墮，雲斂光生，其感異又如此。茶毗之際，圓光駭目，會葬者千人靡不聳瞻，收五色舍利羅，分葬香山、道者、千」金、寶嚴，各建浮圖，以表盛德。壽六十有四，僧臘三十，度門弟子百十餘人。嗣法長老曰全、曰璋、曰新，俱化一方。庵主曰闊、曰慶、曰海、曰淵、曰清、曰璨，」皆不墜休風。嗚呼！自世尊滅度後，聖聖弘化，代代襲傳，如師蚤歲出塵，壯而慕道，老備善緣於諸刹，亨榮福於」累朝，出處分明，榮枯自若，振綱紀，隆祖道，生死自由，聖凡叵測，預高僧之列，不其偉歟？故焚香稽首而爲之銘。銘曰：」

達人上士，應迹有方。優曇瑞世，佛祖弘揚。和公挺出，母夢貞祥。諸方行脚，聲振灤陽。年方齠齔，」歸禮空王。順庵訓誘，貝葉披詳。詣九峰老，薰知見香。龍淵挂錫，印可開堂。寶嚴一主，里閈生光。」葺居崇法，劬役六霜。嘉聲籍甚，學海汪洋。香山勝概，古佛道場。殊恩首遇，臨幸武皇。」内帑金幣，所賜非常。仁廟繼幸，睠顧荒涼。錫貲萬錠，賁飾寶坊。宛如圖畫，煒燁煇煌。龍顔甚悦，」特賜銀章。秩登榮禄，寵渥彌彰。司徒掌教，欲退而藏。衆推弗允，再踞禪床。莊嚴列刹，金碧相望。」百廢具舉，奕世流芳。泰定秋仲，示疾云亡。茶毗舍利，塔倚穹蒼。甡甡弟子，復熾而昌。寔惟報本，」識慮深長。豐碑頌德，永劫無忘。」

泰定二年三月吉日，本寺提點慶山、監寺海浩、庵主海璨等立石，諸色府石匠蔡琮刊。」

## 六八　魯公墓碣　泰定二年

《魯公墓碣》，泰定二年（一三二五）十月刻。一九八四年出土於北京市房山縣良鄉魯村，現存北京市房山區文物管理所。碑漢白玉石質，方首抹角。碑碣高一一七釐米，寬七三釐米，厚一三釐米。碑碣陽楷書，橫題楷書「大元」二字，下部四行，滿行七字。碣陰楷書，一四行，滿行二四字。

《房山墓誌》（北京市房山區文物管理所，二〇〇六年）、《北京元代史迹圖志》（北京燕山出版社，二〇〇九年）、楊亦武《房山碑刻通志》卷八（學苑出版社，二〇二二年）著録。《北京元代史迹圖志》擬題爲「魯公墓碑」，然其碑陰信息顯示，當爲魯公墓碣。今據北京考古遺址博物館（金中都水關遺址）藏拓片録文。

碑碣陽記魯公之墳，碣陰記魯公之生平事迹及其家世。

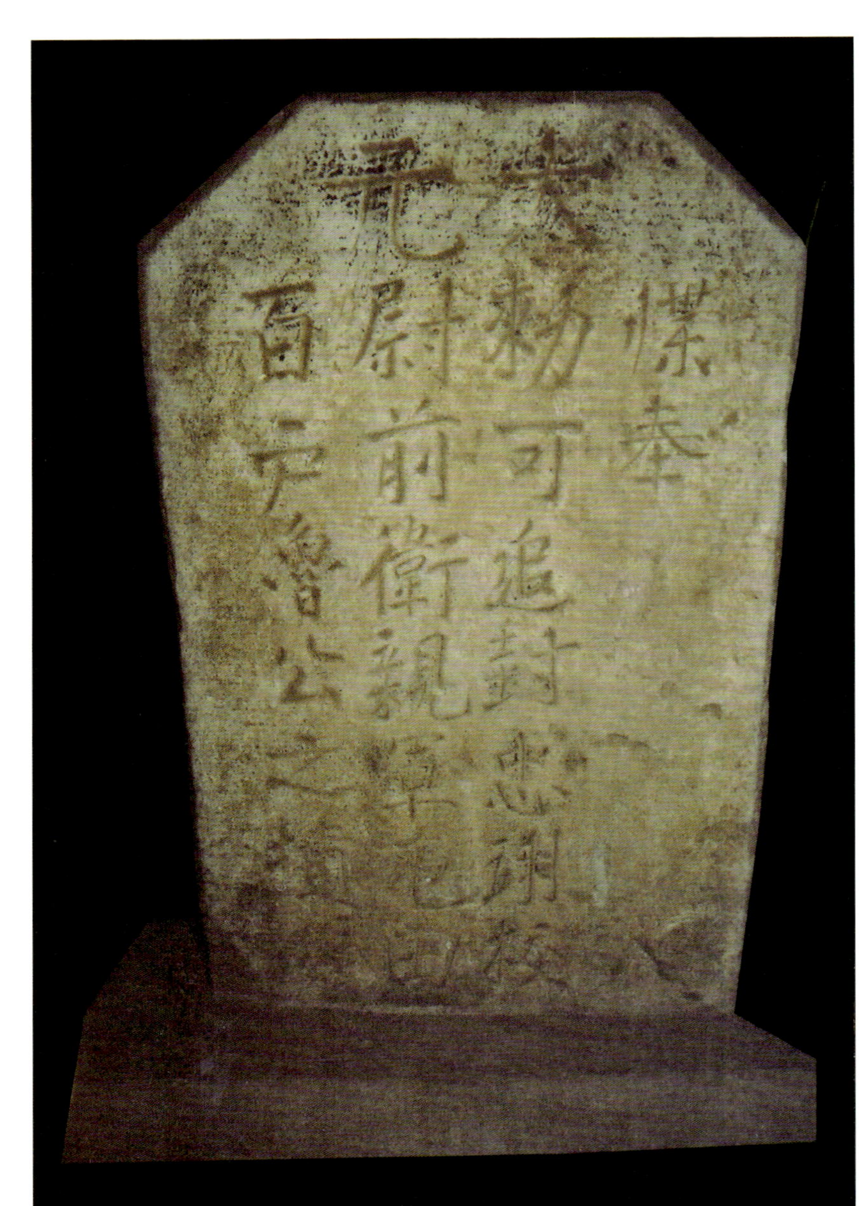


魯公墓碣（泰定二年）碑體照片

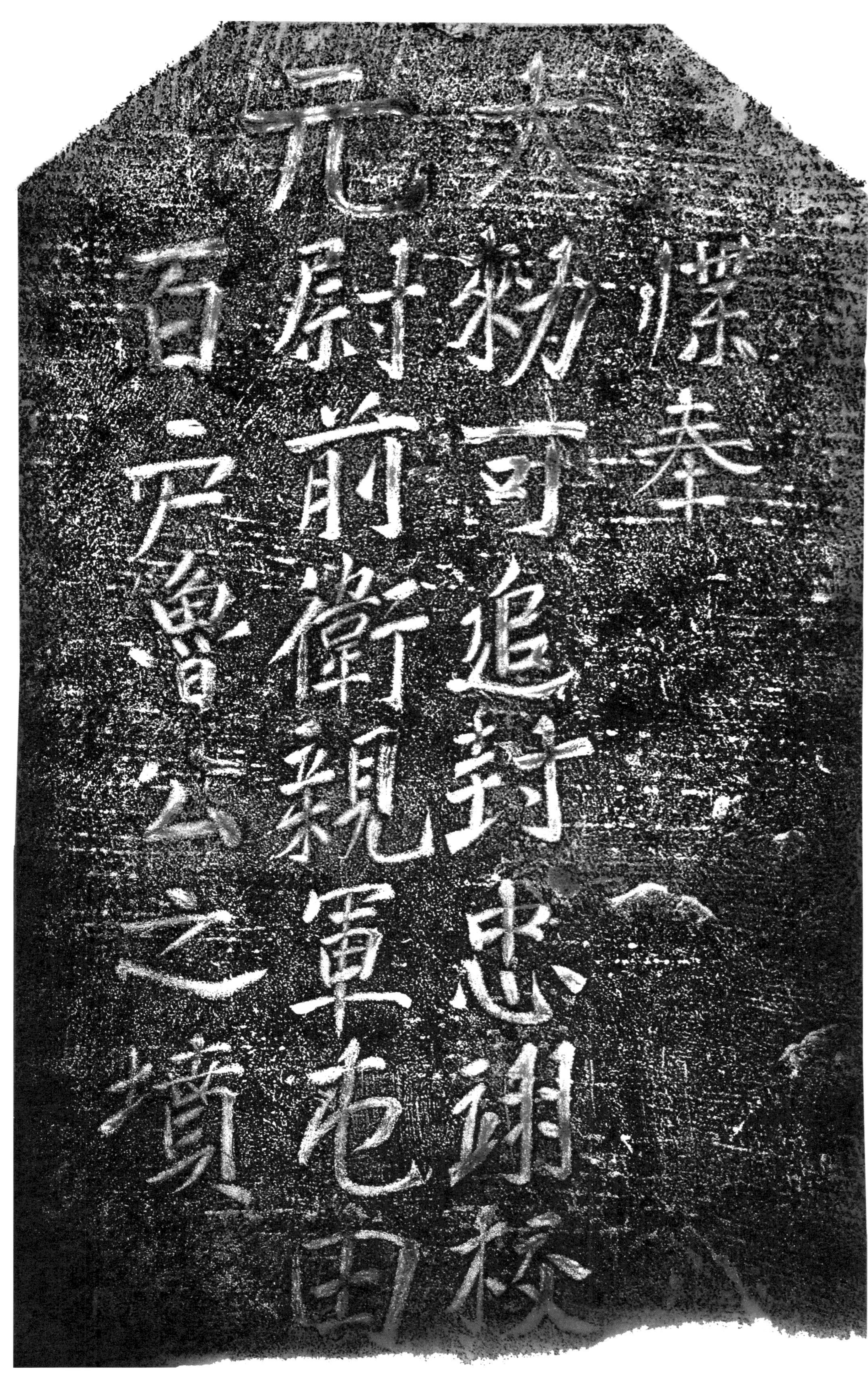


魯公墓碣（泰定二年）碑陽拓片

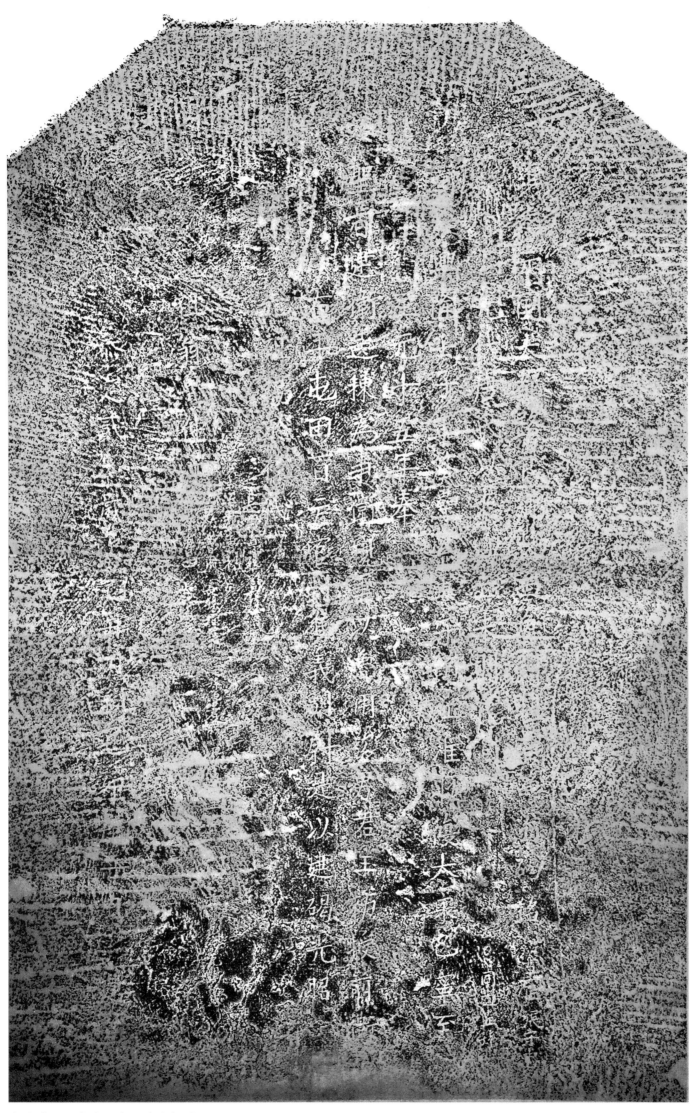

魯公墓碣（泰定二年）碑陰拓片

碑陽

大元（額）⌊

牒奉⌊勑可追封忠翊校⌊尉前衛親軍屯田⌊百户魯公之墳⌊

碑陰

□大元國大都路良鄉□西魯□□□魯翁碣銘　工匠張守忠⌊同□□孫▯⌊□□□先代唐氏以來，興□未則▯⌊□□興隆，壬子年簽壘□□卒于江淮，收復大宋已寧。至⌊▯至元十五年奉⌊聖旨建衛，選揀爲事衛親軍，以魯用次男君玉勑授前衛⌊右手屯田百户官，封進義副尉。是以建碣，光昭⌊先祖而於後哉！⌊

祖翁魯仲□　⌊長男魯□　長孫魯□　次孫魯□禎　⌊次男魯祐⌊次男魯□　長孫□□　次孫魯君義　君□⌊▯魯□⌊

泰定貳年歲次乙丑十月廿七日▯⌊

## 六九　漢義勇武安王祠記　泰定三年

《漢義勇武安王祠記》，泰定三年（一三二六）四月刻。現存北京市西城區西四雙關帝廟。中國國家圖書館藏拓片碑身高七九釐米，寬五七釐米。額高二七釐米，寬二〇釐米。額題隸書「漢義勇武安王祠記」二行八字。碑文行書，二五行，滿行三六字。吴律撰，逯居敬書，李用刊石。

清孫星衍《京畿金石考》、清繆荃孫《藝風堂金石文字目》、《北京圖書館藏中國歷代石刻拓本匯編》（中州古籍出版社，一九八九年）著録。今據中國國家圖書館提供拓片（北京三二〇）録文。

碑記泰定二年重修義勇武安王祠之事迹。

漢義勇武安王祠記

義勇武安王祠周天下自梵宇琳宮荒村窮谷下至氓隸[illegible][illegible]之家亦飾木偶奉祀像
戶而祝之其故何哉蓋必有以取尔也都城西市舊有廟歲久弗脩泰定之元年十月朔宣政
院使臣蒲圖[illegible]輿論以上聞
皇帝以爲忠義死事祠不可廢遂出內帑錢壹萬貫命即故基作興之
皇后賜如其半焉命翰林侍讀學士臣阿魯威紀其實侍郎臣馬兆提點臣完顏楚孫董其
功不兩月廟貌像設煥然一新於是翰林待制臣吳律[illegible]撰史冊而文諸石
王名羽字雲長一字長生關其氏也河東解人亡命奔涿郡昭烈起兵鄉里與張益德從昭
烈與二人寢則同牀恩若兄弟稠人廣坐侍立終日周旋不避艱險觀其刺顏良于萬衆之
中如[illegible]雞鼠豈非絕倫逸羣萬人敵乎觀其答張遼之言忠主之心昭若日月豈非國士之
風乎盡封所賜拜書告辭而去非富貴不足以累其心者能之乎推是心也擇[illegible]羣妖清壹
宇內安漢廟復陵寢孰能禦之破曹仁降于禁老瞞從都避銳特餘事爾[illegible]陵之[illegible]雖白智
不足驕於士夫所致然天不祚漢豈可言者從使諸葛亮法孝直列其中亦安能制其剛而
自用乎生雖不得志於天下既死千有餘年而名愈顯代代加封廟祀遍寰宇豈偶然哉蓋
嘗論之誠者天地之實理付之於人具於人心果能盡此心之誠發然行之而無愧與天地
同長久可也忠臣烈士精誠貫金石雖愚夫愚婦皆知敬畏者亦人人同得此心云耳廟當
市衢車馬填湊轂擊肩摩人有知
二聖感歎臣民之首興起慨以[illegible]咸自奮者於世教豈小補哉既叙其事又爲之歌曰
志宏矣御兮紐解乾綱羣雄競逐兮季時陸梁驕悍甫滅兮宦豎高翔[illegible][illegible][illegible]腥聞上
蒼真人兆瑞兮羽葆生桑周旋艱險兮曰歸與張臥龍鳳雛兮時維鷹揚[illegible][illegible]兮炎精
重光惟荊州兮枕四方惟歸公兮萬夫莫當志滅賊兮氣吞三光瞞智[illegible]兮[illegible][illegible]遁藏[illegible][illegible]
禍懸兮謀何不臧知不祚漢兮[illegible]兮湯湯功不就兮名死彌彰往廟食兮千載[illegible][illegible]
然東面兮儼設煌煌[illegible]毛剛歸兮乘纓[illegible]香神之格思兮左右洋洋衆感悅而興起兮[illegible]
義之不忘仰荷
二聖之恩德兮祈降福之穰穰
泰定三年四月二十日衛郡布衣呂[illegible][illegible]隸書
李用鐫

漢義勇武安王祠記（泰定三年）碑文拓片

録文

漢義勇武㇗安王祠記（額）㇗

義勇武安王祠周天下，自梵宇琳宮、荒村窮谷，下至氓隸甕牖繩樞之室，亦飾木偶，摹神像，㇗尸而祝之，其故何哉？蓋必有以取爾也。都城西市舊有廟，毀久弗脩。泰定乙丑十月朔，宣政㇗院使臣滿圖采輿論以上聞。㇗皇帝以爲忠義死事，祠不可廢，遂出内帑錢壹萬貫，命即故基作興之。㇗皇后賜如其半，迺命翰林侍讀學士臣阿魯威紀其實，侍郎臣馬兒、提點臣完顏埜仙董其㇗功。不兩月，廟貌像設焕然一新。於是翰林待制臣吴律謹按史册而文諸石。㇗王名羽，字雲長，一字長生。關，其氏也。河東解人，亡命奔涿郡。昭烈起兵鄉里，與張益德從。昭㇗烈與二人寢則同牀，恩若兄弟，稠人廣坐，侍立終日，周旋不避艱險。觀其刺顔良于萬衆之㇗中，如禽雞鼠，豈非絶倫逸羣，萬人敵乎？觀其荅張遼之言，忠主之心，昭若日月，豈非國士之㇗風乎？盡封所賜，拜書告辭而去。非富貴不足以累其心者，能之乎？推是心也，掃蕩羣妖，清壹㇗宇内。安宗廟，復陵寢，孰能禦之。破曹仁，降于禁，老瞞徙都避鋭，特餘事爾。江陵之陷，雖曰智㇗不足驕於士夫所致，然天不祚漢，無可言者。縱使諸葛亮、法孝直厠其中，亦安能制其剛而㇗自用乎？生雖不得志於天下，既死千有餘年而名愈顯，代代加封，廟祀遍寰宇，豈偶然哉！蓋㇗嘗論之：誠者，天地之實理，付之於人，具於人心，果能盡此心之誠，毅然行之而無慊，與天地㇗同長久可也。忠臣烈士，精誠貫金石，惟愚夫愚婦皆知敬畏者，亦人人同得此心云耳。廟當㇗市衢，車馬填湊，轂擊肩摩，必有知㇗二聖感激臣民之旨，興起良心，以忠義自奮者，於世教豈小補哉！既敍其事，又爲之歌，曰：㇗

志宏夫御兮，紐解乾綱。羣雄競逐兮，乘時陸梁。臍燈甫滅兮，宦離高翔。虐焰□□兮，腥聞上㇗蒼。真人兆瑞兮，羽葆生桑。周旋艱險兮，曰髯與張。卧龍鳳雛兮，時維鷹揚。祀漢配天兮，炎精㇗重光。惟荆州兮，扼四方。惟髯公兮，萬夫莫當。志戚賊兮，氣吞江。老瞞智竭兮，斂跡遁藏。懿權㇗踵惡兮，謀何不臧。天不祚漢兮，遺兮涕滂。功不生就兮，名死彌彰。在在廟食兮，千載承長。□㇗然東面兮，像設煌煌。柔毛剛鬣兮，黍稷馨香。神之格思兮，左右洋洋。衆感悦而興起兮，慕忠㇗義之不忘。仰荷㇗二聖之恩德兮，祈降福之無疆。㇗

泰定三年四月二十日，衛郡布衣臣逯居敬書，李用鐫。㇗

# 七〇　泰定三年石匠題記　泰定三年

《泰定三年石匠題記》，泰定三年（一三二六）刻石。現存北京市房山區石經山。中國國家圖書館藏拓片長六五釐米，寬三二釐米。現存六行，行字不等。

今據中國國家圖書館提供拓片（北京四四四七）録文。

題記内容爲泰定三年晉寧路石匠姓名。

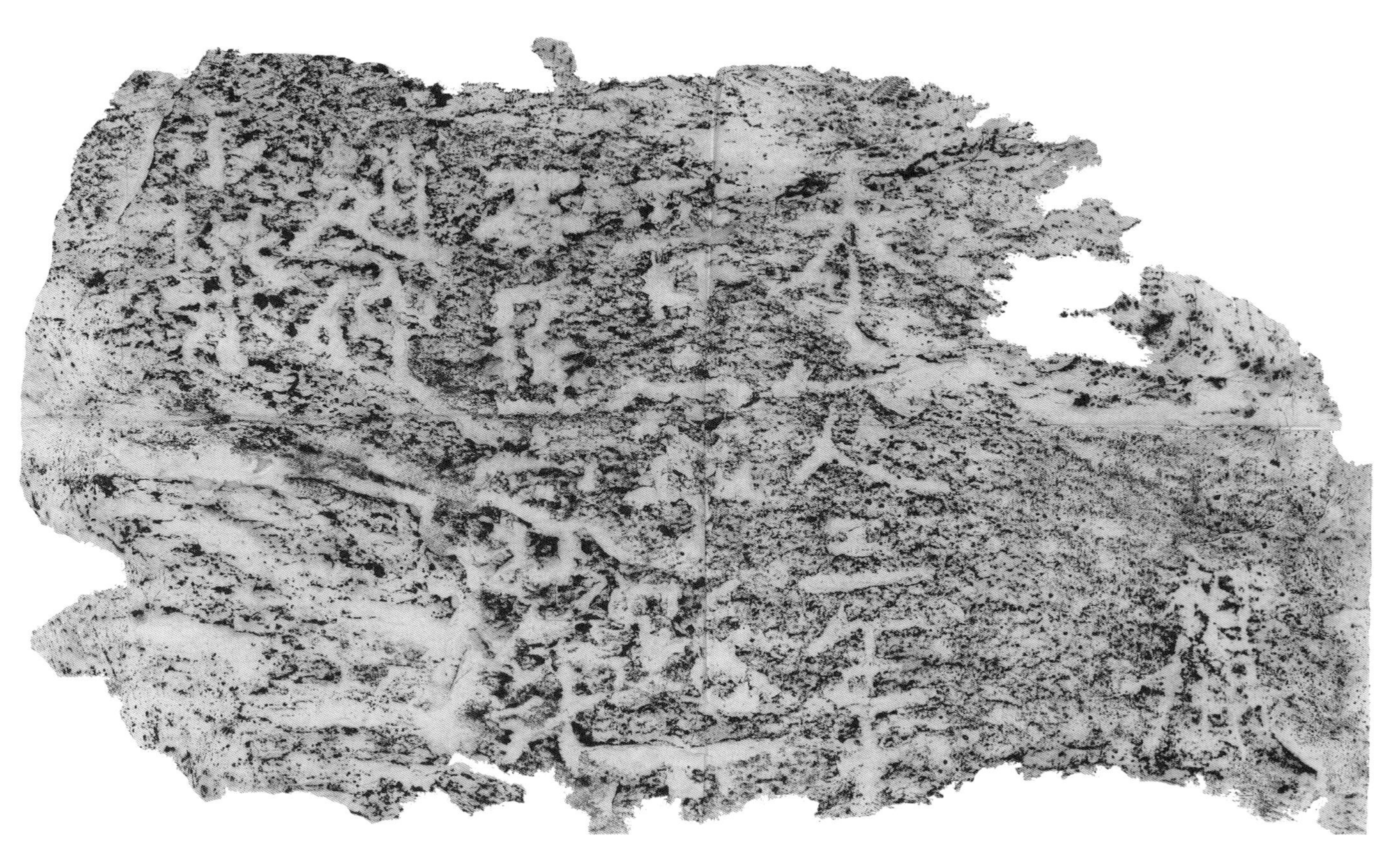

泰定三年石匠題記（泰定三年）記文拓片

## 録文

相□∟

泰定三年∟晉寧路∟石匠□□∟趙仲□□∟小柴∟

## 七一　武士題記　泰定四年

《武士題記》，泰定四年（一三二七）刻，現存於北京市永定河文化博物館（門頭溝區博物館）。武士像漢白玉石質，高僅尺餘。武士像背刻楷書題記三行，行字不等。王得用刊，陳提點立石。

《北京元代史迹圖志》（北京燕山出版社，二〇〇九年）著録。今據北京考古遺址博物館（金中都水關遺址）藏拓片録文。

題記載武士像刊刻時間以及刻石之人。

武士題記（泰定四年）記文照片

武士題記（泰定四年）武士像照片

武士題記（泰定四年）記文拓片

## 録文

泰定四年四月十五日，∟起意人陳提點，∟塔河瑞子口，金玉局王得用。∟